敬事而信
熊远著传

覃兆刿 马继萍 朱沛沛 ◎ 著

老科学家学术成长资料采集工程
中国工程院院士传记丛书

- 1930年 出生于湖北省竹山县
- 1959年 毕业于华中农学院并留校任教
- 1979年 参与全国猪种资源调查，并参与《中国猪品种志》编写
- 1981年 赴英国考察学习
- 1999年 当选中国工程院院士
- 2017年 逝世于武汉

老科学家学术成长资料采集工程
中国工程院院士传记丛书

敬事而信
熊远著传

覃兆刿　马继萍　朱沛沛 ◎ 著

中国科学技术出版社
上海交通大学出版社

图书在版编目（CIP）数据

敬事而信：熊远著传 / 覃兆炚，马继萍，朱沛沛著 . —北京：中国科学技术出版社，2019.9

（老科学家学术成长资料采集工程丛书 . 中国工程院院士传记丛书）

ISBN 978-7-5046-8025-9

Ⅰ. ①敬… Ⅱ. ①覃… ②马… ③朱… Ⅲ. ①熊远著（1930—2017）—传记 Ⅳ. ① K826.3

中国版本图书馆 CIP 数据核字（2018）第 077929 号

责任编辑	高立波
责任校对	焦　宁
责任印制	李晓霖
版式设计	中文天地

出　　版	中国科学技术出版社　上海交通大学出版社
发　　行	中国科学技术出版社有限公司发行部
地　　址	北京市海淀区中关村南大街 16 号
邮　　编	100081
发行电话	010-62173865
传　　真	010-62173081
网　　址	http://www.cspbooks.com.cn

开　　本	787mm×1092mm　1/16
字　　数	312 千字
印　　张	19.75
插　　页	2
版　　次	2019 年 9 月第 1 版
印　　次	2019 年 9 月第 1 次印刷
印　　刷	北京华联印刷有限公司
书　　号	ISBN 978-7-5046-8025-9 / K·240
定　　价	78.00 元

（凡购买本社图书，如有缺页、倒页、脱页者，本社发行部负责调换）

老科学家学术成长资料采集工程
领导小组专家委员会

主　任：杜祥琬
委　员：（以姓氏拼音为序）
　　　　巴德年　　陈佳洱　　胡启恒　　李振声
　　　　齐　让　　王礼恒　　王春法

老科学家学术成长资料采集工程
丛书组织机构

特邀顾问（以姓氏拼音为序）
　　　　樊洪业　　方　新　　谢克昌

编委会
主　编：王春法　　张　藜
编　委：（以姓氏拼音为序）
　　　　艾素珍　　崔宇红　　定宜庄　　董庆九　　郭　哲
　　　　韩建民　　何素兴　　胡化凯　　胡宗刚　　刘晓勘
　　　　罗　晖　　吕瑞花　　秦德继　　王　挺　　王扬宗
　　　　熊卫民　　姚　力　　张大庆　　张　剑　　周德进

编委会办公室
主　任：孟令耘　　张利洁
副主任：许　慧　　刘佩英
成　员：（以姓氏拼音为序）
　　　　董亚峥　　冯　勤　　高文静　　韩　颖　　李　梅
　　　　刘如溪　　罗兴波　　沈林苣　　田　田　　王传超
　　　　余　君　　张海新　　张佳静

老科学家学术成长资料采集工程简介

老科学家学术成长资料采集工程（以下简称"采集工程"）是根据国务院领导同志的指示精神，由国家科教领导小组于2010年正式启动，中国科协牵头，联合中组部、教育部、科技部、工信部、财政部、文化部、国资委、解放军总政治部、中国科学院、中国工程院、国家自然科学基金委员会等11部委共同实施的一项抢救性工程，旨在通过实物采集、口述访谈、录音录像等方法，把反映老科学家学术成长历程的关键事件、重要节点、师承关系等各方面的资料保存下来，为深入研究科技人才成长规律，宣传优秀科技人物提供第一手资料和原始素材。

采集工程是一项开创性工作。为确保采集工作规范科学，启动之初即成立了由中国科协主要领导任组长、12个部委分管领导任成员的领导小组，负责采集工程的宏观指导和重要政策措施制定，同时成立领导小组专家委员会负责采集原则确定、采集名单审定和学术咨询，委托科学史学者承担学术指导与组织工作，建立专门的馆藏基地确保采集资料的永久性收藏和提供使用，并研究制定了《采集工作流程》《采集工作规范》等一系列基础文件，作为采集人员的工作指南。截至2016年6月，已启动400多位老科学家的学术成长资料采集工作，获得手稿、书信等实物原件资料73968件，数字化资料178326件，视频资料4037小时，音频资料4963小时，具有重要的史料价值。

采集工程的成果目前主要有三种体现形式，一是建设"中国科学家博物馆网络版"，提供学术研究和弘扬科学精神、宣传科学家之用；二是编辑制作科学家专题资料片系列，以视频形式播出；三是研究撰写客观反映老科学家学术成长经历的研究报告，以学术传记的形式，与中国科学院、中国工程院联合出版。随着采集工程的不断拓展和深入，将有更多形式的采集成果问世，为社会公众了解老科学家的感人事迹，探索科技人才成长规律，研究中国科技事业的发展历程提供客观翔实的史料支撑。

总序一

中国科学技术协会主席　韩启德

老科学家是共和国建设的重要参与者，也是新中国科技发展历史的亲历者和见证者，他们的学术成长历程生动反映了近现代中国科技事业与科技教育的进展，本身就是新中国科技发展历史的重要组成部分。针对近年来老科学家相继辞世、学术成长资料大量散失的突出问题，中国科协于2009年向国务院提出抢救老科学家学术成长资料的建议，受到国务院领导同志的高度重视和充分肯定，并明确责成中国科协牵头，联合相关部门共同组织实施。根据国务院批复的《老科学家学术成长资料采集工程实施方案》，中国科协联合中组部、教育部、科技部、工业和信息化部、财政部、文化部、国资委、解放军总政治部、中国科学院、中国工程院、国家自然科学基金委员会等11部委共同组成领导小组，从2010年开始组织实施老科学家学术成长资料采集工程。

老科学家学术成长资料采集是一项系统工程，通过文献与口述资料的搜集和整理、录音录像、实物采集等形式，把反映老科学家求学历程、师承关系、科研活动、学术成就等学术成长中关键节点和重要事件的口述资料、实物资料和音像资料完整系统地保存下来，对于充实新中国科技发展的历史文献，理清我国科技界学术传承脉络，探索我国科技发展规律和科技人才成长规律，弘扬我国科技工作者求真务实、无私奉献的精神，在全社会营造爱科学、学科学、用科学的良好氛围，是一件很有意义的事情。采集工程把重点放在年龄在80岁以上、学术成长经历丰富的两院院士，以及虽然不是两院院士、但在我国科技事业发展中作出突出贡献的老科技工作者，充分体现了党和国家对老科学家的关心和爱护。

自2010年启动实施以来，采集工程以对历史负责、对国家负责、对科技事业负责的精神，开展了一系列工作，获得大量反映老科学家学术成长历程的文字资料、实物资料和音视频资料，其中有一些资料具有很高的史料价值和学术价值，弥足珍贵。

以传记丛书的形式把采集工程的成果展现给社会公众，是采集工程的目标之一，也是社会各界的共同期待。在我看来，这些传记丛书大都是在充分挖掘档案和书信等各种文献资料、与口述访谈相互印证校核、严密考证的基础之上形成的，内中还有许多很有价值的照片、手稿影印件等珍贵图片，基本做到了图文并茂，语言生动，既体现了历史的鲜活，又立体化地刻画了人物，较好地实现了真实性、专业性、可读性的有机统一。通过这套传记丛书，学者能够获得更加丰富扎实的文献依据，公众能够更加系统深入地了解老一辈科学家的成就、贡献、经历和品格，青少年可以更真实地了解科学家、了解科技活动，进而充分激发对科学家职业的浓厚兴趣。

借此机会，向所有接受采集的老科学家及其亲属朋友，向参与采集工程的工作人员和单位，表示衷心感谢。真诚希望这套丛书能够得到学术界的认可和读者的喜爱，希望采集工程能够得到更广泛的关注和支持。我期待并相信，随着时间的流逝，采集工程的成果将以更加丰富多样的形式呈现给社会公众，采集工程的意义也将越来越彰显于天下。

是为序。

总序二

中国科学院院长 白春礼

由国家科教领导小组直接启动，中国科学技术协会和中国科学院等12个部门和单位共同组织实施的老科学家学术成长资料采集工程，是国务院交办的一项重要任务，也是中国科技界的一件大事。值此采集工程传记丛书出版之际，我向采集工程的顺利实施表示热烈祝贺，向参与采集工程的老科学家和工作人员表示衷心感谢！

按照国务院批准实施的《老科学家学术成长资料采集工程实施方案》，开展这一工作的主要目的就是要通过录音录像、实物采集等多种方式，把反映老科学家学术成长历史的重要资料保存下来，丰富新中国科技发展的历史资料，推动形成新中国的学术传统，激发科技工作者的创新热情和创造活力，在全社会营造爱科学、学科学、用科学的良好氛围。通过实施采集工程，系统搜集、整理反映这些老科学家学术成长历程的关键事件、重要节点、学术传承关系等的各类文献、实物和音视频资料，并结合不同时期的社会发展和国际相关学科领域的发展背景加以梳理和研究，不仅有利于深入了解新中国科学发展的进程特别是老科学家所在学科的发展脉络，而且有利于发现老科学家成长成才中的关键人物、关键事件、关键因素，探索和把握高层次人才培养规律和创新人才成长规律，更有利于理清我国科技界学术传承脉络，深入了解我国科学传统的形成过程，在全社会范围内宣传弘扬老科学家的科学思想、卓越贡献和高尚品质，推动社会主义科学文化和创新文化建设。从这个意义上说，采集工程不仅是一项文化工程，更是一项严肃认真的学术建设工作。

中国科学院是科技事业的国家队，也是凝聚和团结广大院士的大家庭。早在1955年，中国科学院选举产生了第一批学部委员，1993年国务院决定中国科学院学部委员改称中国科学院院士。半个多世纪以来，从学部委员到院士，经历了一个艰难的制度化进程，在我国科学事业发展史上书写了浓墨重彩的一笔。在目前已接受采集的老科学家中，有很大一部分即是上个世纪80、90年代当选的中国科学院学部委员、院士，其中既有学科领域的奠基人和开拓者，也有作出过重大科学成就的著名科学家，更有毕生在专门学科领域默默耕耘的一流学者。作为声誉卓著的学术带头人，他们以发展科技、服务国家、造福人民为己任，求真务实、开拓创新，为我国经济建设、社会发展、科技进步和国家安全作出了重要贡献；作为杰出的科学教育家，他们着力培养、大力提携青年人才，在弘扬科学精神、倡树科学理念方面书写了可歌可泣的光辉篇章。他们的学术成就和成长经历既是新中国科技发展的一个缩影，也是国家和社会的宝贵财富。通过采集工程为老科学家树碑立传，不仅对老科学家们的成就和贡献是一份肯定和安慰，也使我们多年的夙愿得偿！

鲁迅说过，"跨过那站着的前人"。过去的辉煌历史是老一辈科学家铸就的，新的历史篇章需要我们来谱写。衷心希望广大科技工作者能够通过"采集工程"的这套老科学家传记丛书和院士丛书等类似著作，深入具体地了解和学习老一辈科学家学术成长历程中的感人事迹和优秀品质；继承和弘扬老一辈科学家求真务实、勇于创新的科学精神，不畏艰险、勇攀高峰的探索精神，团结协作、淡泊名利的团队精神，报效祖国、服务社会的奉献精神，在推动科技发展和创新型国家建设的广阔道路上取得更辉煌的成绩。

白春礼

总序三

中国工程院院长 周 济

由中国科协联合相关部门共同组织实施的老科学家学术成长资料采集工程，是一项经国务院批准开展的弘扬老一辈科技专家崇高精神、加强科学道德建设的重要工作，也是我国科技界的共同责任。中国工程院作为采集工程领导小组的成员单位，能够直接参与此项工作，深感责任重大、意义非凡。

在新的历史时期，科学技术作为第一生产力，已经日益成为经济社会发展的主要驱动力。科技工作者作为先进生产力的开拓者和先进文化的传播者，在推动科学技术进步和科技事业发展方面发挥着关键的决定的作用。

新中国成立以来，特别是改革开放30多年来，我们国家的工程科技取得了伟大的历史性成就，为祖国的现代化事业作出了巨大的历史性贡献。两弹一星、三峡工程、高速铁路、载人航天、杂交水稻、载人深潜、超级计算机……一项项重大工程为社会主义事业的蓬勃发展和祖国富强书写了浓墨重彩的篇章。

这些伟大的重大工程成就，凝聚和倾注了以钱学森、朱光亚、周光召、侯祥麟、袁隆平等为代表的一代又一代科技专家们的心血和智慧。他们克服重重困难，攻克无数技术难关，潜心开展科技研究，致力推动创新发展，为实现我国工程科技水平大幅提升和国家综合实力显著增强作出了杰出贡献。他们热爱祖国，忠于人民，自觉把个人事业融入到国家建设大局之中，为实现国家富强而不断奋斗；他们求真务实，勇于创新，用科技为中华民族的伟大复兴铸就了辉煌；他们治学严谨，鞠躬尽瘁，具有崇高的科学精神和科学道德，是我们后代学习的楷模。科学家们的一生是一本珍贵的教科书，他们坚定的理想信念和淡泊名利的崇高品格是中华民族自强不息精神的宝贵财富，永远值得后人铭记和敬仰。

通过实施采集工程，把反映老科学家学术成长经历的重要文字资料、实物资料和音像资料保存下来，把他们卓越的技术成就和可贵的精神品质记录下来，并编辑出版他们的学术传记，对于进一步宣传他们为我国科技发展和民族进步作出的不朽功勋，引导青年科技工作者学习继承他们的可贵精神和优秀品质，不断攀登世界科技高峰，推动在全社会弘扬科学精神，营造爱科学、讲科学、学科学、用科学的良好氛围，无疑有着十分重要的意义。

中国工程院是我国工程科技界的最高荣誉性、咨询性学术机构，集中了一大批成就卓著、德高望重的老科技专家。以各种形式把他们的学术成长经历留存下来，为后人提供启迪，为社会提供借鉴，为共和国的科技发展留下一份珍贵资料。这是我们的愿望和责任，也是科技界和全社会的共同期待。

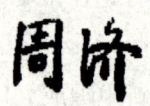

周济

熊远著

2016年1月26日,采集小组采访熊远著(左起:朱沛沛、熊远著、覃兆刿)

2016年4月26日,采集小组采访北京市农林科学院赵书广老师(左起:赵书广、朱沛沛、马继萍、孟月。谢恺璇摄)

2015年5月28日,采集小组在华中农业大学种猪测定中心前合影(左起:孟月、马继萍、谢恺璇、朱沛沛。覃兆刿摄)

目 录

老科学家学术成长资料采集工程简介

总序一 ⋯⋯⋯⋯⋯⋯⋯⋯⋯⋯⋯⋯⋯⋯⋯⋯⋯⋯⋯⋯⋯⋯韩启德

总序二 ⋯⋯⋯⋯⋯⋯⋯⋯⋯⋯⋯⋯⋯⋯⋯⋯⋯⋯⋯⋯⋯⋯白春礼

总序三 ⋯⋯⋯⋯⋯⋯⋯⋯⋯⋯⋯⋯⋯⋯⋯⋯⋯⋯⋯⋯⋯⋯周　济

导　言 ⋯⋯⋯⋯⋯⋯⋯⋯⋯⋯⋯⋯⋯⋯⋯⋯⋯⋯⋯⋯⋯⋯⋯⋯ 1

| 第一章 | 大山里走出的英俊少年 ⋯⋯⋯⋯⋯⋯⋯⋯⋯⋯⋯ 15

　　生在商贾与书香之家 ⋯⋯⋯⋯⋯⋯⋯⋯⋯⋯⋯⋯⋯⋯⋯⋯ 15
　　英俊聪明的"瘦高个儿" ⋯⋯⋯⋯⋯⋯⋯⋯⋯⋯⋯⋯⋯⋯⋯ 17
　　"省八高"里的"朱先生" ⋯⋯⋯⋯⋯⋯⋯⋯⋯⋯⋯⋯⋯⋯⋯ 19
　　辗转投考蜀地救姐"大逃亡" ⋯⋯⋯⋯⋯⋯⋯⋯⋯⋯⋯⋯⋯ 21

| 第二章 | 多舛的大学时代 ·············· 24

　　保送湖北农学院 ·············· 24
　　一场手术观摩开启的"兽医梦" ·············· 27
　　"五更痢"和"肺结核"相继来袭 ·············· 28
　　畜牧专业重新启航 ·············· 30

| 第三章 | 动荡岁月里的潜心执着 ·············· 33

　　民生艰难时留校讲"养猪" ·············· 33
　　主持地方猪种资源调查 ·············· 37
　　坚守猪棚十六年 ·············· 39

| 第四章 | "湖北白猪"及其品系的问世 ·············· 44

　　参与全国猪种资源调查与志书编研 ·············· 44
　　"湖北白猪"的窘境 ·············· 48
　　育种方案的制订 ·············· 56
　　Ⅲ、Ⅳ系基础群的组建 ·············· 72
　　Ⅲ、Ⅳ系多世代闭锁繁育 ·············· 85

| 第五章 | "杜湖猪"及瘦肉猪多元配套体系 ·············· 103

　　供港活猪的危机与改良措施 ·············· 103
　　欧美考察引种 ·············· 105
　　商品瘦肉猪生产配套技术研究 ·············· 113
　　"杜湖猪"取代"丹顶鹤" ·············· 125
　　瘦肉猪新品系的培育 ·············· 132

| 第六章 | 种猪测定与肉质检测 ·················· 136

　　　首家种猪测定中心和质检机构落户华农 ·············· 136
　　　高瘦肉率活猪的选择 ························ 151
　　　瘦肉猪的肉质检测与评定 ····················· 164
　　　《种猪测定原理与方法》与国家标准的制定 ··········· 177
　　　以种猪拍卖会为契机 ························ 180

| 第七章 | 抗应激品系与瘦肉猪的肉质改良 ············ 184

　　　PSE 肉和 DFD 肉 ·························· 184
　　　抗应激品系开启猪品质育种新领域 ················ 187

| 第八章 | 动物数量遗传学与分子生物技术的应用 ········ 194

　　　动物数量遗传学的应用 ······················· 194
　　　面向"分子生物技术"和"基因" ················ 206

结　语　敬事而信大器成 ·························· 222

附录一　熊远著年表 ···························· 247

附录二　熊远著主要论著目录 ······················ 271

参考文献 ································· 292

后　记 ·································· 296

图片目录

图序 -1　熊远著（2009 年第 3 期《世界农业》"封面人物"）……………1
图序 -2　2016 年 1 月 26 日，项目负责人覃兆炌与熊远著进行交谈………8
图序 -3　2015 年 4 月 11 日至 25 日，采集小组赴华中农业大学档案馆
　　　　采集熊远著成套科研档案………………………………………9
图序 -4　2016 年 4 月 26 日，采集小组在北京农林科学院与赵书广教授合影……10
图序 -5　2016 年 1 月 14 日，项目负责人覃兆炌在华中农业大学
　　　　采访邓昌彦教授并与其合影……………………………………11
图序 -6　2016 年 4 月 27 日，采集小组采访中国农业大学张沅教授
　　　　并与其合影………………………………………………………11
图序 -7　2015 年 5 月 28 日，马继萍采访华中农业大学任竹青教授………11
图序 -8　2015 年 5 月 28 日，孟月采访华中农业大学徐德全教授…………12
图 1-1　2014 年 11 月 4 日，采集小组赴竹山县采访熊远著堂妹熊远应……15
图 2-1　湖北农学院校徽………………………………………………………24
图 2-2　1955 年 5 月 9 日，熊远著在南湖休养留念………………………29
图 2-3　华中农学院风光………………………………………………………30
图 2-4　大学时期的熊远著……………………………………………………31
图 3-1　1959 年 7 月 19 日，养猪队全体同志合影…………………………34
图 3-2　1971 年 12 月 16 日，均县大里坪畜牧兽培训班留念………………42
图 3-3　熊远著早年与同行外出考察合影……………………………………43
图 4-1　"华中两头乌"猪……………………………………………………46
图 4-2　《中国猪品种志》封面………………………………………………47
图 4-3　熊远著海外引种回国途经上海机场…………………………………52
图 4-4　英国大约克夏猪………………………………………………………54

图 4-5	熊远著等人与饲养人员对猪舍饲料槽的改造进行交流	68
图 4-6	熊远著在猪场观察猪的行为和生活习性	72
图 4-7	1986年10月16日，熊远著参与湖北白猪选育研究报告	81
图 4-8	瘦肉型品种——湖北白猪	84
图 4-9	湖北白猪Ⅲ、Ⅳ系推广利用，1992年获国家教委科技进步奖一等奖，1993年获国家星火奖二等奖	85
图 4-10	1995年6月，中国瘦肉猪新品系DⅣ选育阶段验收会	94
图 4-11	1995年6月，中国瘦肉猪新品系DⅣ选育阶段验收会，验收小组在观看影像资料	97
图 4-12	1995年6月中国瘦肉猪新品系DⅣ选育阶段验收小组合影	98
图 5-1	1983年熊远著在美国印第安纳州考察仪器	106
图 5-2	1984年熊远著及其团队从丹麦引进优质种猪，并在机场输送种猪	107
图 5-3	丹麦长白猪	109
图 5-4	1981年1月31日熊远著赴英国考察学习时留影	110
图 5-5	杜洛克公猪	111
图 5-6	熊远著在基地指导工作	126
图 5-7	杜湖商品瘦肉猪	133
图 5-8	皮特兰公猪	135
图 6-1	熊远著"关于赴丹麦考察的提纲"手稿	139
图 6-2	1985年熊远著与出国访问者在武汉种猪测定中心门前面合影	141
图 6-3	猪的生长性能检测	144
图 6-4	2012年1月19日，猪的胴体品质检测	145
图 6-5	1990年3月1日熊远著在养猪场考察种猪质量	145
图 6-6	猪的外形部位	157
图 6-7	熊远著做测膘示范	158
图 6-8	猪的活体测膘部位示意图	159
图 6-9	我国早期的猪肉市场	166
图 6-10	熊远著在测量猪肉温度	168
图 6-11	猪的胴体切四块切分图	171
图 6-12	猪的大理石纹评分图	172
图 6-13	猪的肉质肉色评分图	175

图 6-14	农业部种猪测定技术培训班结业典礼	178
图 8-1	1989 年 7 月，畜禽遗传标记研究会成立大会合影	198
图 8-2	2000 年 10 月，养猪学会分会在浙江省舟山市召开学会领导班子会，大家对换届交换意见，并选出第二届理事会领导成员	200
图 8-3	1999 年 6 月 20 日，农业部重点科申报表：动物遗传育种与繁殖学科	207
图 8-4	2012 年，耄耋之年的熊远著，在国家转基因重大专项优质转基因猪新品种培育会议上阅读材料	219
图 8-5	2012 年国家转基因重大专项"优质转基因猪新品种培育"年度工作会议	220
结语 -1	熊远著在实验室进行肌肉嫩度测定	231
结语 -2	熊远著亲笔"实践出真知"	232

导 言

"猪粮安天下。"猪肉自古以来就是人们餐桌上的重要肉类食品,如同米粮一般重要。猪肉不仅能为人们提供蛋白质和能量,还能通过烹饪成为丰富多样的美味佳肴。熊远著院士的学术生涯就是围绕猪的育种和养猪事业而展开的。

熊远著(1930—2017),著名动物遗传育种专家,我国第一位养猪学院士。1930年出生于湖北省竹山县,1959年毕业于华中农学院[①](现华中农业大学)。1999年当选为中国工程院院士。他是华中农业大学教授、博士生导师、原农业部科学技术委员会委员、中国畜牧兽医

图序-1 熊远著(2009年第3期《世界农业》"封面人物")

---

① 华中农学院,前身为湖北省农务学堂,由湖广总督张之洞于1989年(光绪二十四年)上疏光绪帝,正式兴办,1940年称为湖北省立农学院。1952年,由全国多所农学院的整体或部分系(科)组建华中农学院,包括武汉大学农学院、湖北省农学院的整体和原中山大学、南昌大学、河南大学、广西大学、湖南农学院、江西农学院的部分系。1985年,更名为华中农业大学。

学会常务理事、养猪学分会名誉理事长。曾任国务院学位委员会评议组成员，原农业部畜牧专家顾问组成员，第七、第八届全国人大代表。

自20世纪50年代末至今，熊远著一直执着于猪育种和科学养猪事业，在动物遗传育种特别是在猪育种和猪肉品质改良方面潜心研究和实践，取得了多项重要成果，为我国养猪事业发展和养猪学科建设作出了杰出的贡献。

主要经历与学术贡献

湖北省竹山县，是熊远著院士的出生地，这里地处湖北最西北，与河南、陕西和四川接壤，是"一脚踏四省"之处，因而这里虽山高林密，却并不闭塞。书香门第、富裕的家境和独子的身份，使熊远著比同龄人能接受到更为系统持续的学校教育。20世纪30年代至40年代末，正是战火纷飞和社会变革震荡之际，竹山熊氏殷实的家境也日益衰败。持家的母亲将全部希望都寄托在儿子身上，从小学、初中到高中，一直不曾让他中断学业，幼小的熊远著，也总能凭借其刻苦的学习精神取得优异的成绩。

40年代，熊远著先后就读并毕业于竹山县立中学和郧阳高中（原湖北省第八高级中学）。尤其是初中阶段有幸遇到原系河南大学教员的杨景春[①]老师，杨先生的认可和鼓励，让熊远著坚定了未来"读大学、留学、当发明家"的志向。由于战时环境恶劣，他在高中阶段罹患肠胃疾病，这为他后来在大学阶段身陷长期病痛埋下了祸根。

1948年至1950年春，熊远著辗转蜀地，试图借道四川水路下抵汉口报考大学，一路可谓险象环生。

1950年春夏之际，熊远著因中学时期成绩优异被推荐保送到华中农学院。大学阶段，他深受"五更泻"和"肺结核"的病痛困扰，以致不得不休学治病养病。复学时，所在兽医专业已在校院合并中移入其他高校，他只得就近转修畜牧专业，从此走上遗传育种研究和养猪科学事业之路。

1959年，熊远著毕业留校即下放至校办养猪场锻炼，开始了与猪棚朝夕相伴的生活。

---

① 杨景春，河南大学老师，时因河南沦陷来到竹山初级中学任教。

60年代初，熊远著主持对湖北地方猪种资源进行了多年的系统调查研究，提出了湖北省地方猪种的类型划分、分布与改良区划，为我国地方猪种资源的保持、开发与利用提供了科学可靠的技术资料。

70年代初，为适应世界猪育种方向的改变，熊远著在分析世界猪种类型演变和市场需求变化趋势的基础上，提出了在我国开展瘦肉猪育种工作的设想。

1972年，在湖北省科学技术委员会的支持下，熊远著主持开展"湖北白猪选育研究"。

70年代末，他针对内地供港活猪品种差、面临丢失港澳市场的现状，及时提出"引进国外猪种建立改良体系、提高市场竞争力"的关键技改方案，获得国家外贸部和农业部的采纳。此后，他十余次引进世界名优瘦肉型猪种资源，规划建立了核心育种群，创建了中国武汉种猪测定中心并组织开展种猪集中测定工作，提高了亲本品种的纯度和质量，同时规划建立了70多个供港活猪基地。

80年代初，熊远著参加全国猪种资源调查，并任《中国猪品种志》编委。其间，他主持的湖北省重点项目——"湖北白猪选育研究"课题，培育出瘦肉型母本新品种"湖北白猪"及其品系。1985年5月，在北京举行的首届技术成果交易会上，华中农业大学展出的瘦肉型猪——"湖北白猪"成为热门货，共有87家厂（场）商要求转让该项成果或预购种猪。1988年，该项成果获湖北省科技进步奖特等奖。其间他主持筛选的杂优"杜湖猪"，以肉质好、瘦肉率高成为畅销港澳的名优瘦肉猪，1988年获国家科技进步奖二等奖。80年代中期主持培育出多个专门化父、母本品系并配套利用，其中"中国瘦肉猪新品系DIV系优良种猪及综合配套技术示范推广"于1999年获国家科技进步奖三等奖，"中国瘦肉猪新品系DIV$_1$系持续选育与配套利用"于2001年获"九五"国家科技攻关重大科技成果奖，科技部、财政部、国家发展计划委员会（现国家发展和改革委员会）、国家经济贸易委员会授予其"'九五'国家重点科技攻关计划突出贡献者"称号。熊远著与人合作主持的"中国瘦肉猪新品系选育与配套技术"于1999年获国家科技进步奖二等奖。从80年代中期开始，熊远著带领团队先后开展了氟烷测验和 PHI、PO$_2$、PGD 等生化遗传标记研究及其单倍型推断鉴别猪应激敏感基因研究，开发了 PCR-RFLP 等快速检测猪氟烷基因型的分子生物学技术，提出 RYR1 基因多重效应的利用途径与方法，并与常规育种相结合，主持培育出瘦肉猪抗应激新品系。

90 年代初，熊远著及其团队在国内最早组建"大白×梅山"猪资源家系，在国内较早地开展了猪的重要经济性状 QTL 定位及候选基因的研究，分离了 21 个与生长、肉质性状及繁殖性状相关的新基因和 DNA 分子标记。"瘦肉猪新品种（系）及配套技术的创新研究与开发"于 2007 年获国家科技进步奖二等奖。主持完成的"十一五"优质转基因猪新品种培育已通过验收，并连续主持"十二五"优质转基因猪新品质品种培育重大专项。这些成果为开展猪分子育种奠定了基础。

熊远著的养猪学研究直接关系到国计民生，体现了一个科学家对社会和国家经济发展需要的积极回应。他出成果最多的时候，正是国家改革开放和经济恢复发展的重要时期，选育优质瘦肉猪、占领港澳猪肉市场、实现创汇增收和改善人民生活的需要，成为他潜心钻研、努力实现"湖北白猪"和"杜湖猪"及品系建构的强大动力。

理论与实践的长期双向积累是熊远著大器晚成的关键。

通过湖北地方猪种资源和全国猪种资源的调查，熊远著对本土猪种资源分布和优良地方猪心中有数，积累了对猪种测定和猪肉肉质检测的感性经验；多次海外引种和多国实地考察，为他的猪育种杂交组合方案确定、种猪测定和肉质检测提供规范的认识和启发。

70 年代为我国大生产恢复时期，概率论、线性代数、多元统计和随机方法等的逐步应用，促进了数量遗传学的发展，同时计算机日益广泛的应用也使过去许多无法进行的人工运算和分析成为可能。70—80 年代成为数量遗传学向我国猪育种领域传播、渗透的繁荣时期，相关活动对我国猪育种工作的开展和观念的革新起到历史性的推动作用。[1] 正是因为在国

---

[1] 彭中镇：改革开放以来我国猪育种工作进展。见：中国畜牧兽医学会养猪学分会、中国农机学会机械化养猪协会编：《养猪三十年记——纪念中国改革开放养猪 30 年文集（1978-2007）》。北京：中国农业大学出版社，2010 年。

内较早地系统接触并将"数量遗传理论"应用于养猪实践，熊远著的猪育种研究找到了深入应用的方向。其"湖北白猪""杜湖猪"及其品系开发，都离不开"数量遗传理论"的引领。

1975年3—7月，熊远著在东北农学院参加"动物数量遗传研讨班"。1978年，参加农业部举办的全国"数量遗传"学习班学习三个月。这先后两次接受的数量遗传理论的系统知识，与熊远著心中的感性经验相融汇，为其育种研究打开了新的思路。在熊远著主持承担"湖北白猪选育"的任务中，他在充分调查研究、掌握我国种猪资源情况和国内市场需要的基础上，考虑到提高选种的准确性和育种效率，其团队经过反复讨论研究，决定以数量遗传学理论为指导来设计选育方案，采用多品种育成杂交，群体继代选育和品种、品系同步选育的技术路线培育新品种。该技术方案得到了我国畜牧界前辈许振英先生主持的育种方法研讨会的论证与确认[①]。

熊远著等于1983年12月在《华中农学院学报》发表的《数量遗传在湖北白猪Ⅲ、Ⅳ系选种中的应用初报》，具体描述了数量遗传理论在瘦肉型湖北白猪Ⅲ、Ⅳ系的选种工作中的应用。首先是对猪种进行表型选择，主选遗传力高和中等性状的猪种。将主要注意力放在遗传力较高的活体背膘厚度和遗传力中等的平均日增值两项选种目标上，使得胴体性状与生长肥育性状这两类重要的经济性状均有代表。另外增加了外形评分这一非经济性状，尽管存在争议，但他与团队根据我国实际情况，认为外形评分可能具有额外的市场价值。其次是通过控制环境条件尽可能地降低环境方差，借以提高遗传力。通过试验与分析之后，他得出杂交组合中以大长通（大白猪＋长白猪＋通城猪）为优，终于育成了"湖北白猪"及其品系。之后，熊远著继续利用"湖北白猪Ⅲ系"作为母体，仍沿用数量遗传理论，与长白猪、美国杜洛克、汉普夏公猪进行杂交组合试验，通过性状比较得出"杜湖Ⅲ组合"优于其他两组，具有适应性好、生产性能高、肉质好的优点，且适宜于华中地区的环境。由此诞生了声名远播的优良瘦肉

---

① 熊远著、倪德斌：湖北白猪选育简史。见：中国畜牧兽医学会养猪学分会、中国农机学会机械化养猪协会编：《养猪三十年记——纪念中国改革开放养猪30年文集（1978-2007）》。北京：中国农业大学出版社，2010年。

猪种——杜湖猪。

作为运用数量遗传学理论进行瘦肉型猪杂交育种的先行者之一，熊远著以这一方式先后培育出瘦肉型猪种"湖北白猪"和"杜湖猪"，为猪育种研究提供了新的方法论。著名动物营养学家马承融教授评价此项成果对养猪事业发展具有重大意义，并认为其对当时的肥猪生产提供了不同组合模式，具有指导生产的实际意义。

"湖北白猪"和"杜湖猪"是熊远著科研生涯中具有标志意义的成果，集中反映了他在科研上的前瞻性和预见性。主要体现在：

①科学地预测了国内未来市场对猪瘦肉需求的增长性和养猪饲料资源的不断改善的趋势；②考虑到当时供港活猪质量较低而面临着的严峻挑战；③完全用外来品种进行杂交育种，新品种可能因适应性差、饲料管理条件要求较高而不能适应环境。"湖北白猪"开创了品种品系同步选育的先河。湖北白猪选育的一整套技术方案是在数量遗传理论的指导下，经周密设计和论证完成，其采用多品种育成杂交和群体继代选育等当代先进的育种技术，从品系选育入手，是品系、品种选育同步进行的典范，至今仍发挥着一定的指导和借鉴作用。这些研究填补了我国长期无高瘦肉率母本新品种的空白。

湖北白猪作为我国自主育成的著名瘦肉型母猪新品种（系），其生长速度、瘦肉率居国内领先，产仔数和肉质性状达国际先进水平。湖北白猪是我国创外汇最多的一个培育新品种。以"湖北白猪"为母本，以引进的瘦肉型猪为父本，进行系统的杂交组合试验，优选出瘦肉率达64%以上的杂交瘦肉型猪——"杜湖猪"，批量试销港澳，深受欢迎。"杜湖猪"的优良性状，使其荣获香港商会和外贸部门的金杯奖。科技成果转化推广成效显著。湖北白猪科技成果通过建立良种繁育体系，开展科技咨询与技术服务，解决技术难题，编写科普资料，传播实用养猪技术等得到广泛的推广应用。当时累计推广优良种猪六万余头，推广到全国十多个省市，形成100万头商品瘦肉猪的生产规模，产生了良好的社会经济效益。

有关瘦肉猪肉质改良和抗应激品系的研究和开发，是熊远著及其团队的另一个科技攻关重点。从主持瘦肉猪培育开始，他便清楚地意识到"猪应激敏感性"可能带来的负面后果,并暗中关注如何降低猪的应激敏感性。在有关"瘦肉型猪肉质早期活体选择和抗应激品系选育与利用"的研究之中,在深入分析锁定猪肉肉质劣变的原因之后,他开始主持对氟烷测验进行深入全面的实践。随着分子生物学领域相关技术的成熟发展,氟烷检测可以通过分子标记辅助选择手段对氟烷基因进行检测,这样既可以较早地进行淘汰筛选,又能节约研究成本。也正是在这一过程中,熊远著大胆接受并运用了现代分子生物学理论,包括"基因"理论。通过不断地选择、杂交,熊远著团队终于培育出抗应激系瘦肉猪,既保证了瘦肉率的优势,又维护了肉质的美味度,实现了瘦肉猪的品种优化。

熊远著在科研组织上还有两个比较突出的贡献:

一是重视为科研攻关搭建学术平台,并因此形成强有力的科技攻关团队。他先后倡导建立起我国第一个种猪测定中心,以及农业部种猪质检中心、农业部猪遗传育种重点实验室、国家家畜工程技术研究中心和一个产学研相结合的 1.5 万头规模的育种试验场。

其中,于 20 世纪 80 年代设立的猪种测定中心举全国之先,是我国养猪界首个"产学研三位一体"的高水平实践平台,标志着我国种猪测定工作向规范化、科学化方向迈进,受到了国家与行业的高度重视。"中心"的主要任务包括五个方面,分别是种猪及商品猪的测定、动物营养、猪病检测与健康、基因型检测以及社会服务[①]。熊远著将多次海外考察的经验与长期实践的摸索相结合,制订了适合我国国情的育种方案、种猪测定制度和技术规程,同时组织对我国引进的核心种猪群进行集中测定,以提高亲本品种与质量,得到了很好的落实。因农业部委托的专项培训,种猪测定规程和方法在全国得到推广。在培训教材的基础上,1999 年公开出版的《种猪测定原理及方法》使这些原则、规程和技术进一步系统化。

二是他特别注重研究与生产的结合,一直致力于科研成果的推广和成果社会经济效益的实现,种猪拍卖会就是一种产学研成功结合的典范模式。2001 年在华中农业大学开始举办的种猪拍卖会,每届都能吸引来自国

---

① 付雪林,农业部种猪质量监督检验测试中心(武汉)工作简介(PPT),2014 年 9 月。

内外数以千计的养猪界相关人士前来参展观展，对良种推广和种猪改良发挥了重要作用。这一活动，让更多人懂得品种在养猪生产中的贡献率，也让养猪界的研究者、企业家、技术能手和相关产业人士互通信息，使有关养猪形势、品种改良和疾病防治等方面的专家讲座深受欢迎。

熊远著还经常深入生产第一线开展科技咨询与技术服务，解决技术难题，同时编写科普资料，培训技术骨干，着力推动规模化、工厂化养猪的实现和发展，并对此进行了系统性的研究。

采集过程与采集成果

熊远著院士学术成长资料采集小组以湖北大学档案学专业师生为主，结合院士秘书刘真老师、华中农业大学动物遗传学科周颖博士等形成团队骨干。采集小组从2014年暑期开始，进行了为期两年多的艰苦工作，终于系统梳理出熊远著院士的全部学术论著、学术年表，并将查阅或采集到的反映其成长和学术经历的实物文献资料和音视频访谈记录，整理成长达20万字的史料长编。

采集工作按照下面的思路进行：

一是先查直接资料，再查间接资料。在直接资料采集计划落实中，由于院士身体原因，直接音、视频访谈迟迟无法进行，且因初次交谈后经熟悉情况的人士提示，院士因生病神志受到影响，口述信息不仅记忆模糊而且出现多处与经历事实不一致表述，于是我们决定将查找方向转为静态直接史料的查阅。静态直接史料主要是保存在人事处的干部人事档案，学校档案馆

图序-2　2016年1月26日，项目负责人覃兆刿与熊远著进行交谈（左起：熊远著、覃兆刿；朱沛沛摄）

的科研档案以及院士办公室的科研过程文件和档案资料。与此同时，采集小组全面搜集了院士论著信息，编整出系统的院士论著目录，使学术活动呈现出阶段和重心，学术成果划分出主次。在直接访谈困难的情况下，间接访谈显得尤其重要。为此，采集小组远赴北京、十堰等地采集到同行专家和院士亲属的口述访谈，采访多位与院士长期共事的同行专家，补充或印证了相关重要史实。

图序-3　2015年4月11日至25日，采集小组赴华中农业大学档案馆采集熊远著成套科研档案（左起：朱沛沛、张丽雯）

二是充分发挥院士秘书、院士同行专家和同事以及院士弟子的作用，保证专业话题不被误读。这种把握主要是从专业角度考虑的。采集小组多数成员虽有文献整理的优势，却在畜牧专业方面完全外行。为了保证采集活动的事半功倍，准确理解相关专业名词，准确评价院士学术成果的意义，突出研究的重点，采集小组多次联系院士秘书刘真老师、刘望宏教授和院士博士弟子周颖，充分听取他们在采集进展特别是访谈大纲方面的意见，注意发挥他们在访谈实施方面的沟通协调作用，使得采集对象的选择、采集大纲的拟写、采集问题的分配以及研究报告的重点都能做到有的放矢。

三是正式与随机的访谈形式相结合，重视技术标准又不唯技术标准。由于直接访谈迟迟不能实现，采集小组借教师节和春节看望院士的轻松氛围随机实现访谈目标，并且借助电视台的相关访谈间接实现传主的访谈目标。这种随机的访谈要么没有正式的形式和专业的设备技术保障，要么对我们的采集主体地位略有牺牲，因此也消除了院士和家属的防范，顺应了家属和传主的某种心理，是不得已而为之。尽管院士口述信息的清晰和确定性都十分有限，但终究还是可以由此准确定位院士本人毕生最得意的成果、最光荣的事件、最深刻的反思和最切身的体会，虽然对具体的事实事件无补，却对研究报告的总体把握非常有益。

采集小组最为系统有效的成果主要有：

一是获准系统深入地利用了熊远著院士的人事档案并将重要内容纳入"资料长编"。这一工作的意义主要有两个方面：一是从中获得两份系统的院士早年亲笔传记资料，为有关院士出生家世及早年求学节点找到了清晰确定的依据；二是院士回忆与间接访谈的部分信息出现矛盾，人事档案的记载为信息辨识提供了证据。在系统的人事档案中，有关大学读书专业选择心路历程、科目及成绩、早年留校下放猪场锻炼的实践细节、有关科研项目验收中重视档案的做法、动乱年代的科研活动、老一辈科学家对其科研成果的评价、近年指导博士和硕士生以及参加学术活动情形等都获得了原始凭证的支持。

二是查阅并复制到熊远著院士的标志性成果"杜湖猪"研发的系统档案资料。该资料系统真实地反映了商品瘦肉猪"杜湖猪"从制订培育方案到实验、培育、评价和产业性开发的全过程，集中体现了团队的协作创新经历和院士在专业技术和组织攻关方面的核心作用。这些资料既有宏观的计划报告文本，又有大量的实验测试数据和过程细节，极为详尽。经采集小组四人花十天时间完成扫描工作，为研究其学术成长和创新经历提供了典型的案例资料，也为将来有关院士学术成长研究和瘦肉猪培育科学史研究提供了十分宝贵的资料。

三是采集到与院士有学术创新交集的外地老科学家视频资料。其中包括北京市农林科学院赵书广教授、中国农业大学动物遗传育种研究所张沅教授等的访谈，他们在访谈中为采集小组提供了很多专业问题的细节，证实了熊远著院士学术研究的

图序-4　2016年4月26日，采集小组在北京农林科学院与赵书广教授合影（左起：谢恺璇、马继萍、柏丽华、赵书广、孟月、朱沛沛）

严谨求实以及在瘦肉猪培育方面的独特贡献。

四是通过多次联系采访到与熊远著院士同期开展研究的核心团队成员邓昌彦教授。通过采访邓教授，进一步获得了有关熊远著院士早期研究的经历和他在科研组织、学术创新方面的经历和掌故，了解到熊院士用心组建团队、关心团队成员方面的情怀和细节。

五是系统采访到熊远著院士的多位同事和同行学者。如华中农业大学左波教授、任竹青教授、徐德全教授、刘望宏教授等，获得了有关熊远著院士执着于养猪事业、重视种猪资源调查和猪场实践、重视学科平台建设（如全国第一家种猪测定中心、肉质检测中心和种猪拍卖会等）的细节和经历，确认了"数量遗传理论"在熊远著院士学术研究中的重要意义，了解到一些应用结合实例，也获得了有关

图序-5　2016年1月14日，项目负责人覃兆刿在华中农业大学采访邓昌彦教授并与其合影（马继萍摄）

图序-6　2016年4月27日，采集小组采访中国农业大学张沅教授并与其合影（左起：孟月、朱沛沛、张沅、马继萍、谢恺璇）

图序-7　2015年5月28日，马继萍采访华中农业大学任竹青教授（左起：任竹青、马继萍；覃兆刿摄）

院士对待现代分子生物技术、基因理论的积极态度以及在转基因猪问题上的谨慎态度，求证了熊远著院士大胆创新、不怕失败、务实严谨的治学态度和"大器晚成"的背后原因。

图序-8　2015年5月28日，孟月采访华中农业大学徐德全教授（左起：徐德全、孟月；覃兆刿摄）

六是院士求学和学术活动的旧照片、原始手稿、论著原件等若干。采集的这类文献不仅使采集小组能置身于相应的历史时空，形成相应的情景认识，而且能借此启发相关访谈者的回忆，成为一个个事件和细节回忆的抓手。采集小组完成了采集任务中关于实物采集的要求，也解决了研究报告的插图问题。其中包括院士早期求学时照片、生病休养时照片、在养猪场和实验室工作时情景照片、参加学术会议和出访国外的照片以及有关专业的手稿，这些资料系统而又全方位地再现了院士的学术成长和发展历程，是可以长期利用和后期开发的珍贵史料。

七是通过对仍在院士出生地生活的亲属访谈，对院士早年家世和求学经历有所补充和验证。

八是通过对周颖博士等多位不同时期院士弟子的访谈，熊远著院士教学、科研和生活得以全方位地描述，有关院士重视人才培养、重视实验和动手能力、执着坚忍的意志品格等，都得到了全面而细节的反映。

研究思路和写作框架

采集小组对于研究报告的写作采取了"渐进求实"的态度。

随着采访的不断深入，结合长沙中评时张藜教授等专家提出的意见，及时修正研究思路，对研究报告的章节进行了相应的充实和调整，经过对"长编"的消化，最终以现在的结构呈现。在研究过程中也遇到了几个难点：

一是熊院士早期求学经历特别是辗转蜀地的经历颇为复杂。采集小组通过认真阅读干部人事档案中院士早年的亲笔传记，参照家属回忆和相关文献进行梳理比对，力求显现清晰的时间脉络。

二是熊院士大学期间上学、专业选择、休学养病、复学转专业等方面的具体时间衔接和具体经过情形在相关文献记载中多有出入。采集小组通过照片、档案中个人传记、官方学籍管理记录和相关口述资料进行校勘，终于使时间节点和相关事实得以澄清。在院士对畜牧和养猪专业的态度问题上，采集小组本着实事求是的态度，不是承袭大多数有关熊院士报道中一开始即热爱此专业的说法，而是尊重院士档案中他自己在个人思想汇报和传记中的如实坦诚，实事求是地反映其思想上的变化，将院士对专业的态度从开始的"不屑"，转变为"敬重"，再转变为"热爱"，体现为一种真实的专业态度变化，合情合理，我们觉得这本身恰是一种真正思想上的"成长"。

三是熊院士的科研活动开展和成果出现与获奖并非首尾相接，而是环环相扣甚至交替重叠出现的，这为研究报告中章节内容的截取带来很大的困惑。为此，采集小组采取了总体上以时相序，而章节和章节内以事为目的做法，希望既不失学术传记的史著特征，也不失事件呈现和问题分析的相对集中完整。

研究报告在近20万字的"长编"资料基础上消化完成，思路上主要划分为六大块：

第一块是导言，综合介绍采集情况和研究思路；

第二块由第一、第二、第三章构成，介绍院士早年求学经历与"多舛"的大学生活；

第三块由第四、第五章构成，分别介绍其标志性成果——瘦肉型"湖北白猪"及其品系的问世，以及"杜湖猪"及瘦肉猪多元配套体系的建构。其中，院士受聘参与全国猪种资源调查与志书编研、多次出国引种考察、针对供港活猪市场危机的建议方案、猪育种杂交组合方案的确定等是具有重要影响的问题，文中都进行了着重介绍和分析；

第四块由第六、第七章构成，介绍种猪测定、瘦肉肉质改良和抗应激品系开发，可以视为其社会责任的体现和对产学研结合的推动；

第五块是第八章，专门介绍对其研究影响深远的"数量遗传理论"及其应用，以及其对现代分子生物技术和基因理论等的态度；

第六块是结语，是报告的总结性内容，至为关键。采集小组尽量以采集或查阅的原始文档为依据，对于此前的相关新闻报道则谨慎参考。在写作中强调据实描述，客观呈现。采集小组希望通过具体的史料，显示其"大器晚成"的内外在原因，以此次采集的独立判断，来分析其独具的学术品质和个性风格。通过采集和研究，我们发现院士的成功与其明确的目标、坚毅的品格、感恩国家、大胆创新、务实求效、重视文档、强调协同、关爱社会、培育平台、乐观积极等密切相关。通过文献细致观察院士毕生求学和治学的曲折历程，通过认真分析访谈记录和院士对科研学术的精神内涵，我们发现其身上最为闪光之处在于一个"敬"字，其对研究对象的"敬"，对发明创新的"敬"，对基层实践的"敬"，对学术规范的"敬"，对理论前沿的"敬"，对社会责任的"敬"，是他能战胜困难，慎思笃行，在科学研究中勇于探索并获得成功的精神特质。因此，这一章以"敬事而信大器成"为题，从五个方面总结了院士的学术成功之道。

此次参与老科学家学术成长资料采集活动，对采集小组成员而言，无疑是一次难得的学习机会。走近熊院士，回首他求学时期的艰难曲折，追踪他大胆创新的心路历程，体会他习行结合的点点滴滴，对我们的学习和工作都是一次重要的心理修炼。

第一章
大山里走出的英俊少年

生在商贾与书香之家

在大巴山与武当山之间,有一个人杰地灵的地方——湖北省竹山县,境内茂林修竹、山清水秀,故名竹山。1930年7月8日,熊远著就出生在竹山县城关三街的一个大宅子里。熊远著祖籍江西,据说是为了躲避太平军逃难到竹山此地,远眺山清水秀、环境怡人,先辈便在

图1-1 2014年11月4日,采集小组赴竹山县采访熊远著堂妹熊远应(左起:朱沛沛、熊远应、孟月)

这里定居,从此生儿育女,世代繁衍。熊远著的太祖父早年挑筐卖油,做些小生意,后来在县城以开榨坊做香油生意发家。太祖父还曾考中进士,录取金榜,被一路送到郧阳,再到竹山,很是风光。后来太祖父做了私塾

先生，专教高官子弟。熊远著的祖父也曾参加清朝的科举考试，但考完回家不久便因病去世了。

熊远著的父亲熊万新（又名熊小石）从小在书香世家长大，饱读诗书，但生活浪漫，嗜烟酗酒，曾先后在竹山任联保主任和小学教员，1952年因肝病去世。母亲黄桂芬是家庭妇女，掌管家中经济，1975年因肺病在武昌去世。熊远著排行第二，姐姐熊琨瑜，大妹熊秀瑜，二妹熊继瑜。叔父熊觉民，曾任国民政府均县法院书记官，舅父黄华民，曾任国民政府地方参议员和商会会长。

无疑，熊远著从小的生活环境是优越富足的。在他的记忆里，竹山城门洞外第二到第四个铺面都是自家的，匾牌上还大大地题着"文盖果丰"四个字。外祖家也是竹山县数一数二的大家族，生意做得很大，号名"和兴彩"，盖了当时竹山的第一幢洋楼。那时家中有一个老妈子和一个小丫头做用人，全家人吃饭、洗衣都有用人伺候。熊远著日后回忆起儿时家庭的经济状况时写道：

> 收入每年小麦棉花一千斤左右，房屋两幢（详情不明，因当时一直在中学读书，未理家事）[1]。

在竹山，过春节有个习俗，每到腊月各家各户都要杀年猪，还要煮几斤乃至几十斤猪肉请街坊邻里饱食一顿，名曰"喝年猪汤"。熊远著记得那时每逢杀年猪时的盛况。时值腊月，一到"喝年猪汤"的时候，家里就会大宴邻里亲朋，其时人来人往，显得格外热闹。这大概也是他关于"猪"最早也最清晰的记忆了。

在熊远著记忆中，父亲熊万新应该算得上竹山有名的"大少爷"了，生活安逸，每餐有酒有肉，经常借酒吟诗，颇有隐士之风。儿时的熊远著虽然觉得父亲嗜烟酗酒，脾气不好，生活态度也十分消极，但对他的才学还是打心眼里佩服的。正是自幼受父亲热爱诗文的影响，耳提面命，

---

[1] 1959年华中农学院学生登记表·本人自传。存于华中农业大学人事处档案室。干部人事档案1-1。

长期的潜移默化，他对古文、诗赋产生了浓厚的兴趣，涉猎了不少古籍经典。

作为家中的独子，童年的熊远著极受家人宠爱。他小时候个子很高，但身体很是单薄，为了给他滋补身体，母亲经常为他开小灶，单独炖些补品，有时还特意加上几味中药一起炖，一心巴望着宝贝独苗能变得更加茁壮。熊远著受到的特殊待遇让妹妹们羡慕不已，住在老家郧县的堂妹熊远应至今仍记得当年的一件趣事。那时熊远著父亲与叔父熊觉民两兄弟还没有分家，有一天早上，熊远著的小妹妹熊继瑜和小堂妹熊远应看到炉子上又炖着给熊远著的补品，热气腾腾，香气四溢，两个嘴馋的小丫头实在忍受不了美味的诱惑，便趁周围没人时悄悄品尝起来，不大一会儿工夫竟把一罐子补品消灭了一大半。要是被发现怎么办？两个小馋猫悄悄地在锅里兑进好多水，还偷笑着以为可以瞒天过海，可等到熊远著起床吃补品时，只一口便发觉味道比平时格外得淡，两个小鬼头只好招认是她们动了他的专供[①]。

英俊聪明的"瘦高个儿"

在老家亲人的记忆中，小时候的熊远著是个英俊聪明的"瘦高个儿"。1937 年，熊远著八岁，家人把他送进了竹山的一个私塾学堂。1940 年，在接受了四年私塾先生纯中式的教育后，十一岁的熊远著考入竹山县中心小学五年级，直至 1942 年 7 月小学毕业。同年 9 月，他考入竹山县立初级中学。

作为家中独子，熊远著从小就经常听母亲告诫：

> 你家经常受欺被逼受压，你父亲是酒疯子，不争气，你要用心读

---

① 熊远应访谈，2014 年 11 月 3 日，十堰市竹山县。资料存于采集工程数据库。竹山县为熊远著的家乡，熊远应为熊远著堂妹。

书为熊家争光①。

看着母亲满是期待的眼神,小熊远著心中树立起光宗耀祖的信念。自八岁读书以来,他一直刻苦努力,认真读书,加上天资聪颖,成绩一直在班上名列前茅,母亲很是引以为傲,一心想逃离大山、逃离令人窒息的家庭氛围的她,将全部的希望寄托在儿子身上。

初中阶段,熊远著虽是班上年纪最小的一个,但高高的个子总是让人一眼就能看到他。上了初中,熊远著继续保持着一直以来认真读书的好习惯。他记得那时与吴有恒②、吴高煌等同学要好,他们都是学习特别用功的同学,大家经常在一起争先恐后,相互促进。那时班上的化学老师叫严石,是个知识渊博还十分用功的老师,有这样以身作则的老师作表率,熊远著在学习上更是不敢懈怠。表兄黄家福跟熊远著是初中同学,他记得初中时期的熊远著思想很单纯,一心扑在学习上,尽管性格不算活泼开朗,但课余时间也经常打打篮球,也爱好看小说,成绩十分优秀。

1944年,河南沦陷,河南大学杨景春等老师到竹山县初级中学任教。熊远著当时成绩十分优异,尤其是数学几何,成绩更是出众,杨景春老师很是喜欢这个英俊聪明的学生,他竖起大拇指对熊远著说:

了不起,将来读大学留学后可以成为发明科学家③。

能得到来自大学的杨老师的认可,少年熊远著于是自信大增,心里抱定大学梦,学习起来更是动力十足了。那时候,他把"读大学、留学、当发明家"作为目标。渐渐地,"成名成家"的思想代替了"光宗耀祖"的思想。

---

① 1959年华中农学院学生登记表·本人自传。存于华中农业大学人事处档案室。干部人事档案1-1。

② 吴有恒,中学阶段与熊远著十分要好的同学,后毕业于清华大学,并在武汉黑色冶金设计院炼钢科工作。

③ 同①。

"省八高"里的"朱先生"

1945年夏，熊远著初中毕业。那时正值抗战后期，湖北省大部分地区还是沦陷区，很多学校都停止了办学，全省仅剩少数几所高中坚持正常开展教学活动。湖北省第八高级中学（"省八高"）设在郧县，当年有一千多名学生报考，竞争异常激烈。为了考取"省八高"，熊远著很早就来到郧县，一心一意复习备考。功夫不负有心人，是年9月，熊远著终以竹山县第一名和所有考生中第三名的好成绩考取了湖北省第八高级中学。

"省八高"是湖北省内有名的重点高中，历史悠久，名师如林。当时的校长王远贤，从英国皇家学院毕业，教英文。那时在"省八高"有一个不成文的说法，将留过洋、接受过国外教育回国任教的老师归为"洋派"，将在国内读书后任教的老师归为"中派"。由于教育背景的差异，"洋派"老师和"中派"老师对一些问题的认识和看法时常是大相径庭，所以学校里经常会进行一些辩论赛、演讲赛，凡事可以大胆讨论，氛围十分热烈。在这种自由开放的学习环境中，熊远著度过了三年快乐充实的少年时光。

虽然熊远著天资聪颖，但他在学习上却从不偷懒。在"省八高"读书期间，他一直非常用功。白天他在课堂认真听讲，晚上回到宿舍常常挑灯夜读。熊远著学习成绩一直在班上名列前茅，尤其是在英语、数学和化学的学习上，更是充满兴趣，老师们也常常夸奖他。与班上那些炫富、爱闹事且毫无学习目标的同学不同，熊远著一心想着考大学，然后留学，再当发明家，对学习以外的事往往很少关注，吃穿方面也不讲究，因此他在这些同学眼里显得有些格格不入。课余时间，他经常约几个竹山同学去安静的地方看书喝茶，还跟班上吴有恒、张杨斌等同学展开课外学习比赛，看谁读的书多。由于他整天埋头读书，手不释卷，还被同学们戏称为"朱先生"[1]。

---

[1] "朱先生"，当地俚语，指书呆子。

1947年深秋，熊远著接到家中来信，信中说在竹山县法院工作的叔父熊觉民已为他订了一门亲事，女方是竹山县法院书记官杨禹九的次女杨光华，所以要他寒假即回家完婚。熊远著反对包办婚姻，希望读完大学自己解决婚事，再说他与杨光华没有任何感情基础，因此对这门亲事约定表现得十分不情不愿。时至寒假，家中借口说母亲病重前往学校接他回到竹山，并在家人连哄带逼的情形下与杨光华拜了堂。婚后两人感情一直不好，便于1950年办了离婚。

1947年冬，受战火波及，湖北省第八高级中学迁至襄阳。于是寒假过后，熊远著便与十几位同学相约赶赴襄阳继续学业。

战时的襄阳，学校师生的生活条件十分艰苦，整天吃臭洋面，多数同学也无心学习，成天东游西逛，熊远著回忆起高中阶段的最后一个学期，总感到过得十分"将就"①。那时的熊远著仍一心想着毕业后能到武汉考大学，所以在毕业之际，刚一收到家里寄来的路费便立刻购买了前往汉口的车票。可是，正当他踌躇满志地收拾行装准备出发时，一个消息让他心里凉了半截——襄阳到武汉的交通中断了。正在此时，解放军从河南南下襄阳，与国民党军队在襄阳城外展开了激战。那时襄阳城内人心惶惶，熊远著和同学们也生怕一不小心被流弹击中，于是白天尽量闭门不出，甚至晚上也只敢躺在学校宿舍床板下才敢睡着。约十几天后，襄阳解放了，学校安排一部分自愿的同学前往沙市以完成学业。饱受战争炮火惊吓的熊远著，十分想念家人，再加上当时他又身患痢疾，只好暂时放下大学梦和吴高煌等同学悻悻回家了。

尽管受到战火的波及，但总体来说，熊远著在"省八高"度过的高中时代依旧是纯粹而美好的，"省八高"里"洋""中"结合的师资队伍，开放、自由、踏实的学风，为他日后接受大学教育、进行学术研究打下了坚实的基础。对于"省八高"和当年那位被戏称为"朱先生"的少年，熊远著都心存美好的记忆。2012年10月31日，郧阳中学（前身为湖北省第八高级中学）建校110周年之际，熊远著作联"昔日风雨沧桑育桃李，今朝

---

① 1959年华中农学院学生登记表·本人自传。存于华中农业大学人事处档案室。干部人事档案1-1。

立德树人展宏图"[1]赠与母校，以寄托他对母校时光的留恋和感怀，他还专门致信母校，祝贺母校110周年华诞[2]：

> 王校长：您好！欣闻母校举行建校110周年校庆庆典，心情十分激动。作为校友的我不能参与盛典，真是万分遗憾！我永远忘不了母校对我的培养和教育，忘不了美丽的校园。值此母校校庆之际，向您和全体老师致以最热烈的祝贺和节日的问候！郧阳中学无论在抗战时期还是在社会主义建设时期都具有较高的社会声誉和地位，多年来为国家培养了一大批优秀人才和建设者。希望母校以校庆为新的起点，继续努力，扬帆起航，再创辉煌，为我国的教育事业作出新的贡献！

辗转投考蜀地救姐"大逃亡"

1948年，在经历了襄阳城的战火之后，当一部分师生前往沙市之际，熊远著和几个同学离开襄阳辗转回到了竹山。生活不规律、不卫生和旅途劳顿，使熊远著在"省八高"即已染上的痢疾变得更为严重了。在家养病期间，熊远著仍一心惦念报考大学的事，希望尽快养好了身体就去武汉。可这时母亲的态度却出现了大的转变，原本希望儿子念大学后，便可带她走出大山，去过都市生活的母亲，自从听了儿子描述襄阳城战火纷乱的经历，已甚感时局动荡不安，让独子在外面闯荡风险太大，于是一改过去的想法，希望独子能留在身边。得不到母亲的同意，熊远著想去武汉考大学的事只能暂时被搁置下来了。不久，熊远著的中学老师解保元来家里看他，闲聊中说起学校正好需要一个临时代课老师，问他愿不

---

[1] 庆祝建校110周年暨郧山书院成立465周年工作简报，第7期。十堰市云阳中学网站，2012-09-30。

[2] 熊远著寄郧阳中学校庆贺信，2012年10月31日。存于十堰市郧阳中学。

愿意尝试，就这样，熊远著来到竹山县初级简易师范学校做了三个月的代课老师。做代课老师期间，熊远著一直没有放下心中的"大学梦"。那时，与他一同从襄阳回竹山的吴高煌也在中学教书，教课之余，两人便经常在一起商量如何外出考学，只是迫于母亲的极力反对，才一直未能成行。

1948年年底，熊远著的母亲因时局变化又变得支持他外出求学。那时，解放军攻抵房县，竹山即将解放，当时反动谣传很多，母亲深感家乡正处于动荡之际，她担心身体虚弱的宝贝儿子留在家里反而会再次经历战争，于是同意他跟吴高煌、吴锦震两位同学结伴前往武汉。那时全省各处战火频起，为了避开炮火，熊远著一行三人准备绕道四川万县，再坐船前往汉口，这也是当时唯一一条可以通行的道路。可是，当熊远著与两位同学怀揣希望匆匆赶到万县，正高兴地策划着水路计划之时，时局给这三个年轻人又是当头一棒——万县到汉口的船也行不通了。

接连的打击，不免让年轻的熊远著心灰意懒，武汉似乎已遥不可及了……恰逢万县辅成学院招生，他便轻松考入了辅成学院学习，以为生存缓冲之计。他明白，辅成学院只是一个私立学院，此处并非久留之地。就这样过了几个月，等待机会考公立大学的想法，又开始慢慢在熊远著的心里燃起。

1949年暑期，熊远著接到家中来信，信中告知，母亲极为思念他，担心他带的用度已不够交学费，已经派姐姐熊琨瑜赴川给他送钱并寻他回家。熊远著接信之后却迟迟不见姐姐前来，心中不免疑惑担心。直到姐姐的同学严淑玉到万县找到熊远著，才有了姐姐的线索。仔细打听，才知其中隐情。原来，姐姐与一个姓冀的男子同行，可能已到重庆。当时姐姐熊琨瑜在学校与这个叫冀保祥的教员谈恋爱，受到家人的责备和同事的讽刺，此次借给熊远著送钱的机会便与冀保祥、严淑玉等同行过川，以为可以暂时避开风言风语，和恋爱对象出来换换心情。殊不知，冀保祥系一情感骗子，他在万县本有妻儿，他私下买了票，把熊琨瑜骗到重庆，并骗走了她身上所带钱物。熊远著得知消息，愤恨惊恐交加，既恨冀保祥玩弄姐姐感情，骗取姐姐钱财，又怕姐姐受到伤害甚至遭到拐卖，于是当即决定前往重庆解救姐姐。恰巧严淑玉也要到重庆找她哥哥严淑祥[①]，于是二人同行，乘船到了重庆，住在江北建华学院。见到严淑祥，得知姐姐的下落，熊远著激动得差点哭出来。好在有惊无险！原来熊琨瑜在重庆被骗后碰巧遇到严淑祥，因为两家存有远亲关系，严淑祥便把她接到离自己办公地点不远的旅馆里安置下来，并且找到冀保祥，追回了部分钱财。至此，姐弟终于团圆[②]。

熊远著和熊琨瑜的钱已所剩无几，只好跟严淑玉、严淑祥一同进入重庆流亡学生收容所。两个月后，时局迅速转变，重庆城内气氛一时变得紧张混乱，流亡学生收容所也不得不解散了。凭借严淑祥的身份，熊远著才与熊琨瑜、严淑玉、严淑祥等一起乘坐伪警备眷属车逃至成都，并住在严淑祥的姨母家。一个多月后，成都解放。1949年农历腊月，在同乡起义军人朱梦安、何舜章的资助下，熊远著和熊琨瑜、严淑玉、严淑祥一起，终于从成都踏上回家的路，1950年农历正月，熊远著一行回到竹山。

[①] 严淑祥，毕业于贵阳青年军中学，在重庆伪警备司令部当副官处第二科任少尉（见习）。
[②] 1959年华中农学院学生登记表·本人自传。存于华中农业大学人事处档案室。干部人事档案1-1。

第二章
多舛的大学时代

熊远著的大学时代过得曲折多舛,"五更痢"和"肺结核"的相继侵扰使他不得不休学养病,所学专业也几经更改,最终选定畜牧专业。

保送湖北农学院

图 2–1　湖北农学院校徽

战争的硝烟阻隔了年轻人的向往。熊远著从成都返回竹山,无法报考大学的他开始在家乡业余民校里担任起教员。可就在这个时候,熊远著惊喜地迎来了报考大学的机会。

正当年轻的熊远著为不能继续深造而黯然神伤的时候,一则来自竹山教育部门的消息再一次照亮了他的求学之路。1950 年春夏之际,竹山城关区区委及县文教农林科拟向武汉几所大学推荐保送学生，熊远著凭着在"省八高"优异的成绩获得了珍贵的保送资格。几十年过去了，当熊远著回忆起这段经历，依然神采奕奕，提到当时迫切的心情，熊远著说当时自己"背心里缝着钱就下了武汉"。年轻的熊远著凭借着坚实的基础，先后参加了武汉大学、地质大学、湖北省农学院等多所高校的入学考试，且均被录取。经过几番思考，熊远著选择了湖北省农学院学习①。

湖北省农学院是当时湖北省水平最高的公立农业专业学校，学校前身是光绪二十四年（1898年），湖广总督张之洞以"招有志讲求农学者入堂学习，研求种植畜牧之学"为治学理念创办的湖北省农务学堂。1903年学堂扩建为湖北省高等农务学堂，开设农学、畜牧、林学三科。1912年，湖北省农务学堂在辛亥革命后改建为湖北甲种农业学校。1923年分为湖北第一、第二高级农业学校，由湖北省第二高级农业学校开设畜医科（学制三年）。此后，学校经历了1931年省立乡村师范学校、1933年湖北省立教育学院、1937年湖北省立农业专科学校等一系列演变，1940年学校改建成立湖北省立农学院，当时的校长是美国康乃尔大学农学博士管泽良教授。1950年，湖北省立农学院改名为湖北省农学院。

初到农学院的那段日子，熊远著过得并不开心。那时的熊远著还是个刚满二十岁的小伙子，心高气傲的他觉得学习农学埋没了自己的才华。因为在中学时期，他成绩好，尤其是数学总是考第一，老师和同学们都夸他是用功的聪明学生，认为他以后必有大的成就，还有老师跟他说：

> 你聪明又用功，少管外事多读书，由中学而大学，由大学而留学，将来在兽学上做个发明家②。

---

① 关于考大学的另一种说法：1950年春夏之季，郧阳教育局选择保送湖北省立第八高级中学的前六名学生到武汉考大学，熊远著正在其中。当时大学联考，每个学生可以报考五所至六所大学，但只能录取一所。出于爱好读书的原因，熊远著先报考了武汉大学的中文系，但遭到家人反对，后改报了公费学习的湖北省农学院。

② 干部人事档案3-5，华中农学院毕业生鉴定表，1959年12月20日。存于华中农业大学人事处档案室。

母亲为他的学业倾注了很多心血，对他寄予很高的期望，还长期向他灌输光宗耀祖的思想，而在刚入学的熊远著眼里，学农无非就是种地养牲畜，会有什么大出息呢？学这样的专业，怕是谈恋爱都要受影响咯……内心对学农的排斥令年轻的熊远著烦躁不安，上课不能专心听讲，课后也不像中学阶段那般努力了。从小优越的家境和现实的落差，使他感到上大学似乎与自己的理想差距太远，于是消极封闭的心理，不仅使他学习上难以静心投入，而且与同学们之间也有意识保持距离，甚至动不动就暴露出少爷的优越感，遇到不顺心的小事情也会大发脾气。

可熊远著毕竟是个有理想的青年。

随着时间的推移，农学知识的积累和对校园的熟悉，熊远著慢慢冷静下来了。建校活动中的劳动锻炼，镇反运动以及对社会发展史和土改文件的学习，参与斗地主大会等活动，促使熊远著的思想发生了巨大的变化。他认识到自己反感农学的思想根源是从小养尊处优，对劳动缺乏敬意。随着学习的深入，他对农学价值的认识越来越清晰，学习的积极性得到提高。1952年7月，由于思想上的显著进步和在政治活动中投入的饱满热情，熊远著被组织批准加入了共青团，不久还参加了党课学习。随着思想上的转变，他也逐渐认识到自己性格上的缺陷，他开始积极主动与同学们交往，并以班上比较进步的几个同学作为榜样，学习人家的工作热情和劳动态度，学习人家对人的和蔼和谦虚，此后，见了人再也不动不动就瞪眼睛了[①]。

有了阳光的心态和积极向上的要求，熊远著学习劲头倍增，仿佛回到了"省八高"那段争分夺秒的时光，就连农学院的院歌也格外喜欢了：

挹江流浩浩荡荡，挟沃野郁郁苍苍。
萃俊秀于三楚，聚硕彦于一堂。
勤读力耕肩重任，立己达人图自强。
雍雍穆穆，跄跄跻跻。

---

① 干部人事档案3-5，华中农学院毕业生鉴定表，1959年12月20日。存于华中农业大学人事处档案室。

宏农学，扬国光，日新永无疆[1]。

熊远著深深地记住了"勤读力耕，立己达人[2]"。"勤读"是指勤奋学习钻研，"力耕"是指努力开拓实践。"勤读力耕"是对学风的倡导，对学问的指引，也是对"知"与"行"辩证关系和成长成才规律的揭示。"立己"是指加强自我修养，自强自立，使自己品德高尚、事业有成；"达人"是指关爱他人，回报社会，使自己的学习有益于人们。无疑，"勤读力耕，立己达人"所传达的做人做事的教育理念，对处于"三观"形成期的熊远著来说产生了积极深刻的影响，其中习行结合和立己达人的理念，在他后来治学科研中得到了很好的践行。

一场手术观摩开启的"兽医梦"

那时的湖北省农学院，学风淳朴，氛围自由，在专业选择上最大限度地尊重学生个人的意愿。尽管熊远著对农学尚未发自内心的喜欢，可这种能够自由选择专业的做法还是很合他的心意。入学后，熊远著先后选择了植物保护、园艺、森林、兽医等专业试读。在这种自由灵活的学习环境中他自学能力强的特点得到了充分发挥。大学前两年通识学习阶段，熊远著的各科成绩非常优秀，尤其是"生理学""解剖学""动物学"和"外科学"几科在班上成绩更是突出。

1952年夏，第四野战军兽医处的一位日本学者为一只山羊做剖宫产手术，熊远著和同学们被允许在一旁观摩。那是一场精彩的手术演示，麻醉、消毒、剖腹，手起刀落，在医生和各种型号的手术刀之间仿佛有一种默契，那样得心应手。兽医精湛而娴熟的技术让在场观摩的每一位学生都叹为观止。后来，年届耄耋的熊远著回忆起当时观摩那场手术时的情景，

---

[1] 华中农学院校歌。360doc个人图书馆网站，2009-08-26。
[2] 如今这八字箴言已成为华中农业大学的校训。

依然充满向往，赞叹不已。

熊远著一直在选择专业上犹豫不决，这场手术观摩给年轻的熊远著带来了极大的触动，心里对兽医的精湛技术充满了敬仰，对可爱的小羊终于安全降生心存感动，对现场观摩者欢欣鼓舞的掌声充满了羡慕。在试读期满后，他便毅然选择了兽医专业。

"五更痢"和"肺结核"相继来袭

正当熊远著雄心勃勃，在兽医专业的学习渐入佳境的时候，"五更痢"和"肺结核"的相继来袭却迫使他中断学业。

早在襄阳读中学期间，熊远著学习十分用功，以致经常废寝忘食，作息不规律，再加上当时饮食水平和卫生条件十分有限，渐渐地患上痢疾。1952年，熊远著早已埋下隐患的"五更痢"复发。"五更痢"又名"鸡鸣泄"，患者每到凌晨便要腹泻，严重时一天腹泻近十次，令人苦不堪言。久治不愈的"五更痢"不仅折磨着熊远著的身体，更让他不得不中断正常的大学生活。

一波未平一波又起，1954年，"肺结核"和肠炎轮番袭扰，这对熊远著的身体简直是雪上加霜，他深深陷入到病痛折磨和对学业的担忧之中。面对严重的病情，学校将熊远著先后送入湖北协和等医院治疗，甚至转入南湖革命军人休养院休养。那时的南湖革命军人休养院里住有很多在战争中负伤的老战士，他们有的卧床不起，有的身带残疾，但是他们无一不积极配合治疗。熊远著在跟他们的交往中，为他们面对病魔的乐观精神所鼓舞，顽强地与病魔坚持斗争。

1955年，熊远著的病情几乎没有好转，学校只好派专人将他送回竹山老家休养，希望他能借家乡的山水和亲人的关心慢慢调养并出现奇迹。那时交通不便，竹山县处大山深处，很多路段都无法通车，沿途山路崎岖，走行也很困难。面对重重大山，久病虚弱的熊远著有心无力，大家只得用滑竿一路抬着他送到了家。回想起熊远著病重回家时候的情景，他的堂妹熊远应至今还后怕不已："他回来后，我们看到他趴在这里，鼻子和脸蛋都是青的，估计是活不了了①。"

回到家乡的熊远著依旧病魔缠身，家人远近打听，一心为他寻求更有效的治疗方法。当时，竹山地方党组织给熊远著提供了及时的帮助和照顾，甚至通过召集全县中医展开会诊，采取中西医联合的方式治疗。奇迹终于出现了，熊远著的病居然慢慢地好转了。

图 2-2　1955 年 5 月 9 日，熊远著在南湖休养留念（后排右二为熊远著）

熊远著在家治疗休养期间，总能得到来自母校的关心。医疗和休养费用也都是由学校负责的，对此，他很是过意不去：

> 自己一个普通的学生，对革命毫无贡献，受到组织这样无微不至的照顾②。

心存感恩的熊远著，当身体稍有好转便积极投入当地的工作，如竹山的广播宣传等。当时镇上的领导都知道他文笔好，只要有写材料的工作便会想到他，而熊远著则不论是谁需要帮助，他都从不推辞，并且都会认真地完成。有一次竹山下了大雪，区党委丁书记和陈书记找他帮忙写十份紧

---

① 熊远应访谈，2014 年 11 月 3 日，十堰市竹山县。资料存于采集工程数据库。
② 干部人事档案 3-1，熊远著同志在家休养时期的表现的鉴定。存于华中农业大学人事处档案室。

第二章　多舛的大学时代

急指示材料，身体还没有完全恢复的熊远著在办公室从早上一直写到下午一两点，书记们让他休息一会儿，他却坚持全部写完才肯休息。在竹山养病期间，他对力所能及的工作总是积极去做，还主动参与了社区工作，帮助军属订冬防公约，深入各家宣传增产节约的意义，甚至顶风冒雪协助查哨……在一次春节文艺宣传中，他还紧扣党委布置的"增产节约""治安冬防"等内容，依据典型实例编写了三个快板，并排练演出，取得了很好的宣传效果。

畜牧专业重新启航

1957年，熊远著身体基本痊愈，学校给他来信，希望他回武汉复学或者直接参加工作。怀着对知识的渴望和对组织的感恩之心，熊远著迫不及待地打点行装，回到了武汉，回到了阔别的华中农学院（1952年，湖北省农学院与其他大学组建成立了华中农学院），即现在的华中农业大学。

回到学校，是去工作还是去读书呢，熊远著顾虑重重，我的大学可是没有念完啊！内心对知识的渴求使熊远著打定主意选择读书。当然心里也在打鼓，他毕竟休学太长时间，专业知识已经遗忘不少，跟班学习也许会落后很多。为了尽快把遗忘的专业知识补起来，熊远著给自己制订严格的学习计划，一门心思扎进了图书馆。

正当熊远著踌躇满志，铆足了劲儿准备全身心投入学习的时候，又一

图 2-3　华中农学院风光

个问题摆在了他的面前——他钟情的兽医专业此时已被调并到其他高校。原来,在1952年全国高校院系调并的时候,高等教育部决定筹建一所在华中地区具有农业指导性作用的农业大学,于是将武汉大学农学院、湖北省农学院的全部系科和湖南大学、南昌大学、广西大学、河南大学等六所大学的全部农学院和林学、森林系等部分系科集中组建起华中农学院,但他早先选好的兽医专业却划归到了其他学校。

真是命运多舛啊!熊远著不免暗自神伤。病愈归校的他又一次面临专业选择。当年新生入学时,那次手术观摩再一次鲜活地出现在他的眼前,对动物研究的热爱撞击着他年轻的心扉,经过几番思考,熊远著决定选择跟兽医专业相近的畜牧专业。这个选择虽然夹杂着几分无奈,但也只能退而求其次了。谁也没想到,正是这个"无奈"的选择,最终成就了熊远著为之执着坚守并奋斗一生的畜牧事业。

这一年,他插班到大二学习。与班上同学相比,他显然已是"大龄青年"了。这种情形给了他无形的压力,也成为他倍加珍惜校园学习的动力。在畜牧专业,他学习了遗传学及家畜繁育学、家畜产科及人工授精、无机化学与分析化学、养马、养牛、养猪、养羊等科目,并且都获得了很好的成绩。他知道自己已是一个"非常"的学生,不能像应届生一样按部就班,得额外投入更多精力才行。既有的专业基础和一定的社会实践,也让他有了更强的理解能力和自学能力。除了完成正常的学习任务,他在老师的指导下,还自学了拉马克的《进化论》、达尔文的《物种起源》、孟德尔的《遗传学》、J.汉蒙的《农畜繁育生长和遗传》、J. F.拉斯里的《家畜改良遗传学》和W.B.马瑟尔的《数量遗传学原理》等国外专业经典。熊远著暗下决心,要尽量涉猎广泛,进而突破

图2-4 大学时期的熊远著

第二章 多舛的大学时代

专业书籍的局限。中医经典《金匮要略》、史学巨著《资治通鉴》、中国四大古典文学名著、俄国诗人普希金、德国诗人海涅的作品等，都成为他爱不释手的课外读物。通过这些书籍的阅读，不仅丰富了他的学识，充实了课外生活，开拓了眼界，还培养了他缜密的思维能力。

专业学习之余，熊远著还积极争取机会锻炼自己，努力提升自己的综合素质。1957年，在学院搬迁工作中，他表现突出，被评为学院搬迁工作积极分子。1958年8月，他受学院委派在政法学院参与举办教育展览会大获成功。其突出的综合素质引起了相关方面的重视。同年10月，他经高等教育厅借调至北京，担任"全国教育方针展览会"湖北地方教育改革馆秘书、编辑，并负责团小组工作。其中临时借调到北京工作的经历，使熊远著专业以外的工作能力得到进一步提高。他对待工作认真负责的态度受到了组织和同事的认可。在这次工作结束时，湖北省教育改革馆团小组给他写了如下的评语：

  对工作很细致，有条理。对待工作不为名利，诚诚恳恳，兢兢业业，担任了团组织秘书、总务、编辑以及全馆行政工作。很虚心，不管是工作或处理问题，都能反复思考，对同志也很关心体贴。对工作踏实认真，对公物特别爱护，真正是以主人翁态度对待工作[①]。

1958年11月至1959年暑期，熊远著参加了下放校办农场劳动锻炼。其间，他负责养猪队的生产管理，这是他第一次将所学的畜牧知识应用到养猪实践中，也是他第一次与猪近距离接触，并从此与养猪事业结下不解之缘。

[①] 干部人事档案3-2，湖北省教改馆团小组对熊远著同志的鉴定，1958年11月12日。存于华中农业大学人事处档案室。

第三章
动荡岁月里的潜心执着

民生艰难时留校讲"养猪"

虽然大学时代可谓艰难曲折,但熊远著的刻苦好学和突出的创新潜质终究还是引起了老师们的另眼相看。

早在 1956 年,熊远著就参与老师资料整理工作,并写成《湖北省地方猪种类型与地方良种》[①]一文,显露出踏实非凡的工作作风和潜心专注的科研素质,引起了专业老师们的特别关注。

1959 年 7 月,熊远著毕业留校,并在畜牧专业任教,主要负责"家畜饲养"和"家畜卫生"两门课程的讲授。幸好之前的下放劳动给他强化了不少感性认识和实践经验,当时下放的点点滴滴成为他上课信手拈来的生动素材。

校办畜牧场不同于课堂,这里鸡鸭成群,牛马奔腾,猪羊欢叫,书本上的一张张静止的图片在这里变成了一个个鲜活的生灵。烂熟的理论知识在这里遭遇到实打实的动手考验。鉴于熊远著以前对猪的兴趣和了解,校办

---

① 此文后发表于《湖北农业科学》。

图 3-1　1959 年 7 月 19 日，养猪队全体同志合影（后排中间最高者为熊远著）

畜牧场给他分配的任务是：养猪。

于是，熊远著开始了与猪朝夕相处的日子。随着工作的开展，他对养猪也有了更多直观的认识。随着经验的积累，他发现生产实际其实要比书本理论复杂丰富，也生动得多。如果能将自己的所学运用于养猪实践，其实是大有可为的。

熊远著以优秀的表现取得了农场组织和领导的信任，他被安排担任养猪小队的队长。那时他组织管理经验少，虽然学习过养猪的专业理论却从未参加过实际的养猪生产，加之当时临近冬季，正是疫病流行的时节，这一系列的困难让刚刚上任的"熊队长"倍感压力，而当年必须完成1500—2000 头的小猪培养任务更是让他不敢有丝毫懈怠。面对重重困难，熊远著没有气馁，没有抱怨，他告诫自己，要彻底改变从小养尊处优的心态，也不摆大学老师的架子，而是以浓厚的兴趣投入到养猪生产实践中。他身体力行，不论是搞外联、找猪种还是抓防疫，哪里需要，他就出现在哪里。

20 世纪 50 年代后期，人民公社化运动正在全国范围内如火如荼地开展，各地纷纷收回社员自留地，大办公共食堂。随着"公社办万头猪场，大队办千头猪场，生产队办百头猪场"之类不切实际口号的提出，许多地方无偿调集社员的家养猪开办集体猪场，导致家庭养猪逐渐减少。由于缺乏必要的条件和管理经验，这些一哄而上的集体猪场多数没有办好，生猪存栏率很低。

1960 年春，全国畜牧书记会议提出"以猪为首，猪牛并重，全面地高速度地发展畜牧业"的方针，高指标的发展计划和"公养为主，私养为辅"的养猪政策，再一次给养猪业造成伤害。那时，恰逢我国三年自然灾害，农业严重减产，国民普遍营养不良，城里人一个月吃一次肉都成了奢望，而乡下人就只有逢年过节才能沾点儿"荤腥"了。那时，华中农学院校办畜牧场的养猪场在校外偏僻的湖边，只有几栋简陋的猪舍和几十头品质低劣的母猪聊以维持，根本不能满足教学和科研工作的需要。

面对全国养猪事业疲软的大环境和眼前水平落后的养猪场，熊远著陷入了深深的疑惑，也隐隐地感觉到一份责任。他深知，我国养猪事业历史悠久，品种资源十分丰富。要想改变现状，就得充分开发利用地方品种，培育出我国自己的高产优良品种。多年的专业学习和猪场的实践经历告诉熊远著，发展养猪事业，育种是关键。他暗暗下定决心，一定要肩负起一个畜牧科学工作者的职责，将自己所学的专业知识运用到猪育种事业中去！

当时，熊远著所在的养猪场面临的最突出问题是仔猪存活率低。那时猪场饲养水平有限，仔猪断奶体重普遍较轻，而且疾病抵抗力弱，再加上猪舍卫生、防疫条件差，小猪往往成批死亡。为了提升猪的存活率，熊远著采用了"防疫""饲养"两手抓的管理方法，一边改善猪舍卫生条件，一边提高饲养管理水平。为了总结有效的饲养管理方法，他亲自选定三头母猪进行跟踪试验，从配种、怀孕到下崽、哺乳的每一个环节，他都密切关注，细心观察，在管理和饲养方面亲力亲为。有一次，熊远著在巡查猪棚时发现，一头刚出生不久的小猪正躲在猪舍的角落里瑟瑟发抖。那时正值隆冬时节，猪棚里温度很低，刚出生的小猪怎么能抵抗得住寒风的侵扰呢？再这样下去小猪会被冻死的！熊远著二话没说，抱起那头小猪就往自己的宿舍跑。宿舍里的温度相对猪棚稍高，但小猪还是在不住地发抖。熊远著顾不了那么多了，他小心翼翼地将小猪抱到自己的被子里。眼瞅着被窝里的小猪变得活泼精神了，他那颗悬着的心才慢慢放了下来。从小作为"少爷"的熊远著是个有洁癖的人，但为了挽救小猪的生命，却能如此豁得出去。当回忆起前后这种思想上的变化时，他写道：

> 因为自己体会到了一头小猪养大，在目前猪种缺乏的情况下，对农村养猪发展有多大的意义和价值[①]。

[①] 干部人事档案3-4，下放劳动锻炼鉴定表，1959年7月18日。存于华中农业大学人事处档案室。

第三章　动荡岁月里的潜心执着

就这样，在熊远著的精心照料和科学饲养下，他试验的三窝猪没有一头死亡，断奶窝重达560多斤，创造了当时湖北省内最高水平，一时在学校引起了很大的轰动。

在校办畜牧场下放锻炼期间，熊远著还被学院派往湖南望岳参加"万头猪场"现场研讨会。这次参会经历，使熊远著切实感受到育种在猪场发展中至关重要的意义，也观摩到一些实际的育种经验。他深感科学育种事业任重道远，更加坚定了投身猪育种工作的决心，内心涌起一股力争在育种方面有所贡献的冲动。

当此次下放锻炼结束时，熊远著已对朝夕相处的猪场和工人们恋恋不舍了，曾经陌生的猪舍现在已经变得再亲近再熟悉不过了。熊远著已经习惯于这儿的工作节奏，如果一天不到猪舍巡视两遍，心里就总不踏实，和刚下场时那种匆匆忙忙就想结束的态度已是天壤之别[①]。

校办畜牧场的下放锻炼经历，使熊远著在思想上和专业上都取得了很大的进步。他将课堂上学到的一段段文字转化成一条条具体的技术和经验，不仅对养猪事业产生了前所未有的亲近感和使命感，专业思想也越发牢固坚定了。在工作中，不仅谙熟了养猪生产的流程环节，也对养猪活动的宏观组织和管理有了切身的体会，他还对很多相关的深层问题有了思考，特别是对养猪事业发展的"瓶颈"，有了更加切身的认识。努力探求育种方法，成了他非常清晰的专业目标。他的出色表现和突出成绩，获得了院系老师们的交口称赞，他还被评为"全院社会主义建设积极分子"。

在1959年7月的《下放劳动锻炼鉴定表》中，熊远著自己这样评价这段经历：

> 通过实际工作有较深的体会，特别是在养猪场内通过一段时间的锻炼，对如何抓养猪组织经营管理，饲养供应人员调配，如何整顿猪群，抓养猪的饲料、防护、配种、仔猪培育等方面，学习到了在课堂上学习不到的东西，对于做工人思想工作的特点也有些领会。此外在

[①] 干部人事档案3-4，下放劳动锻炼鉴定表，1959年7月18日。存于华中农业大学人事处档案室。

业务上，熟悉了各类母猪的饲养管理，特别是通过一年三胎的科学研究，对于提高母猪生产力，促进小猪生长方面的探讨有很大体会。此外，虽然过去学了两年半专业兽医，对猪的主要疾病及防治方法，一无所知。这次通过生产中实际需要已能掌握如何防预控制猪场传染疾病。对几种主要猪病能较有把握地作出诊断治疗[①]。

1962 年，熊远著开始在校内为本科生主讲"养猪学"课程。扎实的专业理论基础和长时间的养猪实践，使他的课堂不但系统且有重点，还特别生动且实用，受到同学们的格外欢迎。理论和实践两手抓的特点和优势，使他迅速在养猪圈内获得认可，不久便开始承担湖北省"数量遗传"和"猪的育种"训练班教学工作。同年，熊远著加入中国畜牧兽医学会湖北分会并被推为养猪学小组组长。

主持地方猪种资源调查

自熊远著下定决心要在猪育种方面有所贡献以来，他就一直在积极努力着。他知道，要想在科学育种方面有所突破，首先得对现有猪种资源做到心中有数才行。为了摸清省内地方猪种资源情况，从 1963 年开始，在完成繁重的教学任务之余，熊远著作为湖北省畜牧学分会养猪学小组组长组织湖北省农业厅、华中农业科学研究所的同行们着手对湖北省地方猪种资源进行了走访调查。

要掌握地方猪种资源的真实情况，就得到基层养猪第一线去。

此时的全国生猪养殖公私结构也在悄然发生着变化。1961 年全国恢复"公养和私养并举，以私养为主"的养猪方针；1962 年，商业部门在收购生猪时开始实行奖售饲料粮的政策，不少人民公社也开始支持社员私人养

---

① 干部人事档案3-4，下放劳动锻炼鉴定表，1959年7月18日。存于华中农业大学人事处档案室。

猪，还为养猪的社员拨给饲料地，分配饲料粮和工分。在这一系列政策的激励下，全国的养猪形式发生了变化，以人民公社为单位的规模化集体养猪场逐渐变少，家庭养猪的热情逐渐恢复，猪种资源重新回归到广大农村的各家各户。

从调查难度来讲，猪种资源的分散无疑给调查增加了不少工作量，也增加了分析背景的复杂性程度。为了全面而丰富地获得真实的猪种资源数据，熊远著和小组成员们跋山涉水，走村串户。当时农村的交通十分不便，大家一出去往往就是好几天，作为调查小组领头人的熊远著更是以身作则，冲在最前面。白天，他蹲在农家的猪圈里，观察猪的性状，测量猪的外形，向农家询问猪的来源及饲养经验；晚上回到住处，在昏暗的油灯下，他还要加班加点统计数据，分析性状，整理调查资料，工作往往持续到深夜。有一次，为了搞清楚钟祥县一家农户的养猪情况，熊远著与调查小组爬了几十里山路，最终在大山深处找到了这户人家。走访调查工作十分辛苦，一忙起来连三餐和休息都没有固定的时间，渴了就喝口白开水，饿了就吃点随身背着的干粮，但大家心里装着育种事业，苦中有乐。

1963—1965年，三度寒暑交替，熊远著和他的调查小组成员们怀揣着对猪育种工作的执着，肩负着猪种资源调查的重任，从平原到丘陵，从丘陵到山区，足迹遍及湖北及毗邻省份的66个县市，行程达上万公里。在这个过程中，他们对湖北省地方猪种的类型、特征、源流、分布以及性状形成的条件、过程、民间养殖经验等进行了详细追踪调查，并及时完成了信息登录和资料收集整理工作。

当湖北省地方猪种资源调查工作结束后，熊远著开始着手对调查资料的整理和消化，并以一定方式与同领域专家和同行进行分享。熊远著撰写的《湖北省猪种区划》和《地方良种——监利猪的选育》在农业局内部印发；另在前期本科论文基础上与刘净等人合作，在《湖北农业科学》上发表了《湖北省地方猪种类型与地方良种》。

通过三年的调查工作，熊远著和小组成员们对湖北省内的猪种资源有了较为清晰的摸底，他们把省内的猪种资源分为华北、华中、过渡及西南亚型四种类型，其中，分布面积最广、数量最多的是过渡类型猪种。另外，四种类型猪种的猪肉生产力及品质也有较大差距，华中类型及其亚型——西南类型猪种的猪肉生产力及品质较高，华北类型最差，过渡类型介于三者之间而波动幅度较大。肉质的肥瘦方面，华中类型及其亚型——西南类型的肥肉比率较华北类型及过渡类型的高。经过调查和分析，熊远著及成员们认为当时湖北省内具备地方良种猪条件的只有监利（狮子头）猪、通城（一字眉）猪和咸丰、利川（二眉）猪几种。

在《湖北省地方猪种类型与地方良种》一文中，熊远著这样评价此次湖北省地方猪种资源调查工作的意义：

> 地方猪种是丰富的基因库。认识地方猪种及其类型的意义，主要在于总结历史经验，继承劳动人民千百年来选育成果，发掘和利用祖国的猪种资源，为农业经济、猪种改良区划提供依据，以便有计划地领导生产，更有效地改良猪种，提高猪种生产力及猪肉品质，同时也有利于促进科学研究与丰富教学内容。

的确，历时三年的湖北省地方猪种资源调查让熊远著非常难忘，这段经历虽然艰辛，却正好为他后来参与全国猪种资源的调查积累了经验，也为他后来开展种猪选育与改良工作积累了丰富可靠的原始素材，为研究育种奠定了坚实的基础。

坚守猪棚十六年

为了育种科研工作，猪棚成了熊远著长年累月的去处，而且这种与猪棚相伴的生活前后长达十六年。

刚留校时，熊远著被下放到校办畜牧场锻炼实习，那是他与猪棚的第一次亲密接触。来自大山深处的他，骨子里透着山里人特有的淳朴和实干劲儿。尽管刚参加工作就被派到养猪第一线，年轻的熊远著对此并没有抱怨，而是用心锻炼，以很高的热情融入到猪场的生产和管理活动中。

那时的猪场管理和生产水平都十分落后，为了改善养猪场的条件和面貌，熊远著和工人师傅同吃、同住、同劳动，建立起深厚的感情。和全国的养猪生产情形一样，校办畜牧场的饲养管理活动还处在"一瓢水一把糠，饮水靠肩挑，青饲料自己找"的落后状况。每天上午，熊远著要和工人们一起挑几十担水拌猪饲料。夏天的早晨，四点多钟他就和工人一起拖着板车到十几里外的湖里打野草，以供应一天的青饲料；寒风凛冽的冬天，他又和工人们一道搬石头，修筑院墙，建设猪场防疫网，肩压肿了，手冻僵了，他一声不吭，默默地承受着①。

结束了下放锻炼实习的熊远著并没有就此远离猪棚。为了进行猪育种研究，在繁重的教学工作之余，他一有时间就一头扎进猪棚里，连续观察猪的活动性状，用心积累管理饲养经验。

在主持湖北省地方猪种资源调查的三年中，熊远著更是几乎日日与猪棚相伴。白天在猪棚收集猪种数据，晚上就在猪棚附近的农户家里整理分析完数据之后才肯休息。

1966年5月，"文化大革命"运动开始，全国的农业科研工作被叫停，高等院校停课，所有科研组织处于瘫痪状态，华中农学院的教学和科研秩序也遭到了严重破坏。有作为的教育与科研人员纷纷遭受打击，后来又经历了"清队""整党""斗批改"和"下放"等运动，以致学院里人心惶惶。在这样的政治环境下，熊远著因家庭出身免不了要受到影响。然而，政治上的冲击并没有动摇熊远著在事业上的信念，后来在说起这段历史时他也颇感欣慰，因为即使在动荡的岁月里他也没有放弃研究。他全然不顾猪场外的各种"运动""斗争"，而是专心致志地把心血倾注于自己热爱的事业之中。甚至，面对政治上的狂热和混乱形势，他多少有些庆幸，自己能有一个在别人眼里不算体面却能让自己享受安静的去处，朝夕相伴的猪棚宁静温馨。在那段时间，熊远著干脆一头扎进猪场潜心琢磨起育种的问题来。他在猪场附近幽静的南湖边，专注地思考，这成了他难以忘怀的时

---

① 王景刚：笃志决且坚，心血育成果——记华中农业大学猪育种专家熊远著教授.《科技进步与对策》，1988年第6期。

光。白天，他深入猪棚，和工人们边劳动，边记录猪群情况；晚上，他在猪棚旁一间八平方米的小屋里整理试验记录，查阅有关资料，攒起一摞摞卡片，往往直到深夜，才习惯性地在猪的哼叫声中酣然入眠。

1970年10月25日，熊远著获得了"五好战士"的称号。当时的评语，对熊远著那个时期的工作做了这样的评价：

> 能接受工人阶级再教育，在猪房时能与工人打成一片，不怕脏不怕累，积极参加劳动。能服从组织分配，对组织交给的任务都完成得较好[1]。

很长一个时期，熊远著并没有在学校分得住房，由于住地离学校很远，来去一趟颇费时间，为了节约时间用于科研工作，他索性长期待在猪场，有时甚至节假日也在猪棚里度过。那个时候，熊远著很少照顾到家庭，妻子身体不好，经常住院，有时他也忙得无法抽身去看望、照顾。那几年，熊远著的心思都放在了事业上，有时候在家突然有一个新的想法，便马上坐两个多小时公共汽车赶到学校。他有空总是到实验室转转，到猪舍看看，工作起来往往就不记得吃饭和休息。特别是中午，猪场没有食堂，有时甚至连开水也没有，长期以来，他经常是两个馒头当中餐，喝杯开水继续干，有时甚至是饿着肚子一整天[2]。

1970年，北方农业工作会议召开，周恩来总理作了重要讲话，明确提出了"积极发展集体养猪，继续鼓励社员养猪"的方针，这项方针的贯彻落实，使全国的养猪生产形势在几年之内得到了一定好转。与此同时，"文化大革命"的冲击也在渐渐减弱，人心向往安定，经济亟待复苏。

在这样的政治背景下，1972年，熊远著加入了全国猪育种科研协作组，参与完成了"六五"攻关课题。从1973年开始，熊远著开始把主要精力

---

[1] 干部人事档案3-4，下放劳动锻炼鉴定表，1959年7月18日。存于华中农业大学人事处档案室。

[2] 王景刚：笃志决且坚，心血育成果——记华中农业大学猪育种专家熊远著教授．《科技进步与对策》，1988年第6期。

图 3-2　1971 年 12 月 16 日，均县大里坪畜牧兽医培训班留念（前排右二为熊远著）

放在"湖北白猪"的选育工作上，制订出湖北白猪的育种方向、目标、方案、方法、工作计划，开展引入品种观察、杂交组合试验等工作。在此期间，他先后四次赴丹麦、英国和美国考察引种，并先后参加了以遗传育种、饲料营养、数理统计、计算机等为专题内容的学习培训。通过引入大白猪、长白猪、通城猪和荣昌猪等国内外优良猪种资源，熊远著和他的团队又开始在猪棚和实验室进行饲养观察及较大规模的杂交组合试验，历时三年终于完成了二元、三元杂交组合试验，于 1976 年提出试验报告，成功培育出"大白猪×（长白猪×本地猪）"（简称"大长本"）的理想组合。

从 1959 年留校参加工作到 1976 年"文化大革命"结束，整整十六年，熊远著一直心系育种事业，长年与猪棚相伴，不论是"文化大革命"中受到政治冲击，还是科研成果受到广泛重视，他都一直不改初心，带着山里人特有的淳朴和实干劲儿，坚定不移地沿着猪育种的道路前进，在理论与实践两个方面不断成长。

实践出真知。熊远著还注意将猪种资源调查和养猪实践的长期积累与经验及时融入课堂教学中，并以此为基础创新教材建设。1973 年，他自编

图 3-3　熊远著早年与同行外出考察合影（后排右四为熊远著，右七为赵书广）

《畜牧生产学》供专科教学用，并主编《养猪学》教材供本科生使用。1974年，主编了供三年制专科生使用的《养猪学实习指导书》。熊远著丰富的实践经历，让这些原本枯燥无味的教科书变得生动有趣，其实用性受到老师和同学们青睐。其中，《养猪学》教材中约十六万字均由熊远著直接编写，无论篇幅还是内容，均在全书占有相当分量，这本教材以其系统性和实用性获得了同行专家和学生的认可[①]，甚至引起了全国同行的注意。由于他对畜牧专业实践的重要性有着切身的认识，因此在教学过程中格外重视对学生实践认知能力的培养。1973年，他还专门编写了养猪学实习指导书，对学生实习过程和内容加以规范引导。1978年，熊远著被推荐参加了全国高等院校统编教材《养猪学》的审定工作，显然，他在养猪事业上的全心投入特别是匠心独具的教学实践，已受到全国同行权威专家和更大范围的重视。

---

① 直到 1978 年，这本书还被华中农学院用作畜牧专业本科生的教材。

第三章　动荡岁月里的潜心执着

第四章
"湖北白猪"及其品系的问世

参与全国猪种资源调查与志书编研

我国是世界上猪种资源最为丰富的国家之一。据考古发现,早在新石器时代,我国就已经存在驯养猪的生活方式。几千年来,我国劳动人民培育出了不少品质优良和各具特色的猪种,如太湖流域的太湖猪、浙江的金华猪、四川的荣昌猪、东北的民猪、西北地区的八眉猪、华北地区的黄淮海黑猪、西南的内江猪、华南的两广小花猪……[①]"中国猪种向以早熟、易肥、耐粗饲和肉质好、繁殖力强著称于世,汉唐以来,广为欧亚人民所称赞"。"英国在18世纪初,引入中国的广东猪种,到18世纪后期,英国本地土种猪已渐驱绝迹,代之以中国猪血统的猪种。如大约克夏猪,是英国最著名的腌肉用猪,这种猪是用中国华南猪和美国约克夏地方本地猪杂交改良而成。1818年,这种猪曾被称为'大中国种猪',以示不忘根本。现今世界上许多著名猪种,几乎都含有中国猪的血统。故达尔文指出:'中国

[①] 钱林:中国猪种资源的调查及中国猪品种志的编写。见:中国畜牧兽医学会养猪学分会、中国农机学会机械化养猪协会编,《养猪三十年记——纪念中国改革开放养猪30年文集(1978-2007)》。北京:中国农业大学出版社,2010年。

猪在改进欧洲品种中,具有高度的价值①。'中国古代还很早就发明了阉割术,受到国外畜牧兽医界的高度重视②。"总之,我国丰富的猪种资源是开展猪育种工作的基础与优势,要想培育出优质的猪品种,国内猪种资源调查是首要工作。

1979年,为加速畜牧业的发展,合理利用地方畜禽资源以实现我国的畜牧业现代化,原农牧渔业部将家畜家禽品种资源调查和编写《中国家畜家禽品种志》列为重点科研项目,并下设《中国猪品种志》编写组,由张仲葛担任组长,李炳坦、陈效华担任副组长,张照、赵书广、熊远著等为组员。自此,熊远著便再次踏上了猪种资源调查的田野实践之路。如果说以前湖北省地方猪种资源调查他是独当一面摸索前行的话,那么此次则有养猪学界权威专家的耳濡目染。调查组先后赴浙江、湖南、广东、广西、安徽、苏州、海南、东北及西北等地,对猪品种的形成历史、生态环境、数量、分布、生物学特性、生活性能和利用现状进行了认真详细的调查,足迹遍及全国。

这个调查和整理的活动从1979年一直持续到1984年,在这回归田园的五年时光里,"要对育种有所贡献"一直是熊远著深度参与这项活动的动力。那时候,我国的养猪业还是自繁自养,许多地方品种都是依靠农民的表值型选择来逐渐形成自己的繁育体系,因此,在熊远著眼里,我们中国的农民是世界上最伟大的猪育种者。他每到一个县市,都十分热情地与当地农民打交道,蹲在农家的圈舍里测量猪的长、高及胸围,深入田间、地头向每家农户询问猪的来源及饲养经验,讨论猪的特点、繁殖性能、生长速度、毛发等,饿了就吃点干粮,渴了就喝口白开水。夜晚回到住处,他便会召集小组成员组织座谈会,向大家询问白天的调查情况,认真记下大家的看法。结束会议后他又不知疲倦,小心翼翼地在昏暗的油灯下整理调查资料,经他整理的资料,足足装了两竹箱。

---

① 达尔文:《动物和植物在家养下的变异》(*The Variation of Animals and Plants Under Domestication*)。这是达尔文的第二部巨著,编写于1868年,进一步阐述他的进化论观点,提出物种的变异和遗传、生物的生存斗争和自然选择的重要论点。

② 冯天瑜等:《中华文化史》,上海:上海人民出版社,2010年,第123页。

在考察实践中，熊远著发现，浙江、湖南、湖北等许多地区的某些猪种都出现了比较一致的外貌特征：在毛色上都是中间白色，头部与尾部是黑色。而这一类猪在湖北则包括了通城猪和监利猪两个类群。他认为，相似的外形背后一定存在着某种必然的联系。经过详细深入的调查分析，他发现，地方猪种"同（品）种异名"或"同名异（品）种"的现象普遍存在。而这一问题，只有通过血缘距离测定才能得以解决，即通过基因、分子生物遗传等技术来测定它的距离。但是当时的技术条件有限，无法实现大范围的血缘距离测定。因此，当时主要是根据猪的外貌特点、生产性能、所处社会环境，猪种的流向以及该地区农业情况和社会情况对猪的影响等来分析它是否属于同一个猪种。

1982年5月，在经过一段时间的分析研究之后，湖南、湖北、江西、广西和全国部分专家于武汉召开了学术讨论会，会上达成共识，将沙子岭猪、监利猪、通城猪、赣西两头乌猪、广西东山猪等地方猪类群合并，依据其外形特征，统称为"华中两头乌"[①]。

图4-1 "华中两头乌"猪

---

① 1972—2007年主要纪事。见：中国畜牧兽医学会养猪学分会、中国农机学会机械化养猪协会编，《养猪三十年记——纪念中国改革开放养猪30年文集（1978—2007）》。北京：中国农业大学出版社，2010年。

除了对"华中两头乌"进行考察与命名，熊远著还在这次全国猪种资源调查活动中对湖北省内鄂东、鄂西的黑猪以及广东、海南猪进行了详细的考察，并指导建立了海南临高乳猪生产出口基地。1982年，他还与黄元涛、廖明寿一起为《湖北畜牧品种志》合作编写了"通城猪"等五个词条的猪种志初稿，刊于《湖北省畜禽品种资源调查汇编（一）》。

通过此次对地方猪种的类型、特征、源流、分布以及性状形成条件等详细的追踪调查，以及对其类型的划分与改良区划，六个大区跨省、自治区、直辖市的地方品种中"同（品）种异名"和"同名异（品）种"的问题基本得到了解决。此次调查为国家制订畜禽品种区划，合理地利用猪种资源，培育高产优质的新品种提供了科学依据，同时也为加强国际合作与经济技术交流奠定了良好的基础。

早在1981年，随着猪种资源调查的进行，《中国猪品种志》（图4-2）的编写工作也正式启动，熊远著负责编写"华中两头乌猪种"等七个猪种志初稿。于是，在摸清我国猪种资源家底之后，熊远著与其他学者一起，共同完成了中国迄今为止最完整的，也是唯一的一部《中国猪品种志》，并因此于1985年荣获农牧渔业部颁发的科学技术进步奖一等奖。

1986年，该书由上海科技出版社出版，其内容不仅全面、系统地记载了我国的

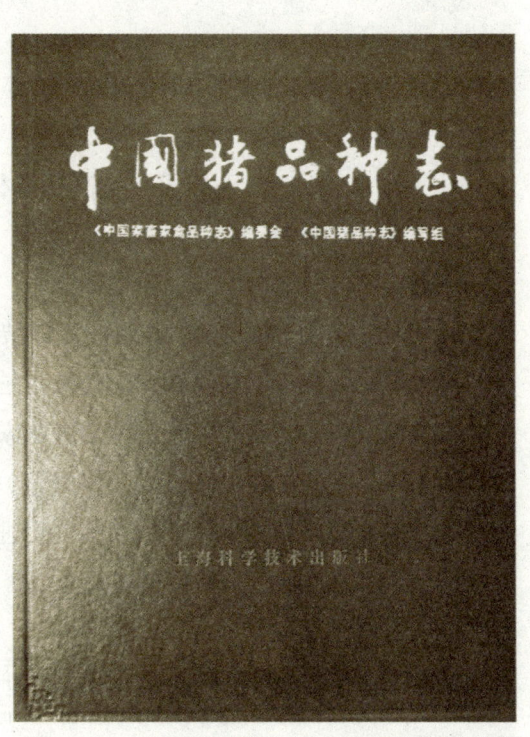

图4-2 《中国猪品种志》封面

猪种资源，而且从我国家猪的驯化开始，一直到各品种的形成和发展，进行了科学的介绍和描述，是一部具有高学术水平的畜牧科学著作，对促进

我国养猪事业的发展，具有历史的、经济的、科学的意义[1]。甚至，该志书和其他畜种志书的出版，使中国成为国际上第一个全面介绍本国畜禽资源的国家而备受国际关注，联合国有关组织对此作出了高度的评价。

从1979年猪种资源调查的全面铺开，到1984年《中国猪品种志》的编写结束，五年的山乡行走和油灯相伴，不仅让熊远著终生难忘，更为他后来开展种猪选育与改良奠定了丰厚的理论与实践基础。回忆起猪种资源调查及志书编研的那段经历，熊远著庆幸因此能与养猪界学术大家朝夕相处，耳濡目染，能系统经历调查到整理分析的全过程，在这种"从游之乐"中谙熟了相关的学理和规范，无论从实践的广度还是理论的深度上，都是一次前所未有的历练，"感觉就像重新上了一次大学"。[2] 经历了理论与实践的双重洗礼，年近半百的熊远著开始了更具独立和主导性的厚积薄发的科研生涯。

"湖北白猪"的窘境

20世纪70年代初，我国养猪业还停留在以千家万户为主体的传统分散型养猪形式，低投入、低产出、低效益是那时候养猪业的特点。为了积肥与肉食品自给，养猪业成为一种主要的家庭副业，饲养方式以粗放传统的青粗饲料和农副产品（如糠麸、糟渣等）为主，饲养的多为脂肪型和兼用型猪，瘦肉型猪极少，生产形式多以引进的脂肪型和兼用型品种与地方猪进行二元杂交，筛选一些优良的杂交组合产育肥猪[3]。

---

[1] 钱林：中国猪种资源的调查及中国猪品种志的编写。见：中国畜牧兽医学会养猪学分会、中国农机学会机械化养猪协会编，《养猪三十年记——纪念中国改革开放养猪30年文集（1978-2007）》。北京：中国农业大学出版社，2010年。

[2] 博观而约取，厚积而薄发。《世界农业》，2009年第3期，封面人物。

[3] 熊远著、倪德斌：湖北白猪选育简史。见：中国畜牧兽医学会养猪学分会、中国农机学会机械化养猪协会编，《养猪三十年记——纪念中国改革开放养猪30年文集（1978-2007）》。北京：中国农业大学出版社，2010年。

1972年1月，农牧渔业部在北京召开了农林科技座谈会，各省区交流了农业生产和养猪情况，研讨了养猪形势和畜牧兽医的工作任务和服务措施。由于"文化大革命"时期行政管理上颇为混乱，大会提出按照专业建立协作组。根据大会代表的意见，列出了22个协作项目，其中包括了养猪育种科研协作一项[①]。最后决定由上海农科院和北京农科院来主持全国的猪育种协作工作。

同年9月，"全国猪育种科研协作组"成立大会在北京裕民果园召开，赵书广和赵智龙分别担任北京农科院和上海农科院的负责人，负责猪育种协作组具体的工作。熊远著开始担任全国猪育种科研协作组猪育种和肉质部主持人，并与其他专家共同主持承担"湖北白猪选育研究"课题。大会指出，为了克服"重使用，轻选育"等错误倾向，必须抓紧我国猪种资源普查、地方和外来优良猪种的选育、新品种和品系的培育、猪的杂交利用以及猪的育种技术与遗传育种理论等课题的研究。会上，有的地方还提出了"公猪外来化，母猪本地化，商品猪杂交化"的"三化"政策，旨在培育出兼用型猪新品种[②]。这一年，全国生猪存栏达到了2.64亿头，出口猪和活猪也创造了历史最高水平[③]。

然而1973年，全国批判资产阶级法权，开始限制私养，全国养猪业大发展再次受到很大的阻碍。那时候的国内市场猪肉是凭票计划供应，人们的希望是吃猪肉不要计划，大量供应，对猪肉特别是猪瘦肉的质量还谈不上要求，只希望有肉吃就行。然而在生活相对优越的港澳地区则恰恰相反，这种腹大膘厚、生长缓慢、瘦肉率低的猪，在港澳地区销路很差，严重影响了大陆对港澳市场的生猪供应。"多要点儿瘦的哈，不要肥的"，这句话成为港澳地区老百姓买肉前的口头禅。港澳市场从追慕肥肉向青睐高蛋白低脂肪瘦肉的转变趋势，引发了熊远著对大陆市场的深深思索。尽管

[①] 赵书广：忆全国猪育种科研协作组——优异的科研组织形式。见：中国畜牧兽医学会养猪学分会、中国农机学会机械化养猪协会编，《养猪三十年记——纪念中国改革开放养猪30年文集（1978-2007）》。北京：中国农业大学出版社，2010年。

[②] 熊远著：中国养猪业的发展道路。《中国猪业》，2006年第4期，第4-7页。

[③] 陈斌、易本驰、程丰：二十世纪中国养猪业发展史。《信阳农业高等专科学校学报》，2007年第1期。

当时我国还处在一家一户饲养脂肪型"年猪"的年代，多数地方也以兼用型猪为育种的目标，但熊远著坚定地认为，随着国家经济的发展，人民生活水平的提高，体力劳动强度的下降，脂肪型猪肉与兼用型猪肉必将逐渐失去市场，瘦肉猪一定会成为人们摄取蛋白质的主要来源。因此他坚信，发展瘦肉型猪一定是养猪业发展总的趋势。

科学研究应该走在生产的前面，要为生产开辟道路。在充分调查研究猪种资源的基础上，熊远著率先提出了在我国"开展瘦肉猪育种"的设想，这一提议得到了湖北省科委领导的认可。选定目标之后，熊远著和他的同行们就坚定不移地开始了试验。

杂交组合试验

在"文化大革命"时期，做科研最艰难的不是突破专业上的瓶颈，而是在逆境中仍然能坚持研究。大学毕业之后，熊远著便被下放到猪场工作，脏臭的环境以及红卫兵砸场子的事情对于熊远著来说已是见怪不怪。尽管条件艰苦，但熊远著仍然每天吃住在猪场，对他来说，猪场就是另一个家。

一个新品种的育成，需要在杂交组合试验的基础上经过若干世代的选育。首先，要组建一个优良的、遗传基础丰富的基础群。1973 年，熊远著开始着手这方面的工作。起初，他组织了一个系群，但由于基础群质量不高，一经自交就出现近交衰退而宣告失败，并且猪种瘦肉率也一直上不去，总在 52%—53% 徘徊。熊远著陷入了思索之中，他吃不下饭，睡不着觉，整天待在猪场，与科研组的同志们反复研究，力图制订新的试验计划。

此时有人提出，是否饲养水平影响了瘦肉率。为了摸索品系群瘦肉猪最佳能量和蛋白质水平，熊远著带领科研组的同志针对猪的不同生长期分别进行了高、中、低三种不同热量和蛋白质水平的对比试验。试验结果表明：生长后期的能量和蛋白质水平都不宜太高，如果蛋白质水平过高，就会以能量的形式转化成脂肪沉积[①]。因此，单纯增加猪的能量和蛋白质摄取

---

① 王景刚：笃志决且坚，心血育成果——记华中农业大学猪育种专家熊远著教授.《科技进步与对策》，1988 年第 6 期。

量,虽能使其日增重有所增加,但这与其瘦肉率并不是呈正相关的关系,甚至还可能适得其反。

1978年,熊远著第二次组建基础群,总结上一次的经验,强调基础群质量对于一个品系的育成具有决定性的作用。于是,他和其他同志到北京、上海、浙江和湖北通城,精心挑选每一个用以杂交试验的亲本个体,并进行一系列的侧交,而且特别注意消除有害基因指数。通过多次试验,他调整了品系群培育方案,经过十多个严寒酷暑,终于实现了Ⅲ系56%的瘦肉率,各主选性状都能达到育种目标要求,遗传性能稳定,相应的繁育体系顺利建立,至此,一个新的品系基本育成[1]。他在成功组建了遗传基础比较丰富的Ⅲ系基础群上,又组建了Ⅳ系基础群,最后得到的湖北白猪Ⅳ系瘦肉率高达60.4%。

回想起承担"湖北白猪选育"课题后的那段日子,熊远著记忆犹新。1980年课题下达之后,1400元科研资金和茅草猪舍的科研场所并没有打消熊远著内心对培育优良猪种的热情,他反而苦中作乐,当起了名副其实的"猪倌"。他看到了事情有利的一面:人烟稀少、杂草丛生的环境恰好为他打猪草提供了方便。每天天蒙蒙亮,他就出去打草,打得满满一担,再赶回来给猪准备早餐。一天工作下来,他时常顾不上洗澡,在猪场隔壁的小棚屋的床上倒头就能睡着。在那混乱的岁月里,这样辛苦的日子,他看到很多人你争我斗,而自己偏安于野外猪棚,却多了一份清静和充实。的确,那个时候,熊远著只要走进猪棚,心情就会特别的好。

针对我国猪种情况和专门化品系发展的趋势,熊远著认为:猪育种就是从遗传上改良种猪和商品猪,形成新的品种(系),主要包括纯种(系)的选育提高,新品种(系)的育成,杂种优势的利用等,从而提高养猪业的产量和质量。而我国的猪种资源十分丰富,堪称是一个珍贵的基因库。如,太湖猪以产仔多著称于世;金华猪火腿皮薄肉嫩,风味鲜美而享誉中外;海南临高猪作为烤乳猪原料猪行销东南亚;滇南版纳微型猪和海南五指山猪是理想的实验动物,这些猪种资源皆是稀世珍宝[2]。然而,我国地方

---

[1] 中国工程院院士候选人提名书,1996年12月。资料存于采集工程数据库。
[2] 熊远著:瘦肉猪育种的发展及展望。《中国工程科学》,2000年,第42页。

图 4-3　熊远著海外引种回国途经上海机场

猪虽然有很多优良特性，但是随着市场需求的改变，人们对猪肉肉质、集约化养殖和猪生长的周转效率的要求越来越高。因此，中国猪根本赶不上国外品种的生长速度，虽然中国猪在产仔性能上很高，但是育成的仔数并不多且生长速度较慢，洋猪一天可以长 900 克，我们中国猪一天只能长 300—400 克；国外品种猪的瘦肉率最高能达到 70%，而当时的中国猪瘦肉率只有 50% 以下。

通过多年的经验积累和国外交流，熊远著发现，最快的办法就是引进猪种来进行杂交改良。

在 1963—1965 年全省猪种资源普查和农村开展杂交利用情况调查的基础上，熊远著所在的研究小组于 1973—1976 年进行了湖北白猪的育种方向、目标、方案、方法、工作计划的制定，并引入优良猪种进行观察与杂交组合试验。其中，母本猪选定为本土猪种，父本猪选定为海外品种。在筛选母本的过程中，重庆的荣昌猪和湖北的通城猪被纳入备选猪种。其中，荣昌猪产于重庆荣昌和隆昌两县，具有适应性强、杂交配合力好、遗传性能稳定、瘦肉率较高、肉质优良、鬃白质好等优良特性；通城猪产区在湖北幕阜山低山丘陵地区，中心产区在通城县，具有早熟易肥、骨细、瘦肉率较高、肉质细嫩等特点。据产区调查，荣昌、通城猪经产母猪产仔数分别为11.5头（400余窝平均）和10.7头（1016窝平均）。由于通城猪为湖北本省地方良种，更为适应湖北省气候和饲料条件，特别是对夏季酷热和冬季湿冷有较强的耐受力，而且其繁殖性能较好，肉质优良，综合考虑这些因素及后期推广问题，熊远著最终选择了外形更为清秀的本省地方良种猪——通城猪作为母本。而在众多的备选父本当中，长白猪瘦肉率高，腿臀肌肉和眼肌发育好；大约克夏猪生长特别快，号称抗应激猪种，其肉质优良。大约克夏猪的产仔数在国外猪种中占第一位，均在11头以上，据多数国家观察，长白猪也在11头或略多于11头；在国内，据湖北省畜牧所对全国六个单位二胎以上698窝的调查，大约克夏猪平均为12头，长白猪一般也在11头以上。因此大约克夏猪与长白猪在多数国家被公认为杂交利用中较好的品种[①]。于是熊远著选取了长白猪（英系、日系）、英国大约克夏猪（简称"大白猪"）、中约克夏猪（简称"中白猪"）为父本，开展了饲养观察及较大规模的杂交组合试验。

杂交组合试验分为二元和三元两种方式，选定杂交方式后，通过对各杂交组合繁殖性能、后备猪生长发育、肥育性能、胴体品质、胴体肉脂化学成分的测定与比较来筛选最优组合。从试验结果分析来看：

①在繁殖力性状方面，两品种杂交产仔数未显出杂种优势，但与此相关的性状如育成数、断奶窝重，表现出了一定程度的优势。三品种与两品种杂交相比，产仔数表现出杂种优势，在育成数和断奶窝重上也在两品种杂交的基础上提高了优势率。从两品种杂交的产仔数看，"长通"与"大通"均优于"中通"，而三品种杂交又优于各个两品种杂交，双月断奶窝重似以"大长通"最优。

②后备猪的生长发育在各两品种杂交组合中似以"长通"最优，

---

① 湖北白猪育种科研协作组:《湖北白猪育种方案》的遗传学依据。见：华中农业大学湖北白猪选育研究组:《华中农业大学学报论丛[2]——湖北白猪选育研究》(1978-1986)。华中农业大学学报编辑部，1986年。

图 4-4　英国大约克夏猪

"大长通"与"中长通"的比较中，又以"大长通"最优。

③从肥育性状和胴体品质来看，"大通""长通"肥育全期平均日增重都优于中通。"长大通""大长通"在中等饲养水平下，日增重均优于"中长通"和"中大通"；在饲料报酬上，以"大长通"每增重1公斤所需要的能量最低；背膘厚与屠体长，"大长通"与"长大通"均优于"中长通"；眼肌面积则以"大长通"最大。

因此，综合以上情况来看，当时在农村开展杂种优势利用，选用"长通""大通"作为基本组合是较适宜的。而国有农牧场、出口基地、县与城市郊区，由于条件较好，采用"大长通"和"长大通"作为杂交母本也是可取的。但基于各组合在繁殖性能、肥育性状、胴体性状的表现情况，研究小组最终选用了"大白猪×（长白猪×通城猪）"（简称"大长通"）理想组合，作为湖北白猪选育的基本杂交方案。据99窝统计，"大长通"平均产仔数为14.1头，活仔数13.2头，断奶窝重183.7公斤[1]。

在1976年的《猪的杂交组合试验初报》中，研究小组也提出了"如

---

[1] 华中农业大学湖北白猪选育研究组、华中农业大学湖北白猪饲料标准化研究组：猪的杂交组合试验初报。见：华中农业大学湖北白猪选育研究组编：《华中农业大学爱报论丛［1］——湖北白猪选育研究》（1978-1986）。华中农业大学学报编辑部，1986年。

何在育种中保持本地猪肉质好的特点"的问题，同时也指出了"未安排亲本对照，未能做到同季节一次完成"等不足之处。

由于杂交所得的猪携带通城猪的基因，因此毛色部分呈黑色，需要通过同代之间的测交将隐性的黑毛基因显现出来，这也就是全、半同胞交配型测交。然而这种测交所得的后代近亲系数是非常高的，存在着很大的衰退风险，死亡率很高，其后代的存活率和畸形率也会很高。因此这种测交可以说是一种高成本的冒险试验，即使测交产生了较为优秀的个体，其后代繁殖也会存在问题，因为下一代的近亲系数和亲缘关系会更高。于是，熊远著在1977—1978年带领协作小组在国内再次引种，以此缓和近交造成的衰退现象，并开始大量生产大三元杂种猪。

在杂交组合实验的同时，熊远著还以通城猪为母本，进行了消化试验和饲养试验，所筛选的二元、三元优良组合如长通、大通、大长通也都在武汉市郊区及部分国营农场试行推广并取得了良好效果。

1978年，研究小组完成了《猪的杂交组合试验报告》，熊远著作为代表在全国猪育种科研协作组第三次会议和全国猪育种方法学术讨论会上宣读此报告。著名动物营养学家马承融[1]教授对此给予了高度评价：

> 本试验站是在60年代三年的调查基础上设计的不同杂交组合试验，测定的性状项目包括繁殖性能、生长发育、肥育性能、胴体性状与胴体各部分化学分析，在确定饲养水平时进行了消化试验，组合的方式包括两品种三个组合、三品种四个组合，因而工作量大，获得资料丰富，为进一步进行"湖北白猪"的杂交育种提出了科学依据，并减少了弯路，加速了育种的进程。此外，本试验站对于当前肥猪生产提供了不同组合模式，具有指导生产的意义[2]。

---

[1] 马承融：著名动物营养学专家，华中农业大学教授。1952年院系合并后，马承融教授等在华农创立了家畜饲养学教研室，为动物营养与饲料科学系发展和壮大奠定了基础。

[2] 干部人事档案4-4，高等学校确定与提升教授、副教授职务名称呈报表，1982年。存于华中农业大学人事处档案室。

这一时期，随着杂交育种试验的开展，我国养猪事业开始进入了恢复活跃时期，育种、饲养和防疫方面都取得了一些进步。在湖北白猪选育前期工作顺利开展的同时，我国其他地区也以杂种群为基础，培育出了一批新品种，如哈白猪、上海白猪、北京黑猪、新金猪等。在推广应用传统的饲养经验和方法的同时，还推广应用了水生饲料、青贮饲料、糖化饲料；人工授精技术在陕西榆林、江苏苏州等地区得到了推广应用。此外，我国还研制出了猪瘟、猪丹毒、猪肺疫等几大传染性疾病的疫苗注和控制技术，建立了全国性的兽医防疫体系，有效地控制了猪瘟等重大疫病的流行。

育种方案的制订

20世纪70年代以前，人们要对猪的价值进行判定，只能通过肉眼观察，依靠经验估测。70年代以后，随着数量遗传学在我国猪育种领域的传播渗透，对猪价值的判断开始进入到各个性状的量化判断时期，这是我国猪育种观念改变和工作发展过程中一次历史性的转变。我国著名畜牧学家、动物营养学家、农业教育家许振英先生是最早将数量遗传理论从国外引入中国的科学家之一，也是熊远著学习数量遗传学的启蒙老师。1975年3月至7月，熊远著赴东北农学院参加了由许振英先生主讲的"动物数量遗传研讨班"，自此，数量遗传学与猪育种实践相结合的新理念便扎根于他的脑海。

随着1975年9月6日《中共中央关于大力发展养猪业的通知》的颁布，我国养猪生产进入了较快发展的阶段。农林部开始研究在大城市郊区建立肉、蛋、奶生产基地的问题，在许多城市先后建立起一批规模化、机械化猪场，其中最大的如辽宁省马三家机械化猪试验场，设计规模三万头。[1]

---

[1] 陈斌、易本驰、程丰：二十世纪中国养猪业发展史。《信阳农业高等专科学校学报》，2007年第1期。

这标志着我国养猪业正式进入了快速发展时期，养猪生产开始由传统分散型向现代集约型转变，规模化养猪成为发展趋势。虽然传统养猪仍占较大比重，但育种目标已经开始逐步由脂肪型、兼用型向培育瘦肉型猪新品种（系）转变。

1978年，党中央在第十一届三中全会上提出了改革开放的路线，农村实行生产承包责任制，粮食问题随之得到了解决。随着国民经济的发展和人民生活水平的提高，国内市场上也开始出现肥肉滞销，瘦肉供不应求的局面。广大农村富裕地区迫切需要瘦肉型猪种，外贸出口活猪中商品瘦肉猪最受欢迎。7月19日，国务院批准成立农业部畜牧总局，畜牧业基本建设投资和物资供应直接列入了国家计委，自此，我国的养猪业开始了国家宏观布置、养猪与改善民生和创汇增收相结合的思路，进入了有组织有计划积极推进的时期[1]。应全国科技大会所提的"科研应走在生产的前面"的号召，我国许多学者开始关注国外先进的养猪理念，积极投身于猪育种的研究工作。政策和科研环境的改善，点燃了熊远著放手创新探索的激情。这一年，他参加了农业部举办的全国"数量遗传"学习班，三个月的学习让他更加坚定了将数量遗传学应用于我国猪育种，尤其是应用到湖北白猪选育之中的想法。

随着瘦肉猪在市场上越来越受欢迎，以提供优质蛋白为目的的瘦肉型猪已经逐渐成为猪选育的基本方向。鉴于此，湖北省科委于1978年改变了育种的方向，正式下达"瘦肉型湖北白猪及其品系选育"的研究任务，由华中农业大学牧医系和湖北省农科院畜牧所两家共同承担，熊远著则正式担纲此项重点科研课题的主持人。

经过几次"数量遗传"系统学习的熊远著明白，科研实践必须遵循一定的科学原理，要想培育出瘦肉率高、肉质好、生长快、耗料少，能适应本省气候条件，具备较好的繁殖性能，在杂交利用中具有较好配合力，同时能用于国营农场、城市工矿区以及饲料较好的农村地区生产的商品瘦肉

---

[1] 第二章绪。见：中国畜牧兽医学会养猪学分会、中国农机学会机械化养猪协会编，《养猪三十年记——纪念中国改革开放养猪30年文集（1978-2007）》。北京：中国农业大学出版社，2010年。

猪母本品种，还需要理论与实践的有机结合。数量遗传学是注重统计与分析的生物理论，以前在生产中较少运用，以往在猪育种试验时，通常只盯着生产过程和现象，忽略了理论指导的重要性。基于这一点，熊远著在总结前阶段杂交组合试验、湖北中型白猪培育经验和查阅国内外有关新品种、新品系猪选育文献的基础上，计划将数量遗传理论真正地运用到猪育种的生产实践中去，采用试验设计式的育成杂交法与群体继代选育法，预计在1986年基本育成湖北白猪及其品系。经过数月的酝酿和反复修改，《湖北白猪育种方案初稿》（以下简称《方案》）于1978年10月形成。该《方案》主要从育种目标与要求、杂交方案、品系建立方案、选择方案、一般育种群、饲养水平、杂交组合试验与品种比较试验这七个方面进行了明确。

育种目标与要求

湖北白猪的育种旨在培育出瘦肉率高且肌肉品质好；生长速度和饲料利用率在国内相同条件下达到外来亲本品种的水平；适应性（特别是耐受湖北地区高温、湿冷的能力）优于外来亲本品种，并且具有较好的繁殖性能；在杂交利用中，与某些品种（品系）杂交具有较好的配合力；能在国营农场、城市工矿区、饲料基础较好的地区开展杂交利用的瘦肉型母本试验。从具体形状来看，要求：

①肥育性状方面，在每公斤配合料含消化能3100—3200千卡（1千卡=4.187千焦耳），可消化粗蛋白14%—15%的条件下，肥育幼猪达到90公斤体重时为180日龄，肥育全期（75日龄—90公斤）平均日增重600克以上。料肉比3.5∶1。

②胴体性状与肉质方面，平均背膘厚不超过3.3厘米，眼肌面积不小于26平方厘米，腿臀比率30%，瘦肉率55%。肌肉色鲜、质不松软、系水力强。

③繁殖性状方面，经产母猪产仔数12头，60日龄断奶窝重160公斤。

④外形上，被毛全白（允许眼角周围有暗斑），耳向前倾或下垂；中躯较长，腿臀丰满，肢蹄结实；有效乳头12个以上[①]。

而在数量方面，湖北省科委要求在1986年选育出基本符合上述育种目标的种母猪400头（省农科院畜牧所200头，华中农业大学200头，不包括基地），其中包括各具特长、遗传上的整齐度较好的品系群200头（湖北省畜牧所100头，华南农业大学100头）。显然，熊远著及团队面临着一个目标清晰、任务繁重、科研与生产均有硬指标的空前挑战。

杂交方案

杂交是指不同种群（品种、品系或其他种用类群）家畜个体相互交配，以生产杂种后代。杂交得到的杂种后代在生活力、生长势和某些性状上相较于其亲本群体往往表现出一定程度上的优势，即杂种优势现象。采用各种能获得杂种优势的杂交方式，充分挖掘基因的非加性效应潜力，是多快好省地发展商品养猪业的重要途径之一。正由于此，从20世纪50年代起，我国养猪业中开始了从主要用纯种到主要用品种间以品系间杂种作商品猪的转化过程。但要挖掘出基因的非加性效应潜力，获得一定的杂种优势，并非任何两个亲本群体杂交就能办到，只有经杂交组合试验已证实为适宜的组合才产生优势，其中的最优组合才能产生最大的优势[②]。因此，在以地方良种猪为母本的两品种和三品种杂交组合试验的基础上，协作组预计按照育种目标，制订出这样的杂交方案：

先将长白公猪与地方母猪杂交得到一代杂种母猪，再与大约克公

---

① 湖北白猪育种科研协作组：湖北白猪育种方案。见：华中农业大学湖北白猪选育研究组编：《华中农业大学学报论丛［2］——湖北白猪选育研究》（1978-1986）。华中农业大学学报编辑部，1986年。

② 湖北白猪育种科研协作组：《湖北白猪育种方案》的遗传学依据。见：华中农业大学湖北白猪选育研究组编：《华中农业大学学报论丛［2］——湖北白猪选育研究》（1978-1986）。华中农业大学学报编辑部，1986年。

猪杂交，得到大长本杂种公母猪后进入横交阶段，将地方猪良好的适应能力和肉质，大约克夏猪与长白猪生长快、瘦肉率高、繁殖性能好，长白猪的中躯长、腿臀发育好等理想性状组合到新的品种中去[1]。

在方案的制订过程中，协作组发现，使用三品种杂交增加了遗传变异，为按育种目标进行选择提供了更多的机会，但固定较难；而大长本也只是一个基本模式，执行时允许按猪群具体情况对三个品种在杂种群中所占的"血液"比例作适当调整，但必须保证地方良种猪的血液有一定比重，以保证未来品种的适应性与肉质。此外，还应注意在杂交阶段所采取的各项措施中预先考虑到品系建立工作的需要。

品系建立方案

专门化品系的提出最早是在 1964 年的英国，英国人 Smith 首先提出了在猪的杂交繁育体系中培育专门化品系。继而，世界养猪发达国家的一些育种公司，如英国的 PIC 公司、美国的 Dekalb 公司等培育出十几个甚至数十个专门化父本和母本品系，按一定模式配套杂交生产适合特定市场需要的杂优猪（Hybrids），表现出强大的市场竞争力。这些公司实际上是在一个严密的育种计划下，培育多样化的专门化品系，然后经过严格的配合力测定，筛选确定特定商品猪的生产模式，按这种杂交模式建立杂交繁育体系，组织有特色的商品猪生产[2]。

通常来说，品系是指具有一定程度的亲缘关系，在遗传上相似程度较高，具有共同突出的优良特性，并能将这些突出的优良特性稳定地遗传给后代的种用高产畜群。在猪的品系繁育中，常用的有两种建系法，即系组建系法与群体继代选育法（闭锁群选育法）。湖北白猪的选育要求：建系

---

[1] 湖北白猪育种科研协作组：湖北白猪育种方案。见：华中农业大学湖北白猪选育研究组编，《华中农业大学学报论丛［2］——湖北白猪选育研究》（1978-1986）。华中农业大学学报编辑部，1986 年。

[2] 熊远著：瘦肉猪育种的发展及展望。《中国工程科学》，2000 年第 9 期，第 43 页。

法历时较短，能最大限度地缩短世代间隔；不冒近交衰退、大量淘汰、经济代价过高的风险；能保证品系育成时的质量；建成的品系规模较大，又易于保持品系建成时的遗传特性，以利于发挥其在杂交利用中的作用。相比之下，群体继代选育法更容易达到上述要求。尽管继代选育法对物质条件要求较为苛刻，但该法综合了群体遗传学与数量遗传学应用于猪育种上的成就，在品系的质量保证上更具有优越性，且其措施既可以限制每世代的近交增量，基本上不致造成近交的不良后果，又可以在品系建成时达到所要求的近交程度而使主选性状达到基本纯合固定的目的[1]。

因此，在建系方法上，协作组计划采用群体继代选育法即闭锁群选育法，品系培育与新品种选育同时进行，预计在1986年基本建成五个相互隔离的品系，即Ⅰ系、Ⅱ系、Ⅲ系、Ⅳ系、和Ⅴ系，其中省畜牧所承担Ⅰ、Ⅱ、Ⅴ系，华中农业大学承担Ⅲ、Ⅳ系。各品系除了必须符合新品种的育种方向，达到所规定的育种指标外，还应在某一项主要经济性状上表现突出（在平均值上高于品种育种指标，在整齐度上优于一般育种群），具有异于其他品系的个别特点。

在建系过程中，近交系数与亲缘系数是值得注意的问题之一。品系的问世重要的一点在于它的内部成员间较为整齐一致，这是因为各成员间具有一定的遗传相似性，一个群体各成员间遗传相似性的程度，即两个个体从共同祖先接受同一基因的概率，一般用平均亲缘系数来度量。近交系数反映的是某一个体的任何位点上会是同源纯合子的概率。因此，品系的问世要求其中各成员的遗传纯度较高，各成员间的遗传相似性较大。对于一个群体来说，群体的平均近交系数大致是平均亲缘系数的一半。一般认为，猪的品系育成时，群体的平均近交系数应达到10%以上，最高不得超过15%，也就是说，个体间的平均亲缘系数须达到20%以上。这样品系内个体的起码遗传纯度、个体间起码的遗传相似性就有了一定的保证，若超过以上指标就有可能造成近交衰退。

---

[1] 湖北白猪育种科研协作组：《湖北白猪育种方案》的遗传学依据。见：华中农业大学湖北白猪选育研究组编：《华中农业大学学报论丛［2］——湖北白猪选育研究》（1978-1986）。华中农业大学学报编辑部，1986年。

由于湖北白猪的品系繁育选定的是群体闭锁繁育法，所以当基础群组成以后无论是基础猪还是以后各世代猪，只允许在群内进行选育与配种，中途不再引入外血，以保证主选性状基因的纯合与固定。因此，基础群的确定就显得十分重要。基础群大小的确定需要考虑遗传变异度、遗传漂变以及近交速率三个因素。

从遗传变异度来说，若基础群过小，基因相对贫乏，遗传基础不够广泛，囊括具有较多位点增效基因个体的概率就会减小；而小群体抽样所产生的抽样误差容易引起基因频率在小群体里的随机波动，即遗传漂变；此外，群体过小还会使近交速率（每世代近交速率增量）过大从而造成近交衰退，且近交进展太快还可能丧失一些位点增效基因，让有可能出现的基因组合得不到表达的机会。因此，《方案》从原则上确定基础群的规模为具有该品系预期特点的大长本杂种或横交后代公猪六头、母猪四五十头。

为了保证基础群具有较广泛的遗传基础，最好群内各个体间的亲缘系数均为0（实际上很难办到），在基础群的准备阶段，就需要注意形成几个相互无亲缘关系的小家系。由于闭锁繁育后不再引入外血，基因重组只能以此群体为基础，因此要想保证基础群的质量，除了注意基础群大小与公猪血统数外，还应十分注意每头基础猪的质量以及基础猪均值的高低，实际上就是基础群中增效基因频率的大小。在此基础之上，实行六个世代闭锁繁育，每世代留种的公母猪数和基础群规模相同。

为了使各种可能有的基因重组类型充分出现，降低由于遗传漂变可能导致增效基因频率在子群体中减少的概率，并控制每世代的近交速率，《方案》拟采用随机交配（但在建系的前阶段应避开同胞交配）的方式；并原则上让每个全同胞家系在断奶时都留下数量大致相等的后代（每窝留一公三母作为供选后备猪），六月龄选种时让每个父系半同胞家系留下公猪，每个全同胞家系留下母猪。其中对六月龄选种时的要求只在建系前阶段执行。

为防止近交的不良后果，封闭繁殖前期应避开全、半同胞交配。而在闭锁繁殖后期的几个世代，由于基因纯合、个体间的遗传相似性上升为主要矛盾，基因的充分重组降为次要矛盾，因此各世代的近交增量可适当提高些，以后世代根据血统情况可适当集中，好公猪可适当多配些母猪，对家系成员一般均差的家系可整个淘汰，各家系均须留种和等数留种的要求也可放宽，同胞交配也可以不予限制，实行完全的随机交配。

选择方案

熊远著和协作组成员都明白，基础群遗传基础力求广泛。实行随机交配与各家系留种等措施只是增加了优良基因组合出现的概率，增加了选择机会，从而为性状的改良提供了可能性。但要使这种可能性变成现实，就需要加以选择，若不进行选择，即使基础群质量再高，以后世代的群体均值最多也只能停留在基础群的水平上，甚至会有所下降，只有按既定方向进行选择，群体基因频率才能朝着既定方向改变，增效基因才会出现逐代提高的趋势。加上近交系数的逐代上升，提高了频率的增效基因的纯合位点也逐代增加，以至增效基因被保存固定下来。因此，在继代选育法中，随机交配并不是随机留种，选择是群体闭锁后的关键措施，也是杂交阶段与一般育种群选育的关键措施。

大家在《方案》中确认了育种的四个原则：

①以肥育性状（2—6月龄日增重为代表）和胴体性状（背膘厚度为代表）为主要选择性状，兼顾体质外形并注意肢蹄的结实度与肉质，设法淘汰"PSE猪肉"。各系均应突出自己的重点选择性状[①]。

自19世纪40年代I. M. Lerner为回答数量性状个体间表值型差异中遗传与环境的影响孰轻孰重的问题而正式提出"遗传力"这一术语以来，人们逐步认识到处于遗传力中等，特别是遗传力高的性状，具有较好的选择效果。这些性状的表值差异较接近于育种值差异，选择表型值较高的双亲预示着获得较好子女的概率也较高。因此，主选背膘厚度和日增重等遗

---

① 湖北白猪育种科研协作组：湖北白猪育种方案。见：华中农业大学湖北白猪选育研究组编：《华中农业大学学报论丛［2］——湖北白猪选育研究》（1978-1986）。华中农业大学学报编辑部，1986年。

力高或中等的性状无疑将能提高选择的准确性与选择效果。

②采用个体选择法（有条件时可结合同胞表现），制定适合于该品系和一般育种群的综合选择指数式，按指数高低为主要根据决定选留和淘汰①。

个体选择（性能测定）法最适合于高遗传力性状的选择，对于遗传力中等的性状也有中等程度的改进。为了获得备选个体的屠体品质与肉质的某种指示，也为了检查肥育、胴体、肉质性状的世代变化，在个体选择的同时，还应配合以同胞选择。由于同胞选择的准确性较低，不如个体本身记录可靠，因此从同胞肥育猪得到的材料只作为提供种猪本身不能获得的，因而不能据之以进行个体选择的胴体和肉质材料。这种个体选择结合同胞选择（性能测定结合同胞测定）的方法以代替后裔测定，大大缩短了世代间隔。

③为加大选择差，提高选择反应，坚持"断奶多留，半岁精选"。②

就同一性状来讲，一代遗传改进量决定于选择差的大小，因此应尽可能地加大选择差，实行强度选择。要想扩大供选群，缩小留种比率，就需要在断奶时大量留种，六月龄主要经济性状已表现时再淘汰至每世代的所需数。这不仅能加大所选性状的选择差，还可以提高选择的准确性。

④为提高六月龄阶段选种的准确性，对参加性能测定的供选后备

---

① 湖北白猪育种科研协作组：湖北白猪育种方案。见：华中农业大学湖北白猪选育研究组编：《华中农业大学学报论丛［2］——湖北白猪选育研究》(1978-1986)。华中农业大学学报编辑部，1986年。

② 湖北白猪育种科研协作组：湖北白猪育种方案。见：华中农业大学湖北白猪选育研究组编：《华中农业大学学报论丛［2］——湖北白猪选育研究》(1978-1986)。华中农业大学学报编辑部，1986年。

公母猪特别是公猪应为之创造一致的条件，以降低环境方差[①]。

缩小环境方差是提高选择准确性的又一重要环节。具体方法有"性状比值选择法"以及"同期同龄同群对比，力使各猪在相同条件下进行测定"两种措施。

熊远著知道，尽量丰富的样本无疑是一个重要前提，所以，从各阶段的选择上看，断奶阶段除断奶个体重极低、奶头数低于育种目标、外形差、同窝断奶仔数不足六头、同窝出现遗传疾患者外均留；六月龄阶段除体型有严重损征，或完全不具备瘦肉用体型，如体质粗糙疏松、肢蹄存在缺陷、有内陷奶头者可先行淘汰外，其余的均按选择指数值高低进行选择（适当考虑血统）。

为了保证样本的测试可比性，熊远著关注饲养环境措施的改良、测试时机的选择与有关性状标准测定的密切关系。在进行公母猪性能测定时，各品系育种、断奶时凡留作供选用的后备公猪或母猪一律进入公（母）猪性能测定舍，在一致的条件下进行测定。具体要求主要包括：

①母猪的配种产仔日期应力求接近（不超过 40 天），以使同世代后备公猪能在短时期内断奶完毕进入测定。

②实行单栏喂养，单栏计料。采用干粉料自由采食方式。同一品系群应置于同一猪舍且由同一名饲养员（或在其统一组织下）饲喂。

③断奶后在所规定的日龄内完成驱虫、预防注射等工作。

④采取措施，加强运动。

⑤按计划日期称重与测量体尺。于 85 公斤左右体重时测定活体背膘厚度，有条件时还可测定眼肌高度。

⑥及时记载舍内温、湿度。严格防疫制度，详细做好疫病防治措施记录与个体病历。

---

① 湖北白猪育种科研协作组：湖北白猪育种方案。见：华中农业大学湖北白猪选育研究组编：《华中农业大学学报论丛［2］——湖北白猪选育研究》（1978-1986）。华中农业大学学报编辑部，1986 年。

⑦为保证六月龄阶段选种工作的质量，选种工作全面完成后测定公猪方能退出测定舍①。

关于同胞肥育测定，需要结合对品系群各世代猪的肥育性能、胴体品质与肉质的变化进行检查。从一世代开始，每世代将断奶时选留供选后备公猪后所剩的全部公猪仔（断奶个体重极差者除外）或者从选留后所剩的公猪中提取断奶体重较大的每窝两头，作为同胞肥育猪并进行肥育测定，以从同胞肥育猪的胴体性状与肉质资料中获得供选个体本身不能获得的性状的某些指标，作为选择时的参考。肥育测定采用同日龄（满75日龄）开始，同体重（90公斤）结束的方法。65日龄时进入预试期，祛湿、驱虫、预防注射、习惯测定日粮等均应在预试期内进行。按窝群饲、计料，干粉料自由采食。测定期内各窝所处环境条件应力求一致。按个体重达到90公斤的先后次序全部进行屠宰测定。

在质量性状的选择方面，《方案》主要关注毛色与遗传缺陷性状。白毛色系是湖北白猪的选育目标之一。由于基础群的非白毛基因与缺陷基因频率越低，闭锁后对主要经济性状选择的干扰和不利影响就越小，因此，这一质量性状的选择重点应放在品系基础群组建之前。

为了不断降低非白毛和隐性缺陷基因的频率，除采用表型选择法外，有条件时可在品系基础群组建前采用测交法，以识别非白毛基因与隐性缺陷基因的携带者。在基础群闭锁之后则主要采用表型选择法淘汰隐性纯合子，以及通过后裔调查判断与淘汰非白毛基因和隐性缺陷基因的携带者。对于一般育种群所用的各世代公猪，都可争取全部进行毛色测交。

一般育种群

熊远著强调，育种的主要目的是生产推广，提高种猪繁育基数和速

---

① 湖北白猪育种科研协作组：湖北白猪育种方案。见：华中农业大学湖北白猪选育研究组编：《华中农业大学学报论丛［2］——湖北白猪选育研究》（1978-1986）。华中农业大学学报编辑部，1986年。

度，增进养猪效益。但品系的规模毕竟有一定限制，因此，对于建立一个平均能达到育种目标、遗传性稳定、具有一定头数的新品种猪群，单抓品系育种群是不够的，还必须抓好一般育种群的工作。因此，除了品系育种群以外，熊远著的团队提出，在1986年争取育成基本达到育种目标的一般育种群，这一点也被明确地写入了《方案》。

如果将品系育种群称为"核心群"并主要用于选育过程中的保种，那么一般育种群就可以称为"扩繁群"，目的在于普通的生产。当然，在一般育种群里一旦出现优秀的后代，该后代仍可以返回核心群，以便将其遗传资源保留下来。

一般育种群由下列优良种猪组成：调离品系育种群并用过一产的母猪与其同世代公猪中的最优者；因失配、流产等原因未列入品系育种群但经鉴定为合格的猪；一般育种群内选育出的后代猪等。由于一般育种群起着保留优秀个体的作用，又兼有选育提高与稳定遗传性的任务，对其采取一定的选育措施，也是至关重要且具有实践效应的。

熊远著就此和大家达成了共识并确定了选育思路：

首先，严格选择。当品系育种群准备转入一般育种群时，应逐头收集整理分析新获得的资料（包括数量性状与质量性状有关资料），将其中最好的猪转入一般育种群继续繁殖。群体内自繁仔猪六月龄阶段亦应有一定的选择差，并在一致且适宜的条件下培育。同世代猪按指数值高低的顺序进行选择（可不考虑按家系留种）。构成一般育种群选择指数式的性状建议以与提高瘦肉率有关的性状为主，日增重为辅。一般育种群内自繁仔猪留种以留母猪为主，所用公猪尽可能采用品系育种群转入的，最好又经毛色测交证实为显性纯合子的公猪。品系育种群各世代的所有公猪在计划配种的同时，最好安排与一头非白毛的地方品种母猪或两头杂合子[①]母猪进行毛色测交，所得毛色基因型检测材料作为确定哪些公猪可转入一般育种群的参考依据。

其次，灵活选配。灵活采用同质与异质选配，后期以同质为主。在分

---

① 杂合子（杂合体，异型结合子，异型结合体），是指由不同基因的配子结合成的合子发育成的个体。

析品系育种群各交配对效果的基础上,也可采用重复选配。在近交上,争取在不出现近交衰退的范围内使该群体最终达到安全极限所允许的平均近交系数。

最后,尽可能地缩短世代间隔。由于稳定遗传性与提高年改进量的需要,一般育种群也应于1986年前争取最大限度的世代数,由品系育种群拨来的一产猪在此群内也只再用一产,二产以后或淘汰或转入基点。该群自繁后代,一般只用一产,特殊者也只用二产。

饲养水平

图4-5 熊远著等人与饲养人员对猪舍饲料槽的改造进行交流(左一为熊远著)

熊远著及其协作组成员都很明白,提高猪的瘦肉率是湖北白猪选育研究中的一个突出任务,因此,《方案》对此也有清晰的策划。如何经济而有效地利用现有的蛋白质饲料,从改善饲养管理的角度来发挥瘦肉生长的最大潜力是一个十分关键的问题。因此,《方案》计划通过对饲养方案的制订统一饲养水平,从而有利于选择。

根据湖北白猪的育种目标可以看出,湖北白猪是大型的瘦肉型猪,属于较晚熟品种,要想实现培育要求就必须利用早期的优势。因此,饲养方案主要分为妊娠母猪(成年母猪)饲养方案、哺乳母猪(成年母猪)饲养方案、后备猪饲养方案三个部分,并对饲养种类、饲料容器和食料量等方面分别设置了相关标准。

杂交组合试验与品种比较试验

考虑到杂交对性状群体均值的影响,《方案》采用了杂交组合试验和品种比较试验来培育和选择具有优良性状的品种。

杂交组合试验需要在一致的条件下进行,具体而言可分为三种:第一种,以湖北白猪各品系为母本,分别与汉普夏、杜洛克、皮特兰等品种公猪进行二元杂交,在湖北白猪育成过程中所用的饲养水平下,比较各组合后代的肥育性能、胴体品质与肉质;第二种,为研究基因型与环境的互作,有条件时,可设不同的营养水平组比较上述各组合;第三种,在有条件时,为探讨杂交亲本在遗传上的差异程度对某些性状杂种优势率的影响,可在上述组合试验的基础上增加湖北白猪育成的各亲本品种的纯繁组。在每次杂交组合试验的过程中,都应设杂交所涉及的全部杂交亲本(包括父本和母本)纯繁对照组,不应临时寻找试猪,必须事先选用来源清楚、年龄与出生胎次相似、能代表各自品种(系)的公母猪,按试验要求组织配种(包括生产纯繁组的配种工作)。除品种和组合因素外,其他内外条件应力求相同:母猪应尽量集中在短期内配完种。栏圈应随机分配。在试验正式开始时,应连续称重三天,以第二天作为试验开始日期,结束时同此原则。各组试猪起始体重不一定要求相同,以能代表各自的品种(系)为准,故以同日龄(规定75日龄)开始试验为好。结束时采用同一体重(90公斤)结束。而品种比较试验则可以结合上述第三种杂交组合试验进行,并设立不同的营养水平组。

从品种选育后期开始,每个品系(种)被集中投放到一个国有农牧场,在现实的生产条件下扩大繁殖。基地利用本场繁殖的后代或从所、校引入该品系种猪作为母本,按自己的需要投入生产,进行杂交利用或杂交组合试验。

《方案》经历了一个完善的过程。在《方案》初步制定之后,湖北省科委领导下的湖北白猪育种协作组多次召开会议对其进行讨论修改。在这个过程中,以"繁殖性状"为主要目标的品系被取消,其中有几个方面的原因：首先，考虑到未来品种的繁殖性状，不经选择也可能达到育种目标；其次，在建系过程中已经对繁殖性状进行了"自动选择"，后期也会根据实际情况有的窝多留，有的窝少留；再次，要对繁殖性状进行有意识、有效地选择还需要特殊的选择方法，而限于条件，这一点很难办到。除此以外，遗传力低的繁殖性状有可能通过杂交和改善饲养管理的办法得以提高。随着"繁殖性状"育种目标的取消，其他育种目标的权重也相应进行了调整。

熊远著为了从遗传学角度对《方案》进行理论上的论证，专门撰写了《湖北白猪育种方案的遗传学根据》一文，从"数量遗传学理论"的角度对方案内容进行了详细的分析和论证，协作组会议也对《方案》进行了认真的研究和讨论。总体来看，该方案：

①以遗传学理论特别是数量遗传学为指导，尽可能采用较先进的育种、选种措施，力求育种年限较短，主要性状固定较快，且有一定量的遗传进展。

②坚定瘦肉型的育种方向，在力求正确估计未来的培育条件、新品种猪的价值与利用前景的基础上，制定较为切合实际的品种育种指标。考虑到猪育种上的国际动向和主流是培育新品系与推行品系间杂交，以及为完善品种结构之所需，在培育新品种的同时，十分注重品系的培育。为缩短新品种育成年限，将品系培育与新品种选育同时进行，从品种的杂交阶段一开始就把品系培育放在重要地位，在转入杂种自群繁育阶段后，也把工作重点放在品系培育上。注重品系育种群与一般育种群的结合。

③采取措施，使所培育出的猪既具有较先进的指标，又较易于饲养，对长江中游湿热气候有良好的适应性，肉质也良好。这些措施是：适当保留地方猪"血液"；依据基因型与环境互作的原理，在与未来推广地区相仿或略好的饲养条件下进行选择，注意搭配一定量的青饲料；重视体质特别是肢蹄结实度的选择；后备猪测定阶段通过酷暑季节。

④立足于生产与杂交利用。在选育后期就把配合力度测定与生产考核、基地建设、推广利用、繁育体系的建立列为重要研究内容[①]。

在这个《方案》从草拟到试行稿形成的整个过程中,许多知名专家教授,如许振英、吴仲贤、陈效华、盛志廉、韩光微、陈润生等都以不同方式给予了指导和鼓励,并提出了宝贵的看法和建议。1979年12月,在许振英教授主持、湖北省科委支持下召开的全国猪育种方法学术讨论会上,专门对《方案》进行了论证。专家们的充分讨论,使《方案》更趋于成熟。

无疑,对于"瘦肉型湖北白猪"的选育攻关来说,这个《方案》在指导思想、行动目标、技术路线和评价标准方面,已然成为大家的一个约定和行动纲领。有了它,课题组全体科研人员对该项研究的选题、设计思想、技术路线、选育目标以及品种培育、品系选育、选择测定方法甚至利用前景等的认识越来越一致,信心越来越坚定,行动也变得有章可循。事实上,《方案》也是随实践的深入不断完善的,这为后来的育种实践打下了坚实的基础。在修改制订育种方案的同时,熊远著还在国内再次引种,以求扩大大三元杂种猪,为基础群的组建做好准备工作。

1978年,熊远著晋升为讲师。尽管对于他的年龄来说,这实在算不得什么惊喜,但他很知足,尤其对老师和同学的认可感到欣慰。他的老师及领导对他多年的教师工作给予了这样的评价:

> 有比较丰富的养猪生产实践知识与经验,具有一定的解决养猪生产问题的能力。毕业以来,多次系统讲授过"养猪学"课程,注意理论与实践结合,教学效果好。[②]

[①] 彭中镇、熊远著等:湖北白猪及其品系选育中若干问题的讨论。见:华中农业大学湖北白猪选育研究组编:《华中农业大学学报论丛[2]——湖北白猪选育研究》(1978-1986)。华中农业大学学报编辑部,1986年。

[②] 干部人事档案4-3,高等学校确定与提升教师职务名称呈报表,1978年。存于华中农业大学人事处档案室。

Ⅲ、Ⅳ系基础群的组建

随着世界各国养猪业的快速发展和近代猪育种技术的不断提高，20世纪70年代末，生产商品瘦肉猪的杂交方式已逐步由品种间杂交转向了配套品系间的杂交。为了进一步提高我国商品瘦肉猪的质量，丰富完善瘦肉型新品种湖北白猪的品种结构，华中农业大学湖北白猪选育研究组在进行湖北白猪新品种选育的同时，开展了湖北白猪Ⅲ系、湖北白猪Ⅳ系品系的选育研究。熊远著开始担任中国畜牧兽医学会理事、湖北省畜牧兽医学会副理事长、猪育种部主任，并作为研究组的主要负责人，开始了长达九年的瘦肉型湖北白猪及其品系的选育之路。

第一次近交失败

不论是新品种的育成还是新品系的建立，都需要以基础群为依托进行杂交组合试验，并且经过若干世代的选育才能成功。在这个过程中，组建一个优良的、遗传基础丰富的基础群是一切实践工作开展的前提。

事实上，熊远著早在杂交组合试验开始之初就十分重视基础群的建立，且进行了相应的尝试。然而，"万事开头难"，刚开始的选育工作并不顺利。一方面，求快的心态导致了基础群的组建比较仓促；另一方面，对近

图4-6 熊远著在猪场观察猪的行为和生活习性（右为熊远著）

交危害认识的不充分使得课题组在新品种的横交固定阶段采用了高近交，直接导致了严重的近交衰退现象发生，许多小猪出现了严重的腹泻，越长越小，像僵猪[①]一样。大家忽视了重要的一点，近交不仅会导致衰退，也会导致一些隐性疾病，后代畸形、存活率下降等情况也会频繁发生。当时的饲养工人戏言："熊老师的猪长不动，半年只有五六十斤。"

杂交后代所表现出的不良性状，给课题组和湖北科委带来了重重压力。同时他们还要承受巨大的社会舆论压力，有人认为中国人现在肥肉都没有吃的，搞什么瘦肉猪，更有人不屑，选育瘦肉型猪是崇洋媚外，饲养瘦肉型猪需要精饲料，国家现在这么困难，花这么多钱培育瘦肉型猪不值得[②]。

面对这样的氛围，熊远著的团队成员的攻关信心和工作情绪也难免受到影响。事实上，培育猪的一个世代需要一年的时间，一旦出现近交失败，一切都得从头再来。因此，这一次的近交失败对整个品种的培育计划造成了严重的影响。

眼看自己养的猪越长越小，加之外界反对声音不断，熊远著也一度陷入苦恼之中。但有一点他心里很清楚，随着经济发展和生活水平的提高，高蛋白低脂肪的猪瘦肉定会成为我国人民对食品的首选。[②]而且，猪育种的周期长，必须从现在着手研究，否则就满足不了人们日益增长的对瘦肉的需求。他明白，做科研没有不走弯路的，试验失败虽然懊恼，但这也是科学探索中常有的事。只要找到失败原因，就会有下一次成功的希望。他给自己打气，绝对不能遭遇到一次失败就打退堂鼓！排解郁闷的心情，也不管周围人的冷嘲热讽，他明白，证明自己的唯一办法，就是瘦肉型湖北白猪的培育成功。于是他和他的科研团队相互鼓励，决定重整旗鼓。

性格柔中带刚的熊远著没有气馁。他集思广益，分析原因，在总结正反两方面经验教训的基础上重新修订、完善选育方案。这种方案可不是闭

---

① 僵猪，由于先天营养不良所导致的一种疾病，俗称"小老猪""小赖猪"。临床表现为精神状况尚好，饮食欲较为正常，但比同窝仔猪明显偏小，抑或是青年期及其以后生长速度极慢。

② 谢学军：奔跑的灵魂在远征。见：湖北省科学技术协会编，《科学家的故事——湖北院士风采》。武汉：世界图书出版公司，2013年。

第四章 "湖北白猪"及其品系的问世

门造车就可以实现的。熊远著与工人吃住在一起，劳作在一起；为了长时间在现场观察、琢磨，猪舍似乎成了他长年累月的"家"。熊远著坚信，做科研，如果没有周密、严谨、科学的设计方案，课题最终会功亏一篑。有了上次失败的经验和教训，熊远著和课题组的同事们认识到了基础群的质量对于一个品系的育成所具有的决定性作用。他们决定从1978年开始再次组群，计划在提高基础群质量的同时采用测交等方法清除不良的遗传基因；在横交固定阶段，改"高度近交"为"温和近交"，并控制每个世代的近交增量，防止出现或降低近交的不良影响。

Ⅲ系基础群

显然，在杂交育种的过程中，为了保证实现在收获率不下降的基础上产生优秀的个体，近交系数的范围控制成了熊远著课题组要解决的最大难题。

为了奠定新品系的广泛遗传基础，控制闭锁繁殖后的近交系数增量，基础群公猪独立的血统数应尽可能地多，特别是在通过杂交合成新品系时。因此，熊远著在杂交阶段注意重点形成几个独立的血统。1973—1975年的杂交组合试验，已筛选出大长通这一杂交组合，基础群供选猪就由大长通和大长长通猪组成。自1978年秋生产"大长通"杂种猪群以来，四个分娩季节共繁殖"大长通"和"大长长通"猪268窝共3217头；断奶时从中选留进行成长发育测定养至六月龄的供选候备猪共300头，其中公猪93头，母猪207头[①]。

清除不良遗传基因，特别是有效防止遗传疾患，对于基础群组建的重要性是不言而喻的。据相关文献报道，猪的阴囊疝、脐疝、隐睾、锁肛等均是遗传疾患，对养猪生产有一定危害。特别是在利用小群闭锁繁育法建立品系的过程中，由于猪群近交系数的自然上升，患者频率有逐步提高的

---

① 华中农业大学湖北白猪选育研究组：湖北白猪Ⅲ系基础群的组建。见：华中农业大学湖北白猪选育研究组编：《华中农业大学学报论丛［1］——湖北白猪选育研究》（1978-1986）。华中农业大学学报编辑部，1986年。

可能性，虽然这有利于隐性缺陷的暴露和淘汰，但毕竟会给主选性状的选择带来麻烦[①]。基于这一考虑，熊远著在湖北白猪Ⅲ系基础群组建前，和其他成员赴北京、上海、浙江和湖北通城，精心挑选每一个杂交用的亲本个体。为了识别隐性缺陷基因携带者，他们采用阴囊疝遗传分析法和半（全）同胞交配测交法等方法，对备选的亲本个体进行了测交，清除了不良的遗传基因，以此来提高基础群质量。1980年秋，研究组在经过测交和生产考验淘汰了105头（包括因遗传疾患淘汰的两个公猪血统）后备猪之后，于组群前留下了供选猪共195头，其中公猪52头（有六个独立系统），母猪143头[②]。在此基础上，基础群的选组以2—6月龄日增重为主要选择性状，结合外形评分，组成综合选择指数，并对供选猪群分公母进行指数排列，根据指数高低顺序，适当照顾血统进行选择。

湖北白猪及其品系的育种工作自然是以白毛色作为选育目标，但在杂交阶段，除利用白毛色的兰德瑞斯猪（即长白猪）与大约克猪作为原始亲本外，还利用了两头黑毛色的通城猪为原始亲本。在阅读了大量国外有关毛色遗传的报道之后，熊远著预料，在利用理想的三品种杂种进入杂种自群繁育阶段后，毛色将发生分离，而仅仅依靠表型选择白毛进展甚慢。为了探索对白毛色进行基因型选择的可能性与准确性，熊远著计划实施了毛色测交试验，在组群过程中采用了以下三种方法以淘汰非白毛基因的携带者：

①表型正常但基因型未知的被测公猪同通城母猪交配；②被测公（母）猪同已知为杂合子的母（公）猪交配；③被测公猪与大群母猪随机交配。在一定概率水平下被判定为不携带非白毛基因的14头白毛公猪在以后的交配中，共产下1417头仔猪，全为白毛。这表明测交法准确性较

---

① 华中农业大学湖北白猪选育研究组：猪阴囊疝的遗传分析与识别猪隐形缺陷基因携带者测交法的探讨。见：华中农业大学湖北白猪选育研究组编：《华中农业大学学报论丛［1］——湖北白猪选育研究》（1978-1986）。华中农业大学学报编辑部，1986年。

② 华中农业大学湖北白猪选育研究组：湖北白猪Ⅲ系基础群的组建。见：华中农业大学湖北白猪选育研究组编：《华中农业大学学报论丛［1］——湖北白猪选育研究》（1978-1986）。华中农业大学学报编辑部，1986年。

高，根据测交结果以选择白毛是有效的[①]。

在总结了第一次组群失败的教训之后，熊远著在横交固定阶段，改"高度近交"为"温和近交"，并通过控制每个世代的近交增量，来防止或降低近交的不良影响。根据随机交配的原则，每头公猪与配母猪6—7头，避开全、半同胞交配。为保证基础群的原定规模，研究组在基础群母猪数确定为50头之后，对选择指数值最高的70头母猪进行了为期40天的配种，其中妊娠58头，受胎率为82.86%。由于配种时间集中，零世代仔猪较集中地出生和断奶，不仅为保证一年一个世代打下了基础，还为提高零世代仔猪断奶后的生长发育测定结果的可靠性创造了必要的条件。但由于失配、流产及淘汰某些有害性状和仔猪育成数不足6头的窝数，最后仅选择了41头母猪进入基础群。

从选组结果来看，进入基础群公猪10头，计五个血统，母猪41头。基础群平均亲缘系数为0.079%，留选率公猪为10.8%，母猪为19.8%。选入基础群的10头公猪全部进行过毛色测交，其中一部分进行了识别隐性缺陷基因携带者的与半（全）同胞交配的测交。测交结果：其中两头判定为不携带阴囊疝基因（$P<0.05$），4头不携带锁肛基因（$P<0.01$）；7头毛色为显性纯合体（$P<0.01$），3头为杂合体。基础群公母猪互配所生仔猪非白毛比率为0.82%（488头仔猪中全白484头，非白毛4头）。基础群平均含亲本长白猪血液28.4%，通城猪血液21.6%，大白猪血液50%[②]，平均近交系数为0.125%，平均亲缘系数为8.21%，遗传基础较为广泛[③]。

[①] 彭中镇、邓昌彦、熊远著等：猪的毛色遗传与毛色测交的初步研究。见：华中农业大学湖北白猪选育研究组编：《华中农业大学学报论丛［1］——湖北白猪选育研究》（1978-1986）。华中农业大学学报编辑部，1986年。

[②] 华中农业大学湖北白猪选育研究组：湖北白猪Ⅲ系基础群的组建。见：华中农业大学湖北白猪选育研究组编：《华中农业大学学报论丛［1］——湖北白猪选育研究》（1978-1986）。华中农业大学学报编辑部，1986年。

[③] 邓昌彦、陈顺友、倪德斌、熊远著、彭中镇：湖北白猪Ⅲ系选育研究。见：华中农业大学湖北白猪选育研究组编：《华中农业大学学报论丛［2］——湖北白猪选育研究》（1978-1986）。华中农业大学学报编辑部，1986年。

Ⅳ系基础群

由于基础群血统的宽窄、质量的好坏，将直接影响未来品系群的质量乃至决定新品系能否育成。因此，想要培育出高品质的品系，基础群必须具有较大的选择差与广泛的遗传基础，以利于该群体汇集多位点制约该品系主选性状的增效基因，从而通过基因重组和选择，得以逐代提高群体的增效基因频率。湖北白猪Ⅳ系基础群就是基于这一理念开始组建的。

熊远著带领团队按照育种方案所规定的杂交方案，从1979年起，先后引进了28头六个血统的通城母猪，25头长白公猪（英、瑞、法长白六个血统13头，丹麦长白六个血统12头），11头六个血统的大白公猪，按血统彼此隔离地独立进行各种方式的杂交。从1980年秋到1982年春的四个分娩季节所产的143窝1323头断奶幼猪中，选留近400头进行生长发育测定，有333头饲养至六月龄，其中公猪85头，母猪248头[①]。

为突出薄膘的特点，Ⅳ系基础群的选组以个体85—90公斤时的背膘厚为主选性状，结合2—6月龄日增重和外形评分，组成综合选择指数公式。在对供选猪分公母按指数高低选择的同时，还要适当照顾血统，并对指数高而体质差、失去种用价值或有缺陷奶头的个体实行独立淘汰。经六月龄阶段精心选择与生产考核后，于1982年秋留下9头公猪，99头母猪参加配种。

在基础群选配的过程中，本应一经封闭就采用随机交配，但Ⅳ系基础群品种繁杂，应适当加以控制，以便各亲本品种的血液充分混合。此外还避开全、半同胞交配，以防止近交衰退和增效基因丢失。经过严格的选择，在母猪断奶时确定了7头公猪、49头母猪作为基础群。公猪选留率（P）为8.2%，母猪为19.8%。基础群平均含亲本长白猪血液51.4%，通城猪血液17.4%，大白猪血液31.2%[②]。

---

① 范春国、吴梅芳等：湖北白猪Ⅳ系选育研究。见：华中农业大学湖北白猪选育研究组编：《华中农业大学学报论丛［2］——湖北白猪选育研究》（1978-1986）。华中农业大学学报编辑部，1986年。

② 华中农业大学湖北白猪选育研究组：湖北白猪Ⅳ系基础群的组建。见：华中农业大学湖北白猪选育研究组编：《华中农业大学学报论丛［1］——湖北白猪选育研究》（1978-1986）。华中农业大学学报编辑部，1986年。

1982年，Ⅳ系基础群终于成功组建。

虽然取得了建群成功，但大家也不讳言其中的问题。熊远著及多位研究组成员对此次基础群组建的不足以及后期工作的要点进行了多方面的讨论。大家认为：

①由于时间紧迫，参加组群的7头公猪未进行系统的测交，这对今后的选择是不利的，在以后各世代需通过后裔调查和测交以淘汰非白毛。

②为使基础群集合多位点的增效基因，参加基础群配种的公母猪数可适当多一些，以利基因重组。同时参加基础群组建的公母猪宜精选，以加大基础群增效基因的频率。

③适当控制近交增量，以防止近交衰退和增效基因丢失，但后期为加速纯合程度，拟适当提高每代近交增量。稳定猪群规模（每代6头公猪，40—50头母猪），采用随机交配，并使各公猪所配的母猪数大致相同（即各家系大小相当）。到了后期注意淘汰低劣的血统。为防止公猪在配种中途出意外，应留有后备。

④力争各世代所处的环境条件基本一致，在稳定的营养水平下饲养，在一致的环境条件下管理，以提高选种的准确性。各世代的营养水平基本稳定在前期每公斤混合料含可消化能3000千卡，可消化粗蛋白135克，后期为2900千卡110克的水平。

⑤每世代均注意各亲本血液成分的含量，本地猪的血液含量自始至终不得少于15%。在主攻瘦肉率与日增重等性状的同时，注意肉质测定，防止PSE猪肉的产生[1]。

这些及时的讨论和总结，无疑对以后的育种工作有重要的科研和实践参考价值。此后，研究组进一步完善了选育方案，经Ⅳ系一世代同胞肥育测定，60头同胞测定猪的肥育全期日增重631克，瘦肉率60.1%，均超过了育种目标，说明该基础群的质量是较优的。

对于"湖北白猪Ⅳ系基础群的组建"，马承融教授事后也认为：

湖北白猪Ⅳ系的基础群组建，从猪的来源，选组的原则与方法等都能有一定的科学理论依据，有较多的试验根据与符合实际的各种参数与指数公式等，因而选育的进展很顺利，现已到二世代，各种育种指标均已达到，说明组建工作是有成效的[①]。

到1982年，湖北白猪已分别组建了五个彼此间无亲缘关系，且各具六个以上独立血统的品系基础群。可以说，瘦肉型湖北白猪品系开发取得了重要进展。当熊远著和团队成员听到马承融教授和同行专家们的称赞，回想九年来攻坚克难的日日夜夜，大家在心里感到由衷的欣慰。熊远著在培育瘦肉型新品种湖北白猪方面做了细致深入的工作并获得突出成效，特别是运用群体建系方法培育了湖北白猪"增重快品系"，其贡献是大家有目共睹的。

1982年10月，经评审组七位专家投票，熊远著全票通过了副教授评审，他的事业开启了黄金时期。杜希孔先生在《关于熊远著同志晋升职称的意见》中写道：

> 在熊远著同志的努力下，创建的华中农学院养猪场，规模之大、成绩之好在全国农业院校中是少有的，为教学、科研和生产创造了良好条件[①]。

湖北白猪Ⅲ系的选育，是在"大长通""大长长通"中理想型杂种的基础上，采用群体继代选育法新培育成瘦肉型合成品系。从1980年秋熊远著组成基础群以来，一年一个世代，先后完成六个世代的测定与选择。该系遗传性稳定，有一定数量，适应性强，生产性能较好[②]。

湖北白猪Ⅲ系的建系方法，是以数量遗传理论为指导，采用群体继代

---

① 干部人事档案4-4，高等学校确定与提升教授、副教授职务名称呈报表，1982年11月30日。存于华中农业大学人事处档案室。

② 邓昌彦、陈顺友、倪德斌、熊远著、彭中镇：湖北白猪Ⅲ系选育研究。见：华中农业大学湖北白猪选育研究组编：《华中农业大学学报论丛［2］——湖北白猪选育研究》(1978-1986)。华中农业大学学报编辑部，1986年，第30页。

选育法（闭锁群选育法），在"大长通""大长长通"中理想型杂种的基础上建系。在选种中选遗传力高和中等的性状，主要选择了遗传力较高的活体背膘厚度和遗传力中等的平均日增重两个性状，开展种猪测定，注意缩小环境方差，提高选择准确性。为了缩小环境方差，根据湖北白猪育种方案，又建立了种猪综合测定制度。

在湖北白猪的五个品系中，熊远著及其团队着手培育的湖北白猪Ⅲ系和省畜牧所培育的Ⅴ系在品种结构、体型外貌、繁殖性能、生长发育、肥育性状以及杂交利用上都有着自有的特征特性：

①具有生长快、瘦肉率高的优良特性。两品系育成过程中所用亲本均为大白、长白与地方良种。既具有异质性，又有作为一个品种所具有的有别于其他品种的共同表型标志与相似性能。

②全身被毛全白（允许眼角和尾根有少许暗斑），头稍轻，直长，两耳前倾或稍下垂；背腰平直，中躯较长，腹小、腿臀丰满；肢蹄结实；有乳头12个以上。

③繁殖性能好，成熟较早，产仔多，哺育能力较强，易饲养。

④生长发育快，身体各部分的生长强度与长白猪近似，具有典型的瘦肉猪肌肉生长的特征。

⑤肥育体重20—60公斤阶段，每千克饲料含消化能12.55兆焦耳，粗蛋白16%[1]。

为了更好地发挥湖北白猪新品系的优势，1983—1984年由华中农业大学和湖北省农科院畜牧所分别进行了以湖北白猪为母本，杜洛克、汉普夏、丹麦长白猪为父本的二元杂交试验；1984—1985年又共同完成了推广"杜湖"商品瘦肉猪中间试验和万头生产示范。自此，湖北白猪Ⅲ、Ⅴ系在全国范围内推广利用，并在1992年获国家教委科技进步奖一等奖，1993

---

[1] 熊远著、倪德斌：湖北白猪选育简史。见：中国畜牧兽医学会养猪学分会、中国农机学会机械化养猪协会编，《养猪三十年记——纪念中国改革开放养猪30年文集（1978-2007）》。北京：中国农业大学出版社，2010年。

年获国家星火奖二等奖。

无疑,这是一个漫长而浩大的生物工程。从 1978—1986 年组建品系基础群以来,熊远著及其课题组建立了五个品系间无血缘关系、品系内具五六个血统的品系基础群,并按照品系类别进行多世代的闭锁群选育,相应建立起一般育种群,并分别开展营养水平试验,杂交组合试验,性状遗传规律,生长发育规律,母猪年生产力及种质特性等专题试验和配套技术研究,整个历程耗时长达十几年。

到 1986 年,熊远著终于成功地培育出我国高瘦肉率的母本新品种——湖北白猪及其品系,一时引起了不小的轰动。经专家鉴定认为:

    湖北白猪生长速度、瘦肉率居国内领先,产仔数和肉质性状达到国际先进水平[①]。

"功夫不负有心人",坚守猪棚十六年,熊远著终于让梦想变成了现

图 4-7 1986 年 10 月 16 日,熊远著参与湖北白猪选育研究报告(右侧里二为熊远著)

---

① 博观而约取,厚积而薄发.《世界农业》,2009 年第 3 期,封面人物.

实。从最初的杂交组合试验和育种方案的制订，到1978—1986年组建品系基础群及分品系的多世代闭锁群选育，我国自己选育的高瘦肉率的猪母本新品种——湖北白猪及其品系终于在1986年成功培育，最终形成了Ⅰ系、Ⅱ系、Ⅲ系六个世代及Ⅳ系、Ⅴ系四个世代，并建立相应的一般育种群。在选育过程中，研究组成员还分别开展了营养水平试验、杂交组合试验和性状遗传规律、生长发育规律、母猪年生产力及种质特性等专题试验和配套技术研究。各主选性状都已达到育种目标要求，遗传性能稳定，并建立了相应的繁育体系。

湖北白猪是继三江白猪[①]之后我国自己培育的第二个瘦肉型猪新品种，与三江白猪共同开创了我国猪新品种选育从总体思路到具体措施较好地体现数量遗传学理论指导作用的先例，基于湖北白猪和"杜湖猪"的卓越口碑和创汇实效，湖北白猪成为我国猪育种领域公认的著名品牌。

湖北白猪及其品系的育成对于我国养猪业具有重大的历史贡献：

（1）真正意义上体现了科研必须具有的前瞻性和预见性。湖北白猪选育具有一定的前瞻性和科学预见性，主要体现在：①科学地预测了国内未来市场对猪瘦肉需求的增长性和养猪饲料资源的不断改善；②考虑到当时供港活猪质量较低而面临着的严峻挑战；③完全用外来品种进行杂交育种，新品种可能因适应性差、饲料管理条件要求较高而不能适应。

（2）开创了品种品系同步选育的先河。湖北白猪选育的一整套技术方案是在数量遗传理论指导下，经周密设计和论证完成的，是采用多品种育成杂交和群体继代选育等当代先进的育种技术，从品系选育入手，品系、品种选育同步进行的典范，至今仍发挥着一定的指导和借鉴作用。

（3）填补了我国长期无高瘦肉率母本新品种的空白。湖北白猪是我国自主育成的著名的瘦肉型母猪新品种（系），专家鉴定认为：湖北白猪的生长速度、瘦肉率居国内领先，产仔数和肉质性状达国际先进水平。

---

① 三江白猪：我国自己培育的第一个瘦肉型新品种猪，于1983年9月通过鉴定宣告育成，并于1985年获得国家科技进步奖二等奖。

（4）湖北白猪是我国创外汇最多的一个培育新品种。以"湖北白猪"为母本，以引进的瘦肉型猪为父本，进行系统的杂交组合试验，优选出瘦肉率达64%以上的杂交瘦肉型猪——"杜湖猪"，批量试销港澳，深受欢迎。"杜湖猪"的优良性状，使其荣获香港商会和外贸部门的金杯奖。

（5）科技成果推广转化社会效益显著。湖北白猪科技成果通过建立良种繁育体系，开展科技咨询与技术服务，解决技术难题，编写科普资料，传播实用养猪技术等得到广泛的推广应用，先后累计推广优良种猪六万余头，推广到全国十多个省市，形成达一百万头商品瘦肉猪的生产规模，产生了良好的社会经济效益[1]。

饱经实践的熊远著厚积薄发，理论成果也不断推出。

1985年，熊远著分别以第一署名在《中国农业科学》与赵书广合作发表《商品瘦肉猪杂交组合试验综合报告》；与陈廷济在省畜牧兽医学会学术讨论会上合作发表《商品瘦肉猪生产配套技术与繁育体系综合试验报告》；与倪德斌在《华中农学院学报》上合作发表《湖北白猪及其杂种肉质研究》。

1986年6月22日，熊远著经学科评议组七位专家全票通过，获评教授职称。

职称评议组专家们高度评价了他的"认真负责""实事求是""治学态度严谨""有坚实的理论基础""理论联系实际""养猪科研成绩突出""在养猪科学方面作出了突出贡献"[2]。

同年12月25日，因主持培育出中国第一个高瘦肉率的猪母本新品种——湖北白猪及其品系，熊远著获得国家科委批准、农牧渔业部颁发的"国家级有突出贡献的中青年专家"证书，并担任"七五"国家攻关科技

---

[1] 熊远著、倪德斌：湖北白猪选育简史。见：中国畜牧兽医学会养猪学分会、中国农机学会机械化养猪协会编，《养猪三十年记——纪念中国改革开放养猪30年文集（1978-2007）》。北京：中国农业大学出版社，2010年，第112页。

[2] 干部人事档案4-5，高等学校教师职务任职资格申报表，1986年。存于华中农业大学人事处档案室。

图 4-8　瘦肉型品种——湖北白猪（1988 年湖北省科技进步奖特等奖）

项目主持人[①]。

1987 年 1 月，熊远著以第一署名在《养猪》期刊上与邓昌彦合作发表《湖北白猪选育研究》，系统描述了湖北白猪的选育过程和关键环节。其中，每一个数据、每一点经验都凝结着他和团队成员的辛苦和执着。

1988 年，经湖北省科委组织鉴定，湖北白猪及其品系获湖北省科技进步特等奖（主要合作者：陈廷济），并推广到鄂、豫、皖、湘、粤、赣、琼、闽、沪等十余个省市，是湖北省几十年来仅有的几个重要奖项之一。

获得了多项荣誉的熊远著并未就此止步不前，而是将阶段性重点转向了技术推广和服务，让科研成果迅速转化为市场效益以造福千家万户。为加速科技成果湖北白猪新品种推广应用于实际养猪生产，熊远著等承担并完成了"湖北白猪Ⅲ系、Ⅳ系的推广利用"课题，在推广中深入生产，全方位服务，解决技术难题，并建立了完善的技术体系。几年中，熊远著与课题组通过开展科技咨询与技术服务，解决技术难题，编写科普资料，传

---

① 干部人事档案 4-5，高等学校教师职务任职资格申报表，1986 年。存于华中农业大学人事处档案室。

图 4-9　湖北白猪Ⅲ、Ⅳ系推广利用，1992 年获国家教委科技进步奖一等奖，1993 年获国家星火奖二等奖

播实用养猪技术等活动，使得湖北白猪新品种得到了广泛的推广应用。其间共推广种猪 1.3 万余头，形成年产 20 余万头的生产规模，累计生产"杂优"商品瘦肉猪 100 余万头。

1992 年，"湖北白猪Ⅲ系、Ⅳ系的推广利用"课题获国家教委科技进步奖一等奖。1993 年又获国家星火二等奖。随着湖北白猪新品种（系）质量的不断提高，种猪数量的不断增加，"杜湖"商品瘦肉猪及其配套管理技术也不断地向全国辐射，并进一步转化成生产力。

Ⅲ、Ⅳ系多世代闭锁繁育

Ⅲ系闭锁繁育

自 1980 年秋组成基础群以后，湖北白猪Ⅲ系的选育便进入了多世代闭锁繁育的阶段。为了适应长江中游广大农村的饲养方式，湖北白猪Ⅲ系被要求在达到品种选育目标的基础上，尽可能保留地方猪种适应性强的特

第四章　"湖北白猪"及其品系的问世

点，并在中等偏上的饲养条件下，争取一两个经济性状（日增重、背膘厚）较为突出，整齐度较好。

由于采取了多品种杂交合成以及品系与品种同时选育的方法，又考虑到尽可能缩短育种年限，因此基础群随机交配的开始，就是理想型杂种个体自群繁殖的开始。湖北白猪Ⅲ系繁育中途没有引入外血，并坚持一年一个世代，头胎留种，秋配春产，各世代公母猪数与基础群规模基本相同。在交配方式中，零、一、二世代实行限制半、全同胞交配；三世代开始取消半同胞交配的限制；四世代开始取消全同胞交配的限制。对零、一、二、三世代供选群坚持严格的各家系等数留种；四世代有所放宽；五世代开始淘汰个别较差的父系半同胞家系。

在选种的过程中，研究组主要选择了遗传力较高的活体背膘厚度和遗传力中等的平均日增重两性状作为要件，因为这些性状基本代表了胴体品质与生长肥育性能两类重要经济性状。同时，通过选择活体背膘厚度和平均日增重可以间接提高难以度量的胴体瘦肉率和饲料利用率。

为了缩小环境方差，熊远著通过考察国外先进技术，结合我国国情，根据湖北白猪育种方案，设计了一套具有80年代先进水平的综合测定制度。在断奶仔猪数六头以上（个别世代五头以上）同窝无遗传缺陷的窝中，每窝取一头公猪，两三头母猪参加性能测定，两头（争取一阉公一母）参加同胞肥育测定。各世代测定猪的出生日期前后未超过41天，60日龄断奶后5—7天转入测定舍，75日龄正式进入测定。测定期间各类测定猪饲养水平相同，均置于同类型测定舍中，并固定转移饲养员和测定人员。饲养采用干粉料自由采食和自由饮水的方法。性能测定公猪采用单栏喂养，单栏计料，同胞肥育测定猪每窝两头一栏，按栏计料，母猪小栏群饲，每栏六头。

在提高瘦肉率的艰难征程中，熊远著带领科研组的同事们经历了多次的尝试与失败。

繁育初期，瘦肉率总是停滞在52%—53%，之后再难取得突破。科研组有的成员提出，高能量、高蛋白质水平是瘦肉型猪区别于传统猪的典型特征，瘦肉率的停滞不前可能是源于饲料营养价值不高、饲养水平低。基于这种看法，熊远著决定尝试增强饲料营养价值，在原有基础上提高饲养水平。可是受测猪的日增重虽然有所增加，但瘦肉率依旧不高。

面对瘦肉率很难提高的困境，熊远著陷入思索之中，他吃不下饭，睡不着觉，整天待在猪场，与科研组的同事们反复研究，尝试新的试验计划。

最佳能量和蛋白质水平是影响到瘦肉猪瘦肉率的两个重要因素，决定了瘦肉率的高低。为了摸清二者的关系和转换比例，熊远著带领科研组的同事对猪不同生长期分别进行了高、中、低三种不同热量和蛋白质水平的对比试验。试验结果表明：生长后期的能量和蛋白质水平都不宜太高，如果蛋白质水平过高，就会以能量的形式转化成脂肪沉积。

熊远著意识到，在湖北白猪Ⅲ系的闭锁繁育过程中，如果供选群体偏小，留种率过大，选择强度低，势必影响遗传进展。因此，要想提高选择的准确性，就要扩大测定群体含量，缩小留种率，提高选择强度。熊远著强调了"多留精选"的原则。在二月龄阶段，除了质量性状不合乎要求及生长发育极差的猪之外，其他的都留下参加测定。四月龄阶段除极个别特殊者外，基本不做淘汰。到六月龄（主要选择阶段）时，严格按照标准进行精选。一般公猪留种率控制在20%以下，母猪控制在30%左右。

由于所选择性状彼此相关度低，因此，在湖北白猪Ⅲ系的闭锁繁育过程中，熊远著及科研组采用了将几个性状的表型值各以其相对重要性和遗传力的积数为准，然后合并额外选择指数的方法。在选留的过程中，熊远著体会到，虽然主要选择性状只有三个，但断奶后出现的遗传缺陷（包括内陷奶头）、肢蹄疾病、外形损征以及留种母猪群体不可避免的失配、流产、死胎与断奶头数不到限值（六头）等情况对主选性状的选择差产生了干扰。因此，在六月龄选种前，就会对内陷奶头、肢蹄结实度不合格及外形极差的个体先期予以淘汰。

经过选择，头胎母猪的产仔数在10.5头以上，二胎达到12头以上；断奶窝重头胎在150公斤以上，二胎在180公斤以上，已经表现出了良好的繁殖性能。从世代变化看，由于采用的是适度的近交（平均近交系数随世代缓慢上升），尽管经过了六个世代（杂种优势量随杂种自繁代数的增加而迅速降低以至消失），但繁殖性能除第一胎外并未见下降。

但这是否意味着育种获得成功，还要看各种经济性状是否趋于理想值。在六月龄后备猪群的总体变化趋势上，所选主要经济性状日增重公母猪每世代分别提高 20.75 克和 3.1 克，活体背膘厚度分别降低 0.008 厘米和 0.087 厘米。同胞肥育测定猪群六世代与一世代相比，达 90 公斤体重日龄缩短 2.12 天，平均日增重提高 10.41 克，每公斤增重耗料量降低 0.56 公斤，平均背膘厚度降低 0.52 厘米，眼肌面积增大 2.79 平方厘米，腿臀比率提高 1.87%，净瘦肉重提高 3.20 公斤，瘦肉率达到 56%。每世代的改进量，除日增重外分别为 -0.53 天、-0.12 斤、-0.085 厘米、0.32 平方厘米、2.7%、0.46 公斤、0.84%[1]。

由此可见，经过六个世代的选育，湖北白猪Ⅲ系各主要经济性状均已达到或超过育种目标，其中瘦肉率高出品种育种目标近三个百分单位，平均日增重高出 20 余克。从改良效果看，无论是肥育性能还是胴体品质均取得一定进展，尽管日增重易受不可控制因素（如气候）与饲养管理条件的影响，每世代也有所波动，但总体趋势是上升的。

猪群毛色的控制也取得了相当的成功。通过对基础群后备猪群进行的大量毛色测交试验，科研组了解了基础群全部公猪和部分母猪的毛色基因型，并淘汰了大部分杂合子公猪，在闭锁繁殖后又逐代进行了系谱分析，或用公式计算，或继续进行毛色测交，并注意淘汰杂合子公母猪和杂合子互配的后代。因此，Ⅲ系猪已无毛色分离现象，公猪毛色基因已全部纯合，母猪已基本纯合。三、四、五个世代中，公猪全为显性纯合子，母猪中的显性纯合子也分别占到 51%、90% 和 92%。由于品系培育前阶段在毛色选择上不够严格，对于个别主选性状较为突出的杂合子公猪仍留作种用，导致了三世代仔猪仍有毛色分离，但从四世代起，科研组在毛色上严格按照基因型进行选择，之后便再未出现毛色分离的情况。

可见，从遗传稳定性与整齐度来看，Ⅲ系经过六个世代的选择，遗传

---

[1] 邓昌彦、陈顺友、倪德斌、熊远著、彭中镇：湖北白猪Ⅲ系选育研究。见：华中农业大学湖北白猪选育研究组编：《华中农业大学学报论丛［2］——湖北白猪选育研究》（1978-1986）。华中农业大学学报编辑部，1986 年。

性已逐渐趋于稳定，各主要经济性状的变异系数亦逐代缩小。后备公母猪 2—6 月龄日增重的变异系数每世代分别缩小 0.31% 和 1.4%；活体背膘厚的变异系数每世代分别缩小 1.5% 和 0.85%；同胞肥育测定猪胴体瘦肉率的变异系数去势公猪与母猪每世代分别缩小 0.72% 和 0.65%；背膘厚度分别缩小 1.22% 和 1.69%。另外，后备公母猪的体型亦逐渐趋于整齐一致。

1985—1986 年，为了进一步了解湖北白猪Ⅲ系种质特性，熊远著所在的研究组专门针对Ⅲ系五世代猪进行了种质特性的研究。其中包括对后期生长发育规律的观察，血液生理生化值的测定，染色体组型分析，繁殖机能的研究和品种性能比较试验等。

由于注意保留了一定比例的本地猪"血液"，加上饲养等方面的措施改进，Ⅲ系既具有增重快、背膘较薄、瘦肉率较高的特点，同时也具有肢蹄较结实、适应性强、对饲料条件要求不高和肉质好的优良特性[1]。

Ⅳ系闭锁繁育

1982 年，继湖北白猪Ⅲ系的世代闭锁繁育开始之后，湖北白猪Ⅳ系的选育也进入到了新的阶段。

类似于Ⅲ系选育的方法，Ⅳ系的选育同样依照综合测定制度逐代进行测定与选择。各世代猪于断奶时，从 40—50 窝中，每窝选取 1 头公猪，2.5—3 头母猪进行性能测定；选 2 头（尽可能一公一母）进行同胞肥育测定。各世代参加测定的头数一般为公猪 40—50 头，母猪 120 头左右，肥猪 30—70 头。同胞测定猪的肥育性能、胴体品质与肉质，不仅为选种提供了参考依据，同时也有助于衡量世代性能水平及世代进展。

在综合选择的过程中，新品系自然同样把瘦肉型作为选育方向，把瘦肉率高和日增重快作为选育目标。熊远著考虑到猪的活体膘厚与瘦肉率呈高度遗传相关性，并且活体背膘厚度、日增重及外形评分均具有较高和中

---

[1] 邓昌彦、陈顺友、倪德斌、熊远著、彭中镇：湖北白猪Ⅲ系选育研究。见：华中农业大学湖北白猪选育研究组编：《华中农业大学学报论丛［2］——湖北白猪选育研究》（1978-1986）。华中农业大学学报编辑部，1986 年。

等程度的遗传力，因而决定主选这三个性状，采用不相关性状的选择指数公式，在适当照顾家系的情况下，按指数高低进行综合选择。

根据以往经验，备选猪所处环境的相对一致，是提高选择准确性的基本保证。因此，在选育过程中，科研组在营养水平、栏舍条件和育种环节等方面都十分慎重以确保最大限度地降低环境方差，尽可能避免误选。而在配种繁育方面，零世代至一世代实行避开全、半同胞的随机交配，各公猪所配母猪数大致相同；后期则有意识淘汰低劣血统，适当提高近交增量。品系留种群则严格执行秋配春产、头胎留种，一年一个世代的方案。

由于Ⅳ系组建基础群来不及对基础群成员进行系统的毛色测交，于是在组群后，研究组加强了这一工作，按一对基因差别设计了测交法。一是后裔调查，即从与大群母猪随机样本配种的结果按一定的公式计算判定公猪的基因型；二是将未知基因型的白毛公猪与一头隐性纯合子母猪或一两头杂合子母猪交配，借以分别判定公猪的毛色基因型。

公猪的测交被安排在八月龄时与初配工作结合进行，这样，在下一代仔猪断奶留种时即可获得被测公猪的毛色情报，根据这些情报科研组就能决定哪些公猪的后代可留种；母猪的测交被安排在第二产进行（与杜洛克和汉普夏公猪杂交）。这样各世代的测定猪于断奶时获得了父本的毛色基因型，六月龄时又获得了母本的毛色情报，这时对毛色的选择就较为方便了。因为按照这种方案进行的测交既不影响一年一个世代的选育周期，又不会影响毛色的选择。

据前人研究成果，猪的脐疝、阴囊疝、锁肛、缺陷乳头等缺陷性状均是遗传，因此必须淘汰携带缺陷基因的杂合子，使之在群体中的出现频率逐代降低。由于上述缺陷性状中有些是由两对基因所控制，较难测交，对此，研究组采用了稍比表型选择更进一步的措施，即同窝表现遗传缺陷者坚决不留种，但对内陷乳头只进行表型淘汰，即凡具内陷乳头的后备母猪坚决不留种。另外，还对某些遗传缺陷的遗传方式进行了调查分析与探讨。

此外，研究组还在外形体质的选择上通过普查肢蹄结实度等进行外形评分，对外形体质不符合育种目标要求及耳形不合乎要求的个体先予淘汰；在肉质的选择上，对同窝中有劣质肌肉者的后备猪全部予以淘汰。

从后备猪测定结果来看，四世代与基础群（零世代）相比，后备公猪的六月龄体重提高了 9.50 公斤，2—6 月龄日增重提高 79 克。凡活体背膘厚度每降低 0.2 厘米，外形评分提高 0.34 分；凡后备母猪的活体背膘厚度每降低 0.46 厘米（$P<0.01$），外形评分提高 0.26 分（$P<0.01$）。公猪由于留种率比母猪低，其选择效果相较母猪也就更为明显。

从肥育性能、胴体品质与肉质来看，各世代的肥育期日增重均在 600 克以上，达 90 公斤日龄需 175—195 天，平均每公斤增重耗料不超过 3.6 公斤，达到了育种目标；胴体性状中后腿比率、平均膘厚、眼肌面积以及瘦肉率等指标，各世代均大大超过了育种目标，四世代的平均膘厚为 2.49 厘米，眼肌面积为 34.62 平方厘米，每头猪产瘦肉 37.5 公斤，瘦肉率高达 62.37%。由此可以看出，Ⅳ系的肥育性状与胴体品质是较优的，Ⅳ系各世代同胞测定猪的肉质也较好。

从繁殖性能来看，Ⅳ系各世代头胎母猪的平均产仔数在十头左右，初生窝重较大，60 日龄育成数有增加的趋势，断奶窝重与断奶头重也有一定的提高，尤其是四世代，断奶头重平均 23.6 公斤，断奶窝重 193 公斤，较基础群大为提高。Ⅳ系各世代二胎母猪的产仔数 11.5 头以上，三胎为 12 至 13.15 头（经产母猪产仔数最高可达 22 头），断奶窝重亦较大。由此可见，Ⅳ系具有较好的繁殖性能，但由于实行一年一世代，加之二产母猪多半用于毛色测交，故经产母猪的纯繁样本数较少。

总的来看，Ⅳ系各世代选留群，其主选性状均有一定的选择差和选择强度。背膘厚有减薄的趋势，外形评分逐代上升，公猪的日增重也有所提高。四世代的平均近交系数为 8.02%，平均亲缘系数达到了 23% 以上。由于加强了毛色测交并实施坚决淘汰，各世代所选留的公猪毛色基因型全部为显性纯合子，已不再出现毛色分离现象；母猪中的非白毛基因频率也随世代的推移迅速降低，可望较快地实现纯化。肢蹄病的发生较少，有害性状也少见出现，缺陷奶头的发生大大减少，外形一致性逐代增加。

通过后续的实践和讨论，专家们意识到，在种猪质量性状和数量性状的选择上往往存在不平衡。在种猪质量性状上"表型选择＋基因型选择"的方法是行之有效的，但在数量性状方面还存在着许多问题。年度间存在气候差异，饲料配方有时有轻微的变更，疾病因子也有干扰；限于条件，各世代的留种率不算太小，必然限制选择差，如Ⅳ系公、母猪主选性状的选择强度有随留种率升高而下降的趋势；选择的性状偏多，势必造成顾此失彼，影响主选经济性状的选择效果；对照系的缺失使得遗传进展的估计也变得困难。由此，熊远著认为，培育新品系时，设置对照系十分必要，有可能的话，还应实行更大程度的环境控制，并尽可能降低留种率，以加大选择差，提高选择强度；在组建基础群时，就应该尽量使主要的质量性状在遗传上纯合，以免影响以后各世代数量性状的选择，从而达到质量性状与数量性状的双重目标。

通过对湖北白猪Ⅲ系和Ⅳ系进行比较可以看出，湖北白猪Ⅲ系基因中所含通城猪基因比例稍高，因此Ⅲ系在繁殖性能和肉质方面表现突出；湖北白猪Ⅳ系基因中所含外来猪基因稍多，所以其瘦肉率要高一些，生长速度较快。

总的来说，湖北白猪Ⅲ系和Ⅳ系的育成对丰富湖北白猪新品系有着重要的贡献，湖北白猪Ⅲ系和Ⅳ系既有作为一个品系的共同特征，又有各自的优劣之处，两者的区别：

> 主要表现在猪的生长速度方面，但其繁殖性能的区别不大。自1985年育成湖北白猪，其瘦肉率在60%左右。到了90年代，随着时代的进步，中国消费者和中国市场对猪的瘦肉率又提出了进一步的要求。因此，这个时候熊远著为了改进瘦肉率，就在湖北白猪Ⅳ系里导入了一部分外来血统，以增加其瘦肉率。这也是湖北白猪Ⅲ系和Ⅳ系的主要区别之一[①]。

邓昌彦教授认为湖北白猪Ⅲ系、Ⅳ系各有优点：

> Ⅲ系主要是偏重于繁殖性能上，并且肉质较好，因为地方猪，通

---

① 刘望宏访谈，2015年1月14日，武汉。资料存于采集工程数据库。

城猪的携带基因要高一些，大概含 20%；Ⅳ系包含地方猪的基因要低一些，外来猪的携带基因要多一些，所以Ⅳ系的瘦肉率要高一些，生长速度要快一些[①]。

中国瘦肉猪新品系 D Ⅳ 系

中国瘦肉猪新品系 D Ⅳ 系的培育，是继湖北白猪品系且在湖北白猪基础上开发的又一重要成果。

1990 年 4 月，"中国瘦肉猪新品系的选育"课题组召开会议，而后又组织行业专家到各个专题承担单位进行检查。由农业部和课题主持单位提议，经会议讨论，课题组决定对课题承担单位进行调整。瘦肉猪母本新品系选育，由原来的七个单位滚动压减到五个单位。改组后的瘦肉猪母本新品系选育及配套研究，由北京市农林科学院畜牧所赵书广和华中农业大学熊远著主持，下设五个子专题组。其中，熊远著、邓彦昌主持的母系编号为 D Ⅳ 的研究，旨在选择高产个体建立选育核心群。中国瘦肉猪新品系 D Ⅳ 系与湖北白猪品系相比，采用了更加先进的育种方法，选育过程注重将常规育种技术与分子生物技术相结合。整个品系的育成经历了九个世代的持续选育研究。

以熊远著为带头人的选育小组运用科学、合理的工作组织模式使得各项工作有序开展，具体来说包括以下几个方面：

（1）成立 D Ⅳ 系选育课题组，分别由从事猪遗传育种、动物营养与饲养管理、分子生物技术、疫病防治等多方面的科技人员组成，实行课题组长负责制。品系选育与各专题研究责任到人，分工明确，加强协作，定期检查，定期交流，保证各项科研任务顺利完成。

（2）建立核心群、纯繁群和商品生产群，加快繁育体系建立，育种为生产提供优良种猪，尽快缩短遗传改良时距；生产向育种提供信息反馈，促进品系选育进展。

[①] 刘望宏访谈，2015 年 1 月 14 日，武汉。资料存于采集工程数据库。

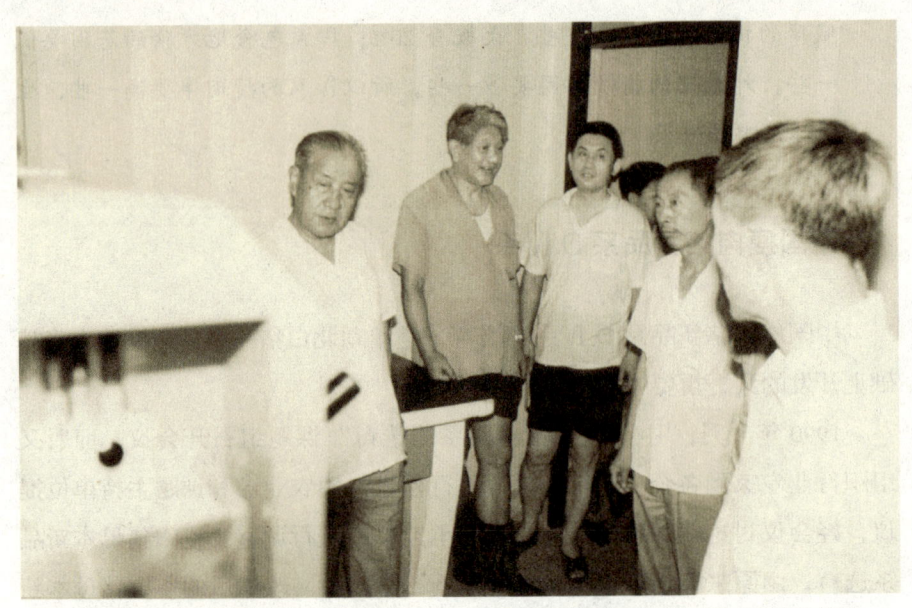

图4-10 1995年6月,中国瘦肉猪新品系 D Ⅳ 选育阶段验收会(熊远著在给专家组介绍仪器设备,左二为熊远著)

(3)建立严格的档案管理制度,品系选育和专项试验制订严密的育种方案和试验方案,并有完整的原始记录、一级记录和二级记录。试验结束后及时整理研究报告,积极争取学术交流和发表。

(4)每四年举行一两次养猪生产技术研讨,介绍新品系选育及有关专项配套技术研究成果,加快 D Ⅳ 系示范推广,促进新品系向生产力转化。

中国瘦肉猪新品系 D Ⅳ 系的选育,其具体过程是:从原湖北白猪中选出80头母猪和12头公猪建成选育群,完成六个世代选择。1995年,熊远著在其发表的《中国瘦肉猪新品系 D Ⅳ 选育与配套研究的工作报告》一文中,详细介绍了具体的选育方法与技术路线:选育方法是以Ⅳ系为基础,采用高选择差法,从中选择高产的家系和个体组建高质量的基础群(基础群成员平均产仔数14.33头),为培育高繁殖力的 D Ⅳ 系奠定良好基础。主选产仔数与瘦肉率,以突出品系的特点;实行阶段选择,二月龄主选产仔数,六月龄主选瘦肉率[1]。

---

[1] 熊远著、邓昌彦等:中国瘦肉猪新品系 D Ⅳ 系选育与配套研究的工作报告。《华中农业大学学报》,1995年增刊,第1-4页。

中国瘦肉猪新品系 D Ⅳ 系的选育采用的方法是：

（1）系统开展专题研究，完善综合配套技术。在其选育过程中，先后开展了肉质活体选择、应激敏感猪生化遗传标记、瘦肉猪新品系杂交配套、商品瘦肉猪全窝育肥及窝产瘦肉量、D Ⅳ 系氟烷检测与肉质特性、适宜营养水平与饲料配方、HN8000 系列预混料、猪活体测膘及膘厚校正、猪产仔数和瘦肉率综合选择方法、遗传参数估测与近交效应分析、工厂化养猪先进生产工艺、设备与繁殖节律、疫病免疫与综合防制技术等多项专题研究，进一步完善了综合生产配套技术，丰富了猪的育种理论。

（2）着眼品系选育，立足杂交配套。先后开展了四次杂交配套试验，筛选了杜 D Ⅳ 和杜×长 D Ⅳ 两个生产活猪的杂优组合，皮×D Ⅳ 和 HM×D Ⅳ 两个生产活猪的杂优组合，在湖北省出口活猪基地应用效果良好，充分表明 D Ⅳ 系是一个优良的母本品系[①]。

在选育过程中，为了提高猪产仔数的遗传力，熊远著及其团队采用了以下方法和措施：

①选择高产的家系和个体组建基础群，增加高产基因频率；②综合考虑本身、母亲、同胞的产仔信息，按复合育种值高低选择；③扩大供选群，加大选择压；④允许连续多胎特高产母猪适当世代重叠（不超过15%），并注意严格选择；⑤严格控制公、母猪初配年龄、体重，提高配种技术，充分发挥高产潜力。通过以上措施使产仔数选择获得了较好的效果。

为提高群体的瘦肉率，他们在各世代开展活体测膘，严格按估测瘦肉率高低进行选种，尽量缩小留种率，提高选种强度，采取公猪单栏喂养、

[①] 熊远著、邓昌彦等：中国瘦肉猪新品系 D Ⅳ 系选育与配套研究的工作报告。《华中农业大学学报》，1995 年增刊，第 1—4 页。

母猪小栏喂养、前期自由采食、后期适当限食、稳定营养水平、实行季节产仔等降低环境方差的有效措施，同时采用先进的群体继代选育法，建立性能加同胞的综合测定制度，实行综合选择，使 D Ⅳ 系的瘦肉率逐代有所提高[①]。

中国瘦肉猪 D Ⅳ 系的主要研究工作从 1990 年到 1999 年告一段落，经过十年的付出，熊远著与课题组收获了成功的喜悦。其间，经过五年的努力，中国瘦肉猪 D Ⅳ 系的主要考核经济技术指标均已在 1995 年完成或超额完成合同任务书规定：

产猪产仔数为 62 窝，窝产仔指数为 13.15，世代提高 0.27；生长肥育猪中，47 头，90 或 85 公斤日龄 178 天，料重比 3.01；胴体瘦肉率为 30 头 61.28%。D Ⅳ 系经过 6 个世代的选育（五个母本选育项目均值 5.4），选育出 10 头公猪、75 头母猪，以杜洛克猪为父本的种猪窝产瘦肉量 490.5 公斤（5 个母本选育项目均值 478.49 公斤）[②]。

1986 年立项至 1996 年这十年以来，熊远著他们先后完成中国瘦肉猪零至六世代的基础群组建和种猪测定与选育工作。整个品系——中国瘦肉猪新品系 D Ⅳ：

初产母猪平均产仔数 11.29 头，经产母猪平均产仔数 13.49 头，肥育期日增重 698 克，饲料利用率 2.91，达 90 公斤体重 171 天，胴体瘦肉率 61.53%，肌肉品质优良；后备猪生长发育良好，后备公猪六月龄体重 92—99 公斤，后备母猪 81—89 公斤，6 月龄时的活体膘厚较薄，后备公猪为 0.9—1.2 厘米，后备母猪 1.0—1.3 厘米，活体估测瘦肉

[①] 熊远著、邓昌彦等：中国瘦肉猪新品系 D Ⅳ 系选育与配套研究的工作报告.《华中农业大学学报》，1995 年增刊，第 1-4 页。

[②] 赵书广：养猪业四个五年计划的"攻关"研究. 见：中国畜牧兽医学会养猪学分会、中国农机学会机械化养猪协会编，《养猪三十年记——纪念中国改革开放养猪 30 年文集（1978-2007）》. 北京：中国农业大学出版社，2010 年，第 135 页。

图4-11　1995年6月，中国瘦肉猪新品系DⅣ选育阶段验收会，验收小组在观看影像资料
（右侧靠门处为熊远著）

率61.5%以上，各主选性状有一定的选择差和选择强度。[①]

1995年之后，又经过五年的市场化推广和实践验证，中国瘦肉猪新品系DⅣ系经专家鉴定认为综合经济技术指标居国内领先，其中产仔数、母猪窝产瘦肉量和肉质处于国际先进水平。之后，中国瘦肉猪新品系DⅣ系成果获国家二委一部"八五"科技攻关重大成果奖和湖北省科技进步奖一等奖；中国瘦肉猪新品系选育与配套技术、DⅣ系优良种猪示范推广分别获1999年国家科技进步奖二等奖和三等奖；DⅣ系持续选育与配套利用获"九五"国家科技攻关重大科技成果奖；瘦肉型猪新品种（系）及配套技术的创新研究与开发获2006年国家科技进步奖二等奖。可以说，中国瘦肉猪DⅣ系的培育，为我国动物遗传育种领域作出了巨大贡献。

[①] 赵书广：养猪业四个五年计划的"攻关"研究。见：中国畜牧兽医学会养猪学分会、中国农机学会机械化养猪协会编，《养猪三十年记——纪念中国改革开放养猪30年文集（1978-2007）》。北京：中国农业大学出版社，2010年，第135页。

2001年,"中国瘦肉猪新品系 D Ⅳ 系持续选育与配套利用"成果,被纳入我国农业部主编的《"九五"国家重点科技攻关计划成果选编》一书中,书中认为,中国瘦肉猪新品系 D Ⅳ 系生产性能稳定,技术指标先进。至此,中国瘦肉猪新品系 D Ⅳ 系优良种猪已推广至湖北、湖南、广东、江西、福建等十多个省市,三十多个规模化猪场,推广优良种猪数量已达2.5万头,产生了较大的经济、社会效益。

中国瘦肉猪新品系 D Ⅳ 系既可作为生产出口商品猪的杂交母本,又适合城市菜篮子规模化猪场养殖,所生产的商品猪适应外贸出品及城市菜篮子工程的需要,推广应用前景看好,每头种猪售价1000元左右(60—70公斤),深受市场欢迎,可以说是供不应求。这对熊远著来说,无疑是社会和养猪界给予的莫大认可和鼓励[①]。

图4-12 1995年6月中国瘦肉猪新品系 D Ⅳ 选育阶段验收小组合影(第一排左三为熊远著)

[①] 《"九五"国家重点科技攻关计划成果选编》。北京:科学技术文献出版社,2001年,第132-133页。

HN95 瘦肉猪新品系（D Ⅳ 2 系）

随着瘦肉猪育种技术的提高与推广，猪的生长速度、饲料转化率、胴体瘦肉率等主要经济性状都获得了较为理想的遗传改进，但肌内脂肪却下降了 30%—50%，Haln 和 RN+ 基因的频率有所升高，猪肉的风味变差了。因此，在华中农业大学承担"七五""八五"国家重点攻关项目"中国瘦肉猪新品系（D Ⅳ 系）选育"的研究过程中，为了既确保 D Ⅳ 系达到高繁殖力的育种目标，又确保高瘦肉率和良好风味，熊远著及其团队便着手对国内外猪的品种资源状况、性能水平进行调查研究、比较分析后，制订了以太湖猪为基础的第二套育种方案，即中国瘦肉猪新品系（D Ⅳ 2 系）选育，希望能充分利用中国猪繁殖力高、肉质好的优良基因，培育高产优质的瘦肉猪新品系，筛选出理想的商品猪生产配套组合[1]。

HN95 瘦肉猪新品系（D Ⅳ 2 系）选育，主要是导入了世界上产仔猪最多的梅山猪高产基因，以"大 × 大（中梅山）"组合为主，与少量"长 × 大（中梅山）""大 ×（中梅山）大""长 ×（中梅山）大"组合共同组建基础群，淘汰生长性能低的"大 × 大（小梅山）"组合。采用科学的育成杂交方法，运用分子生物技术等现代育种技术及数量遗传学理论，采用标记辅助选择与常规育种技术相结合的选育方法，突出 Hal 基因与 ESR 基因的筛选，将肌内脂肪作为重点考察指标。将常规育种方法与分子生物技术相结合，经过五个世代选育，基本育成一个产仔数多、适应性强、肉质优良的瘦肉猪母本高产新品系。

HN95 瘦肉猪新品系（D Ⅳ 2 系）的特点主要有[1]：

（1）优良肉质瘦肉猪新品系（D Ⅳ 2 系）主选性状为肉质性状。采用分子标记辅助选择与常规育种技术相结合，运用了 Hal 基因检测与筛选、同胞肉质测定等方法，在肉质性状的选择上取得了较好效

---

[1] 帅起义、熊远著、邓昌彦：优质肉质瘦肉猪新品系 DIV2 的选育与配套研究。《中国畜牧兽医》，2006 年第 33 卷第 3 期，第 31 页。

果。不论是品系群纯种，还是杂优商品猪都具有肉质优良的典型特点。其中肌内脂肪品系群纯种为 3.15%、杂优商品猪为 2.75%—3.36%，超过育种目标要求。Haln 基因的清除，使得群体无应激综合征和劣质肉发生。

（2）优良肉质瘦肉猪新品系（DⅣ2系）来源于中国瘦肉猪新品系（DⅣ系），具有较好的遗传基础，其生长性能、繁殖性能、胴体品质等主要经济性状优良。通过 6 个世代的持续选育，优良肉质瘦肉猪新品系（DⅣ2系）后备公母猪 6 月龄体重分别为 103.50 公斤和 97.77 公斤，达 90 公斤日龄分别为 161.68 天和 169.42 天，活体背膘厚分别为 1.69 厘米和 1.70 厘米，同胞测定猪肥育期日增重 714.23 克，达 90 公斤日龄 170.02 天，饲料利用率 2.80∶1，胴体瘦肉率 60.23%，肌内脂肪 3.13%，经产母猪窝产仔数 13.53 头。优良肉质瘦肉猪新品系（DⅣ2系）既有瘦肉型良种猪生长快、瘦肉率高的优良特性，又有中国猪肉质好、产仔多等优点，是理想的瘦肉型新品系母本。

（3）以优良肉质瘦肉猪新品系（DⅣ2系）作母本生产的"大 × DⅣ2""长 × DⅣ2"二元和"杜 × 大 DⅣ2""杜 × 长 DⅣ2"三元杂交商品猪，达 90 公斤日龄为 145.1—157.6 天，饲料利用率 2.4%—2.9%，瘦肉率 66.4%—68.1%，肌内脂肪 2.75%—3.36%，是理想的杂优商品猪生产配套组合。其中，以"杜 × 大 DⅣ2""杜 × 长 DⅣ2"三元组合最优。

（4）在品系选育过程中，考虑到繁殖性状遗传力低，常规育种技术很难获得理想的遗传进展。通过选用具有高繁殖力特性的中国瘦肉猪新品系（DⅣ2）作为育种素材，结合 ESR 基因型检测与筛选以提高有利基因频率，在繁殖力的选育提高上取得了较好效果。但将不利基因一次性淘汰干净是没必要也是不可能的，故结合个体其他性状表现，保留了部分 ESR 基因型为 AA 的优秀个体。

（5）优良肉质瘦肉猪新品系的选育将肉质性状列为主要的育种目标，这在瘦肉猪育种实践中还不十分普遍。但市场对优质肉的现实需求与育种目标的前瞻性要求已使优良肉质瘦肉猪选育变得十分迫切。

总的来说，HN95瘦肉猪新品系（D Ⅳ 2系）的产仔数和瘦肉率均达到了国际领先水平，它既适合规模化猪场集约化养殖，又适合广大农村饲养。它既具有国外猪种增重快、瘦肉率高的特点，又具有中国猪种繁殖力高、肉质好的优点，是一个优良的专门化母本新品系。

随后，熊远著及其带领的科研组在HN95系（D Ⅳ 2系）的基础上以杜洛克（杜洛克×HN95新品系）、皮特兰（皮特兰×HN95新品系）和华贸父系（华贸父系×HN95新品系）进行杂交，并对三个杂交组合的各项繁殖性状、肥育性状、胴体性状和肉质性状进行了系统测定与统计分析。结果显示，以杜洛克×HN95新品系组合的繁殖性能和肥育性能最为优秀，其产仔数、活仔数和育成数分别为13.23头、12.34头和12.01头，日增重达780克以上，达90公斤体重161.3天，饲养利用率2.89。从胴体性状测定结果看，以皮特兰和华贸父系与HN95新品系杂交组合为优，胴体瘦肉率达65%以上，而各杂交组合的肌肉品质均较优异。由此可见，采用杜洛克×HN95新品系杂交组合，可获得较好的繁殖效果与肥育效果。采用皮特兰×HN95新品系组合可获得理想的胴体品质，它以其优良的体型外貌和先进的生产性能而深受市场青睐，尤其适应我国广大农村对瘦肉猪优良猪种的需求。选择经过高度选育的HN95瘦肉猪新品系作母本，与杜洛克公猪杂交生产商品猪，以其替代原来的二元或三元杂种母猪，具有杂交模式简便、杂种优势明显、繁育体系易于建立等突出特点。

基于多个方面的优势，"HN95瘦肉猪新品系（D Ⅳ 2系）选育利用"成果还入选了《"九五"国家重点科技攻关计划成果选编》一书，其中介绍：

> HN95瘦肉猪新品系具有较好的经济、社会效益及推广应用前景，该品系面向湖北、江西、上海、安徽、西藏、甘肃等省市推广，生产单位反映其生产性能稳定，产仔数多、适应性强、杂交效果好，优良种猪推广已取得较好的经济、社会效益[①]。

---

① 《"九五"国家重点科技攻关计划成果选编》。北京：科学技术文献出版社，2001年，第133-134页。

瘦肉猪多元配套体系[①][②]的育成是熊远著的又一项重要的科研成果。

功夫不负有心人，熊远著在已有瘦肉型猪种的基础上，充分利用杂种优势的地方猪与外来猪的性状互补效应，取得了最佳育种效果和综合效益。熊远著一鼓作气，率领同事们团结协作，先后培育出湖北白猪Ⅲ系、湖北白猪Ⅳ系、中国瘦肉猪新品系DⅣ系、HN-95新品系、杜洛克猪新品系、英系大白猪新品系、华贸1系这7个瘦肉猪专门化父母本品系。通过建立良种繁育、饲料加工等系列技术服务体系，先后推广配套系优良种猪6万多头，形成了适应不同市场需求变化，总数量高达100万头的商品瘦肉猪多元配套系，并取得显著的社会经济效益。而其中以杜洛克猪×中国瘦肉猪新品系DⅣ系生产的杂优猪，充分表现出瘦肉猪专门化品系间杂交的明显优势。

---

① 一般而言，在纯种培育以后，培育者都会进行配套系的繁育，配套系就如同一棵大树般，由不同的躯干和枝叶而形成。配套系的形成一般都是有规律的，譬如说中国瘦肉猪的三系配套，三系配套里又划分出C系，那C系我们就叫它为第一母本，它可能在产仔数上性能更高一点，而在生长速度和瘦肉率方面稍微欠缺。在此基础上又会结合其他品种的性能陆续出现第一父本，第二父本……，第二父本、第一父本加上母系，构成一个三系配套。最后一步则是为了满足市场需求，在瘦肉猪多元配套系的基础上形成商品瘦肉猪，商品瘦肉猪实际就是多元配套杂交系的终端或顶点。见：张沅访谈稿，KS-004-001。2016年4月27日。

② 瘦肉猪商品繁育体系的组建过程，它是一个宝塔式的三级繁育体系。它分为三级，一个是基础群，基础群上是核心育种群，最后才是商品猪群。而多元配套系是一个由多元品系组建起来的体系，因为一个单独的主体或者一个品种，它不可能把所有的优点都集中在一个品种树上。因此，它必须充分利用不同品系的品系特点，然后像抓中药一样，把它们融合在一起，最后才能组建成瘦肉猪的一个多元配套体，而其中又包括了父系和母本。见：邓昌彦采访稿，KS-003-002。2015年1月14日。

第五章
"杜湖猪"及瘦肉猪多元配套体系

供港活猪的危机与改良措施

20世纪50年代到60年代中期，内地换汇的主要途径是向香港提供农产品，特别是生猪。长期以来，内地的中约克夏猪和本地猪的二元杂交生产的商品猪是香港独一无二的鲜肉来源，基本上能满足香港的需要。但从60年代末开始，随着香港经济的繁荣，人们生活水平的提高，香港市场对猪肉质量的要求开始发生变化，由喜爱脂肪含量高的猪肉转变为偏爱瘦肉率高的猪肉。作为内地供港活猪主要猪种的中约克杂种猪胴体偏肥、瘦肉率低，远远看去，白花花的肥肉中只有一点红色的瘦肉，以至于被香港市民戏称为"丹顶鹤"[1]。与此同时，香港当地的养猪业逐渐兴起，菲律宾、泰国和中国台湾等地的活猪也逐渐进入香港市场，竞争日趋激烈，在肉质不占优势的情况下，内地面临失去香港市场的危险。熊远著在后来的学术研究中披露："70年代，内地供港活猪为221.8万头，出口良种率下降到

---

[1] "丹顶鹤"，指白花花的肥肉中只有一点红色的瘦肉。左波访谈，2015年5月28日，武汉。资料存于采集工程数据库。

14%—18%"[1]，可见当时形势之严峻。本来这一时期大陆已从美国、荷兰、法国等地引进大约克夏、长白猪，建立了一些纯种繁殖场，开始培育一些兼用型猪种，但是由于"文化大革命"造成的国家内乱，生产受到影响，科研工作停滞不前，以致供应量极不稳定，引进的品种也只注意纯种繁殖与推广，而在纯种选育提高的良种方向、选择的性状和方法、营养和管理等方面都存在较大问题[2]。

机遇总是与挑战并存，面对港澳市场的危机也是如此。熊远著认为，我国地方猪瘦肉率太低，如果靠我们自己的力量提高瘦肉率，一定需要一个漫长的过程。然而，市场危机迫在眉睫，因此只能另辟蹊径。熊远著了解到，国外的瘦肉型猪育种起源比国内早，例如美国的杜洛克、英国的大约克和丹麦的长白猪其实都经过了长时间的选育，获得了比较成熟的成果。经过科学家长期的选育，这些类型的猪瘦肉率都已能够达到60%以上，与中国猪的30%—40%的瘦肉率相比已经高出许多。因此，针对瘦肉猪的选育工作，熊远著提出了"引进世界高性能种猪和技术设备，建立改良体系"的关键技改方案，这一提议引起了相关部门的高度重视。

1979年，外贸部粮油食品总公司、经贸部、农牧渔业部、科研单位、种猪和商品猪生产单位等多家单位在湖北黄石召开了"供港活猪质量研讨会"，熊远著应邀到会并作了专题报告。熊远著认为，供港活猪市场产生危机的原因主要是优良种猪数量不足（不到五万头），引进后又管理不善，蛋白质饲料缺乏，根本没有育种方案、测定方案，更没有进行种猪测定和正确选择，导致引进品种的严重退化[2]。针对这些问题，熊远著提出了提高供港活猪品质的几项基本措施：

（1）扩大生产供港活猪高瘦肉率的父本品种的遗传资源，要求专门到原产地引回优良的父本品种猪。从引种开始就要重视这个品种的选育提高，要有畜牧方面的品质规格要求和血统要求，筹建重点种猪

---

[1] 熊远著：《种猪测定原理及方法》。北京：中国农业出版社，1999年。

[2] 熊远著：关于供港活猪品种改良工作的一些认识。《种猪工作通讯》，1988年，第28-32页。

场并建立相应的繁育体系。

（2）根据前阶段杂交利用的效果，特别是瘦肉率遗传力高没有明显杂种优势的特点，要达到香港市场要求毛重瘦肉率27%的要求，生产商品猪的母本宜用二元、三元杂交种，也就是在不断选育父本，提高胴体品质的同时，要求母本有较好的繁殖力。

（3）胴体性状表型值是遗传和环境两种效应作用的结果，所以除了品种质量、品种组合以外，还要注意营养水平、饲料配方、饲养和管理技术，总公司在开发我国饲料资源的同时，还要采取措施进口一些必要的蛋白质饲料和能量饲料（玉米），以保证基本饲料需要[①]。

熊远著提出的这些措施均被国家外贸部粮油食品进出口总公司采纳。

毋庸置疑，那时候因为人们对瘦肉猪消费的潜在增长，尤其是应对海外市场创汇增收的压力，培育瘦肉型猪已经成为猪育种工作的紧要任务。为了提高港澳市场的竞争力，从根本上改良瘦肉猪肉质，完善我国瘦肉猪体系，熊远著等专家在农业部和经贸部的大力支持之下，踏上了远渡重洋的考察引种之路。

欧美考察引种

20世纪70年代末到90年代初是我国养猪业快速发展的时期，改革开放使得养猪生产由传统分散型向现代集约型转变，规模化养猪已经成为发展趋势。虽然在实际的养猪生产中，传统的猪饲养仍占很大比例，但在科研上，育种方向已经逐步由脂肪型、兼用型猪向瘦肉猪新品种（系）转变。在湖北白猪由兼用型向瘦肉型转变的过程中，熊远著所引导设计的引种改良创汇方案和多次赴国外考察引种的大胆实践，发挥了关

---

① 熊远著：关于供港活猪品种改良工作的一些认识。《种猪工作通讯》，1988年，第28—32页。

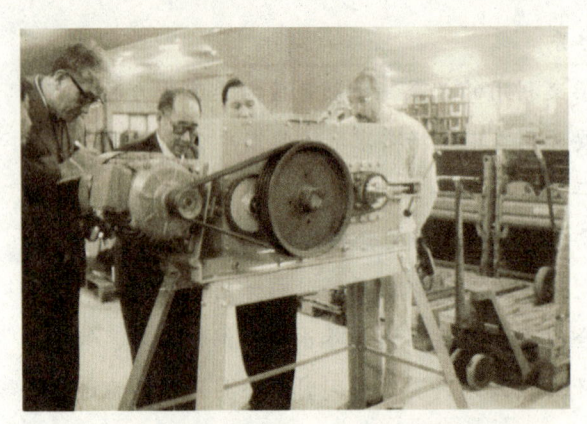

图 5-1 1983 年熊远著在美国印第安纳州考察仪器（左侧认真记录者为熊远著）

键性的作用。

熊远著先后于 1981 年、1983 年、1984 年分别携团带队远赴英国、美国印第安纳州、丹麦等地考察学习，从原产地引进了很多世界著名瘦肉猪新品种（系），如丹麦长白、英国大约克、美国杜洛克和汉普夏等。此外他还引进了国外先进仪器设备，学习了关键性养猪技术及方法。后期又在 1990 年、1991 年、1994 年、1997 年分别赴巴西、法国、英国、美国等国进行实地考察。这一系列的对外交流活动，尤其是早期的考察经历，开拓了熊远著的视野，同时也印证了他坚持引进外国良种猪，完善瘦肉猪体系的可行性和科学性。

熊远著多次出国交流的经历直接促进了我国瘦肉型猪育种工作和杂交生产的展开，加速了我国商品瘦肉猪生产的蓬勃发展。

欧美国家的养猪业在生产理念和技术方法上都领先于国内。大多出国留学考察的学者们一般都会接触有关猪种评定、育种规划、标记辅助等方面的内容。熊远著同时期同行学者张沅教授的出国留学经历，为我们回首熊远著当时的出国考察经历提供了参考：

> 第一个工作是关于种猪评定，种猪评定要用一种统计分析的方法和计算机软件来统计分析，而这一套设备在中国是最欠缺的。性能测定之后，统计分析不是简单的加减、平均数、标准差就能得出结果，而是要给每个公猪或者母猪一个育种值，这时就需 BLUP 方法和它相应的软件验算出来。第二个主要工作是接触了育种规划，其中包括了纯种猪的育种规划和杂交配套系的育种规划。这个育种规划和我们所谓的规划不一样，它完全是一种定量性的规划，完全可以凭借遗传

图 5-2　1984 年熊远著及其团队从丹麦引进优质种猪，并在机场输送种猪

因素、市场因素和其他科学因素的推断，推算出预期在多少年后能够产生多少效益，育种规划的好坏直接关乎结果的成败。第三个工作是接触了筛选遗传缺陷基因的方法和技术，对于猪来说，解决其应激敏感性就是筛选隐性有害基因的过程。第四个工作是开始接触并做一些标记辅助选择。从概念上来说，选择高瘦肉率猪就是要选择脂肪少的猪，而脂肪少的特征又与脂肪代谢、脂肪沉积相关的酶有着密切的关联，因此通过标记不同酶的活性，便可从微观层面得出结论，以准确地推断选择高瘦肉率的种猪有哪些特性[1]。

每每回忆到以往出国的经历，熊远著总是抑制不住激动与骄傲之情。他认为丹麦和英国当时的养猪业是全世界最先进的，所以在国外考察期间，熊远著争分夺秒地学习、观摩、做实验、总结，他在丹麦期间几乎把丹麦有关养猪学、屠宰、销售、饲养以及管理方面的资料都看过了，

---

[1] 张沅访谈，2016 年 4 月 26 日，北京。资料存于采集工程数据库。

他还笑言：

> 当时丹麦的研究人员就说我怪，连他们怎么屠宰猪都要看，可能担心我把他们的技术都学会了吧①。

除了引进优良猪种外，熊远著认为自己在国外另一个最大的收获就是不断地与国外研究者一起做实验，他认为只有通过案例实验，才能真真切切地体会到国外专家在具体操作过程中所传达的知识理念和技术经验。

1984年，熊远著一行从丹麦"满载而归"，他们不仅学有所成，而且还顺利地将丹麦的优质种猪运回国内，正式开启了我国瘦肉型种猪培育的系统工程。同行专家认为：熊远著虽然不能说是研究猪育种的第一人（在熊研究之前，还有老一辈的权威研究者，如李秉坦老师、张仲葛老师以及许振英老师等），但是他却可以说是引进丹麦猪、美国杜洛克、大约克猪的第一人，同时也是搞瘦肉型猪的第一人②。

十余次的出国考察经历对熊远著来说是非常珍贵且有意义的学习过程，为其后来培育成湖北白猪及"杜湖猪"夯实了基础。同时，熊远著的多次远行对我国养猪业的发展也非常有意义，一方面引进了国外先进的品种和仪器设备，另一方面还将养猪育种的理念与技术引入中国，对传统的一家一户式的分散养猪模式向集约化的现代化养猪模式转型发挥了重要的推动作用。

欧美国家的养猪事业早于我国，关于养猪实践工作经验、养猪理论技术也较为成熟，其中特别值得一提的是丹麦的养猪事业。丹麦将全国的猪育种区分为九个地方分会，每个育种区又把育种群划分为核心群、繁殖群和生产群，形成了著名的金字塔式繁育体系。

在猪育种领域具有如此先行优势也是有历史原因的。19世纪末的丹麦，猪肉除了满足国内需求之外，还长期向英国提供大量的腌肉，这是丹麦重要的外贸创汇项目。丹麦为了赚取更多的利益，增加外汇，希望提高猪肉

---

① 熊远著访谈，2016年1月26日，武汉。资料存于采集工程数据库。
② 刘望宏访谈，2016年1月14日，武汉。资料存于采集工程数据库。

的某些性状特性，以良种优势持续占领英国市场，他们在猪育种特别是通过种猪测定达到育种目的方面积累了丰富的经验。

早在 1896 年，丹麦的猪育种工作者就开始建立了第一个育种

图 5-3 丹麦长白猪

群，并成立了全国育种和生产委员会指导育种工作。到 1898 年已登记了 12 个大白猪群和 50 个兰特瑞斯群。1907 年，丹麦建成了世界上第一个种猪后裔测定站，标准化的测定项目和技术为丹麦的养猪育种事业铺平了前行的道路。其中核心群中有关猪日增重、饲料转化率和胴体品质的选择都以同胞和后裔测定结果为依据，这些测定在专门的测定站进行。经过一百年的发展，到 20 世纪末，丹麦四个测定站年容量已高达 10000—16000 头测定猪，肌肉品质测定则集中在国家肉类研究所进行，国家动物研究所负责有关测定站的实际测定工作。至此，丹麦开始了在遗传育种计划下进行系统正规的种猪测定。尽管这种测定随着科学进步在不断地改进与演变，但丹麦长期坚持这项工作，最终用实践证明他们取得了世界瞩目的成效，也育成了世界著名的丹麦长白猪[1]。

1980 年 3—5 月，熊远著应外贸部和农业部畜牧总局邀请参加中国种猪考察贸易小组远赴丹麦、英国考察交流。在此期间，熊远著在丹麦的非因易（FYN）阿登赛市（ODENSE）附近参观了若干个猪场，并对其猪场的优选群、管理方式、种猪类型和主要性状等进行了深入的考察和分析。熊远著深刻地意识到，一个严密的繁育体系以及一整套严密的、科学的选种制度是丹麦之所以能生产出高质量猪种的最主要的原因，这也是最值得

---

[1] 丹麦长白猪：是世界著名的瘦肉型猪种。最初我国于 20 世纪 60 年代引入，经过三十年的驯化饲养，适应性有所提高，分布范围遍及全国。其中在饲养条件较好的地区以长白猪作为三元杂交（杜长大）猪的第一父本或第一母本。

我国瘦肉猪育种工作认真思考和学习的地方。

同年7—8月,熊远著在南京农业大学参加"动物营养"高研班期间,再次远赴丹麦,在皇家兽医农业大学、国家动特研究所考察种猪测定。通过这次考察,熊远著为我国第一次成功引进了300头世界著名的瘦肉型优良品种纯种猪——丹麦长白猪,指导建立了三个核心群。同时他还参加拟定我国引进品种的选育目标、选育计划、饲养方案以及核心群管理办法,并为中国粮油食品总公司批转试行,熊远著开始在我国养猪领域发挥重要的引领作用。在学习了丹麦先进的测定技术之后,熊远著计划在我国建立品种测定中心,外贸部肯定了他的想法并采纳了他的方案,拟在华中农业大学筹建中国第一个猪品种测定中心。

只从丹麦一个国家引种,样本难免受限,于是熊远著开始将目光投向欧美。大约克夏猪①品种育成于英国,是最早的腌肉型品种,以体格大、增重快、耗料低、瘦肉率高、肉质好、产仔多等优良特性受到广泛好评。1979年,国内有专家曾对大约克猪在我国的适应性做了一次调查。调查发现,大约克在我国不仅站住了脚,而且得到了很大的发展,尤其是在出口基地省、区,大约克猪种繁殖场普遍建立起来,用其直接生产猪肉,品质适合国内外市场销售的需要。据调查,饲养条件较好的场都可以做到年年有盈余。社会的需要决定着品种的存在和发展。反观20世纪50年代以前,许多优良品种引进来都未能在生产中推广应用。到了60年代中后期引入长白猪和重新引入大量大约克,由于外贸出口,特别是供港活猪,要求大量生产瘦肉率比例高的猪肉,在此种力量的

图5-4 1981年1月31日熊远著赴英国考察学习时留影

---

① 大约克猪:又称为大白猪、大约克夏,原产于英国的约克郡及其邻近地区。其体型大、繁殖能力强、饲料转化率和屠宰率高,适应性强,世界各养猪业发达的国家均有饲养,是世界上最著名,分布最广的主导瘦肉型猪种。

推动下大约克得以繁殖和利用，在小群试验方面和大面积生产上都改进了出口猪的品质，提高了瘦肉率，取得了非常显著的经济效益。于是，1979年大约克夏猪选育被列入国家科研项目计划，作为我国重要的外来品种投入猪种选育。

1981年1—4月，熊远著赴英国伦敦，在剑桥大学、Smith测定站、PIC（美国猪种改良公司）等处进行了系统的考察学习，并从英国引进了大约克夏猪200头。

为了获得更加多元的优秀基因种猪类型，1982年熊远著又远赴美国，引进杜洛克猪[①]（公6头母16头）（图5-5）、汉普夏猪[②]（公3头母5头）作为种猪，还引进了部分先进的仪器设备，特别是关键性的养猪设备，系统学习到设备使用和操作方法。

事实上，改革开放改变的不仅是我国的经济状况，也革新了人们的思想。国门开放，了解世界同行的动态成为科学界的潮流，当时出国学习深造的人很多，熊远著也幸运地站在了潮头。事实上，无论是国外的实地考察、与著名专家的交流和思想碰撞，还是对先进仪器设备的见识和认知，以及国外育种事业繁荣景象的感染，都给他的视野拓展和创新思路以很大的激发。

尽管当时有国外学者对这位思维敏捷、见识卓越且踏实肯干的中国同行颇多好感，甚至以优厚的条件加以挽留，但熊远著想起自己多病多难的大学时光，如果没有党和国家的关怀他便早就死了，还谈什么出国考察，

图5-5 杜洛克公猪

[①] 杜洛克猪：原产地于美国东北部，原名杜洛克泽西。其生长速度快、饲料利用率高、肉质好、适应性强，母猪繁殖性能较好，与我国培育品种和地方品种均有较好的配合力，但其胴体品质不及汉普夏和皮特兰猪。

[②] 汉普夏猪：原产美国肯塔基州，是美国分布最广的猪种之一。其背最长肌和后躯肌肉发达、瘦肉率高，是较好的母本材料。

并且此时国家正面临港澳市场的危机,如何能做如此背信弃义之事呢?他内心不禁生起一股作为中国人的暖流、一种科学工作者的严肃使命。毅然平静回国后,熊远著开始全心地投入到瘦肉猪的培育工作当中。

熊远著在科研的道路上总是敢于尝试,始终走在探索队伍的前列,他的敏感和前瞻眼光深为同行专家和团队成员所折服。由于国内外市场对商品瘦肉猪的需要十分迫切,从丹麦引种归国之后,熊远著就投入了紧张的育种工作之中,着手模拟生产商品瘦肉猪。他先后于1981年秋和1982年春以正在培育中的湖北白猪Ⅲ系为母本与丹麦长白猪进行了两次杂交试验,将所选幼猪在适宜营养水平下进行肥育试验。第一次丹麦长白×湖Ⅲ系7头(均去势),平均瘦肉率达63.3%;第二次丹麦长白×湖Ⅲ系42头,瘦肉率与日增重分别为62.4%和604.7克。据1982年36窝统计,此类组合产仔数为11.64头,育成数为10.48头,双月断奶窝产为196.4公斤[①]。可见,以湖北白猪Ⅲ系作母本,丹麦长白猪作父本进行杂交,不但在提高商品猪个体瘦肉率上甚为理想,而且还在其母猪窝产瘦肉总量上也表现突出。这一试验结果着实令熊远著有些兴奋,这也证实了他所提出的技改方案的正确性,说明国外品种的引入的确对我国生产和改良瘦肉型猪起到了良好的作用。

随后,这一杂交方案同样被运用到湖北白猪Ⅳ系,同样取得了十分可观的成果。1982年,湖北白猪Ⅳ系头胎平均产仔数11.28头,断奶窝重152.97公斤,肥育猪平均日增重606克,饲料利用率1∶36。对其中60头进行屠宰,宰前活重90公斤瘦肉率达55.24%,优于国内同类试验水平。于是,熊远著再接再厉,在总结Ⅲ系的杂交试验经验的基础之上,以Ⅳ系为母体,以丹麦长白猪为父体,进行了模拟生产瘦肉型商品猪的试验。从试验结果来看,肥育猪达90公斤日龄185天,饲料利用率为1∶3.27,42头达90公斤屠宰,眼肌面积达33.4平方厘米,平均胴体瘦肉率高达62.43%。在当时,这一瘦肉率已达到了国内同类试验的先进水平,接近世

---

① 熊远著、张省三等:以湖北白猪Ⅲ系作母本与丹麦长白杂交模拟生产瘦肉型商品猪的研究。见:华中农业大学湖北白猪选育研究组编:《华中农业大学学报论丛[1]——湖北白猪选育研究》(1978—1986)。华中农业大学学报编辑部,1986年。

界上生产瘦肉型商品猪的水平。看到这个检测结果，熊远著从心里舒了一口气，育种试验初战告捷！外贸部中国粮油进出口总公司、省外贸局、省分公司现场鉴定之后给予了很高评价，确定在香港试销，并试点在浠水滨江农场示范推广，年产 5000 头用于出口[①]。

丹麦长白猪、英国大白猪、美国杜洛克和汉普夏等世界著名瘦肉型猪种的引入，加速了我国瘦肉型猪育种工作和杂交生产的展开，同时，猪肉瘦肉率的提高也给内地活猪重新进入香港市场打下了坚实的基础。1982 年，外贸部中国粮油进出口总公司在九江召开了会议，制定了种猪管理试行办法，提出了"对引进品种不是消极利用，而是积极选育提高"的利用原则。在引种杂交和瘦肉型猪选育获得突破后，内地开始积极引导将科研成果应用于社会生产实践。此后，内地先后建立了 8 个核心群、20 个预备核心群，将 9 个省市中 48 个基地和 75 个大型农场作为出口活猪的商品猪生产基地。自此之后，内地供港活猪的良种率得到了极大的改善，80 年代末恢复到 55%，90 年代初恢复到 65%，市场占有率达到了 99%[②]。

商品瘦肉猪生产配套技术研究

20 世纪 80 年代，在养猪业较先进的国家，瘦肉型杂种猪在商品猪中已占绝大多数。美国猪种改良公司（PIC 公司）提供的资料表明，美国商品猪平均日增重 590 克，每增重一公斤耗料 4.0 公斤，全国平均瘦肉率为 54%，工厂收购标准瘦肉率定为 56%；PIC 公司商品猪的先进水平，平均日增重达 730 克，每增重一公斤耗料 3.4 公斤，瘦肉率 59%；其他先进国家商品猪的日增重一般为 600—700 克，每增重一公斤耗料 3—4 公斤，瘦

---

① 干部人事档案 4-4，高等学校确定与提升教授、副教授职务名称呈报表，1983 年。存于华中农业大学人事处档案室。

② 熊远著：《种猪测定原理及方法》。北京：中国农业出版社，1999 年。

肉率55%—60%。但国外某些国家在提高瘦肉率的同时，也出现了PSE劣质肉的频率较高的情况，往往适得其反，造成巨大经济损失。

尽管有了前述的育种成果，但在很长一个时期我国商品肉猪多数仍为脂肪型或兼用型，瘦肉率一般为40%—50%。据1982年全国"瘦肉猪研究论文选辑"提供的资料，当时，我国一般国外引进猪种与地方猪种的二元杂交，瘦肉率为50%左右，三元杂交猪瘦肉率为55%左右。这种商品肉猪已不能满足国内外的需要，因此更高瘦肉率的商品瘦肉猪生产引起了各级领导的重视。商品瘦肉猪的培育虽然各地都做过一些试验，但由于缺乏深入系统的研究，成果得不到普遍认同，因此不能形成大规模的生产能力。当时，经贸部提出了"十条龙"政策，纤维、纺织、化纤等，从工业到农业，各行各业都提出了相应的政策，其中就包含了瘦肉猪集约化生产"一条龙"。

1982年8月，为了研究瘦肉猪生产的综合配套技术，发展我国商品瘦肉猪的生产，国家科委原攻关局、农牧渔业部和中国农科院畜牧所在北京召开"商品瘦肉猪生产配套技术和繁育体系研究"课题可行性论证会，邀请科研、教学、行政部门的养猪专家进行论证，并择优选择十一个单位分六片组织实施[1]。湖北省农科院畜牧兽医研究所和华中农学院畜牧兽医系中标，共同承担湖北片区的研究工作，随后两单位又分别组织武汉军区沉湖机械化养猪养鸡场和浠水县滨江农场参与协作，并在省科委领导下，成立了攻关试验协作组。

1983年4月，"商品瘦肉猪生产配套技术和繁育体系研究"课题组在北京再次召开会议，会议讨论制定了《总计划任务书》和《协作公约》，做好了攻关研究的准备工作。会议研究推选由国家科委聘请熊远著、赵书广、王津同志为专家工作组副组长，课题由中国农科院畜牧所为主持单位，李炳坦先生为主持人，兼专家组组长[2]。至此，熊远著不仅已跻身于全

---

[1] 赵书广：养猪业四个五年计划的"攻关"研究。见：中国畜牧兽医学会养猪学分会、中国农机学会机械化养猪协会编，《养猪三十年记——纪念中国改革开放养猪30年文集（1978-2007）》。北京：中国农业大学出版社，2010年。

[2] 赵书广：养猪业四个五年计划的"攻关"研究。见：中国畜牧兽医学会养猪学分会、中国农机学会机械化养猪协会编，《养猪三十年记——纪念中国改革开放养猪30年文集（1978-2007）》。北京：中国农业大学出版社，2010年。

国养猪行家之列，更成为湖北片区协作攻关中的组织者和把关者。

总计划任务书规定目标为：中间试验用全窝肥育法对400头以上肥猪进行测定，瘦肉率为56%以上，在日粮粗蛋白水平平均16%以下的饲养条件下，肉猪200日龄以内体重达90公斤，每增重一公斤耗料3.7公斤以下，同时建立万头生产示范区，并在生产的同时要求进行饲养、管理、肉质评定、活（胴）体估测瘦肉率（量）、生长发育规律和经济效益分析等配套技术的研究。

根据总计划任务书的要求，华农和湖北省畜牧所分别制定了各自的实施计划，于1983年开始进行配套技术的专项试验，主要包括杂交组合试验、适宜营养水平的研究、饲养管理技术试验、生长发育规律的研究、活（胴）体估测瘦肉量（率）的研究和肉质评定方法研究。在这些研究中，熊远著于组织和技术层面，都发挥了重要作用。

杂交组合试验

1984年，熊远著应外经贸部特邀，在广西南宁召开的"供港活猪技改工作会"上作专题报告。在报告中，熊远著回顾了供港活猪工作发展的历史，阐述了对今后供港活猪品种改良工作的认识，此外还讨论了品种和杂交组合的有关问题：

关于父本母本的选择，熊远著认为：

> 父本主要要求肥育性能和胴体品质较好。杜洛克猪体质结实，采食量大，增重速度快，前后躯肌肉发育好。汉普夏眼肌面积大，瘦肉率高。这两种品种的一窝平均产仔数，一般为八九头。长白猪胴体长，眼肌面积大，臀腿比例大，腹肉脂肪少，前驱较弱。大约克猪日增重快，以肌肉品质好著称于世，一般这两个品种产仔数大约为11头。所以，杜洛克、汉普夏适合于作终端父本，而丹麦长白猪和大约克夏更适合于做第一父本。至于母本，如果要求达到五丰分割法的瘦肉率27%以上，那么可以用二元、三元杂种母猪。如果要求瘦肉率达

到 30% 以上，恐怕还是三元杂交母猪或新培育的胴体瘦肉率在 55% 以上的新的母本品种或品系较好。

关于引种之后的分配和猪群选育，熊远著也谈了自己的看法：

我们引进品种分配到各场时，核心群种猪场、预备核心群种猪场，5—7 个血统，但是这些血统是有限的，如果不有计划地进行选育，就会被迫在几年以后产生血统的交叉和亲交程度的上升。所以应一方面考虑到血统保存的时间长一些，可采用血系繁殖法，世代间隔可以长一些。另一方面，考虑到猪群的提高，可以组织一个 30 头左右的小的品系群，进行继代选育，着重于提高，世代间隔可以稍微短一些。

关于种猪场的选择，熊远著做了详细的说明：

（1）在一个品种内的个体间经常存在着差异，这种差异有利于进行选择工作，但是如果不注意选择，那么几个世代后，可能非合意基因和一些缺陷性状基因纯合或频率增高，一些优良基因丧失将造成猪群退化。

（2）选择高性能的品种，特别是对一些数量性状的选择，仅仅靠外形鉴定是不够的，所以要建立在对选择性状进行严格、科学的测定基础上。

（3）在选种中不能忽视体质和外形，对引进品种而又是肉类家畜来说，体质外形更需要注意。如果只追求选增重快、膘薄，常常出现高而瘦长，肢蹄细弱的个体，它的指数值很高，但常常根本无法交配繁殖。

（4）因为选种对象是父本品种，所以选择的性状应是肥育性状和胴体品质性状，而对繁殖性状也应有个低限要求，还要注意对遗传缺陷者或这种基因的携带者进行坚决的淘汰。

（5）选择应建立在正确的畜牧记录，和准确的性状度量上，否则记录不全，测量不准，那么以此为基础的选择则毫无意义。

（6）膘厚的遗传力约为 0.5，而且与瘦肉有较轻的负相关，眼肌面积遗传力为 0.28。这些性状可以在被选择公猪上直接度量，所以应在性能测定中，尽可能宜用活体测膘技术。

（7）应尽可能创造条件，使被测猪采用同期对比，使一切条件如营养水平、饲料配方、饲养方式和管理等条件一致。

（8）制定一个综合指数，进行选择，但指数不宜过于复杂，而且要考虑使指数与其育种值，有最大程度的相关。

（9）种猪场要保证出场种猪符合种猪标准，这个标准应该是分级的，应定出相应的优质优价标准。因为商品生产者使用的终端父本公猪，对其商品猪的品质直接有一半的遗传影响，如果公猪营养不良，不但无益，反而有害。

（10）关于繁育体系，建议还是应划分为核心群、预备核心群、纯种繁殖群、商品生产群，形成一个宝塔式的纯种繁育和杂交利用体系，把纯种选育提高，优良种猪的扩大繁殖和商品猪生产，合理的组织，衔接起来。使纯种繁育取得较大的遗传改进量，而使这种品质的改进，尽快在商品生产中得到较大的经济效益[①]。

在商品瘦肉猪生产配套技术和繁育体系的研究中，适宜杂交组合的筛选是一个关键性课题。二元杂交是最简单的杂交方式，只使用两个亲本品种（品系）容易建立繁育体系，投资少、见效快、便于推广。当时，不少地区已建立了引进品种与地方猪种的二元杂交繁育体系，于是华农与湖北省畜牧所相继于 1983 年秋和 1984 年春进行了以湖北白猪为母本，以引进的丹麦长白猪、美国杜洛克、美国汉普夏为父本进行二元杂交试验，试猪分别达 170 头和 167 头。

熊远著直接率领的华农团队选用了湖北白猪Ⅲ系（以下简称湖Ⅲ）为母本，进行了两品种杂种肥育性能与胴体品质的对比试验。湖Ⅲ繁殖力

---

① 熊远著：在供港活猪技改工作会的报告，1984 年，广西南宁。

高；生长肥育猪日增重600克以上；瘦肉率56%以上，肉质优良，适应于南方地区条件，易于饲养，是一个优良的瘦肉型母本品种。父本之一的杜洛克猪增重快，瘦肉率很高，而且肉质优良，特别是肌肉含脂量达（4.25±0.47）%，远为所引进的其他瘦肉型父本所不能及，具有作为终端父本品种难能可贵的品质[1]。经过了武汉湿热夏季和湿冷冬季，连续两次杂交组合试验中，杜·湖Ⅲ达90公斤日龄分别为171天和179天，从肥育性能上看，其平均日增重分别达692.08克和692.28克，最小二乘均数为691.29克，高于其他两个组合，差异极为显著；胴体性状方面，瘦肉率与其他组合差异均不显著，但杜·湖Ⅲ瘦肉率高达60.23%和64.58%，最小二乘均数为62.77%，高于其他两个组合；瘦肉量也是三个组合中最高的，1984年试验平均头产瘦肉量达40.76公斤。此外，杜·湖Ⅲ猪肉质优良，色值18.5—20.9，pH为6.3—6.6，系水率为89.8%—93.1%；肌肉中脂肪含量为（2.69±0.11）%，较为适宜，并高于其他组合。从杂种优势率看，杜·湖Ⅲ组合日增重优势率达17.73%，也优于其他组合。可见，选用杜洛克×湖北白猪Ⅲ系组合生产商品瘦肉猪具有适应性好、生产性能高、肉质好的优点，它的确是适宜华中地区的一个优良组合。同时，这种二元杂交组合生产方式简单，需用的亲本群少，成本低，易于建立繁育体系，有利于迅速推广[1]。

随后，熊远著团队又以湖北白猪Ⅳ系（以下简称湖Ⅳ）为母本，在相同的营养水平与饲养管理条件下，测定了杜·湖Ⅳ、汉·湖Ⅳ和长·湖Ⅳ三个杂交组合以及杜洛克、汉普夏、丹麦长白和湖北白猪Ⅳ系四个亲本对照组合的各项繁殖性状、肥育性状、胴体性状与肉质性状，并计算了各杂交组合主要经济性状的杂种优势率。从测定结果来看，各主要经济性状指标均以杜·湖Ⅳ为优，其产仔数、育成数和断奶窝重分别为12.78头、10.33头和206.6公斤；试期日增重为785克，达90公斤日龄为168天，每公斤增重耗料3.11公斤；其胴体品质优良，平均每头猪产瘦肉量

---

[1] 熊远著、彭中镇等：以湖北白猪Ⅲ系为母本的杂交组合试验报告。见：华中农业大学湖北白猪选育研究组编：《华中农业大学学报论丛［1］——湖北白猪选育研究》（1978-1986）。华中农业大学学报编辑部，1986年。

40.25公斤，瘦肉率高达64.65%；还具有肉色鲜红、pH适宜，系水力强、肌肉含脂率高的优点；且各主要经济性状具有较明显的杂种优势率。由此可以看出，杜·湖Ⅳ组合具有适应性强、生长快、瘦肉率高和肉质好的特点，是一个优良组合，经济效益明显。而在四个亲本对照组中，杜洛克猪的生长速度较快，肉质较好；长白猪的胴体瘦肉率最高，但肉质较差；汉普夏则介于这两个品种之间；新培育品系湖北白猪Ⅳ系则具有适应性强、繁殖力高的优点，其他经济性状也达到了较高的水平（日增重600克以上，瘦肉率60%以上），是一个适于作母本的品质优良的瘦肉型新品系[①]。

1985年，熊远著以第一署名在《华中农学院学报》上与范春国合作发表《生产商品瘦肉猪杂交组合试验报告》，系统总结了上述试验成果。从此，瘦肉猪多了一个著名的品系"杜湖猪"。

著名动物营养学家马承融先生高度评价这篇文章所反映的成果，认为"杜湖"杂交组合的选择符合科学规范，具有商业应用前景：

> 试验设计考虑了遗传性与个体的影响，试验方法合理，得出了一定的结果，选出了"杜湖"杂交组合最好。这个结论是经过统计处理，如差异显著性测定最小二乘均数与杂种优势估计等方法得出的，所用三个指标：肥育性能、胴体品质与肉质鉴定均是商品瘦肉猪常用的，因此本文的结果对于推广瘦肉猪种将起到一定的作用[②]。

可是，"杜湖猪"的商品化生产还需要相应的环境支持才行，饲料支持、管理技术及品质测定都有待进一步研究。

[①] 熊远著、彭中镇等：以湖北白猪Ⅳ系为母本的杂交组合试验报告。见：华中农业大学湖北白猪选育研究组编：《华中农业大学学报论丛［1］——湖北白猪选育研究》（1978-1986）。华中农业大学学报编辑部，1986年。

[②] 干部人事档案4-5，高等学校教师职务任职资格申报表，1986年。存于华中农业大学人事处档案室。

适宜营养水平研究

那时,在适宜营养水平的研究中,湖北省畜牧所进行了三次共172头杜湖生产育肥猪的不同营养水平试验和一次消化试验,一次棉、菜籽饼试验。熊远著所在华农团队则进行了三次共188头猪的营养水平试验和一次80头猪典型日粮试验,试验结果表明:

肥育前期DE在2.9—3.1兆卡/公斤,后期DE在2.7—2.9兆卡/公斤范围内,能量浓度与日增重呈弱正相关(r=0.17),对瘦肉率未发现有明显影响;蛋白质水平前期CP18—14%,后期15%—13%,对日增重(分别为587、602、578克)和瘦肉率(分别为62.26%、60.0%、61.27%)影响不大($P>0.05$)。但粗蛋白水平前期降到12%,后期降至9%,对日增重和瘦肉率有明显影响($P<0.01$)[①]。

该结果与湖北省畜牧所的试验结果基本一致,即前期可消化能3.1—3.2兆卡/公斤,粗蛋白质14.6%—15.4%,日采食风干料2.7公斤左右,为饲养杜湖商品猪的适宜饲料水平,可获得较高的日增重、饲料报酬和瘦肉率。

该试验证明,有62%以上瘦肉率的"杜湖"猪并不需要很高的蛋白质水平,具有易饲养的优点,能够适应农村的养殖环境。这样的测试结果不仅让大家对饲养瘦肉型猪的适宜蛋白质水平有了新的认识,还为大范围推广瘦肉猪生产提供了科学的依据。为充分利用湖北棉、菜籽饼资源,熊远著带领团队进行了棉、菜籽饼代替豆饼育肥饲养试验。结果表明,棉籽菜籽饼加适量赖氨酸可代替部分豆饼(75%左右),未发生明显毒性反应。此试验结果为我国南方地区寻求性价比高的蛋白质饲料资源提供了新的思路与试验数据。

---

① 熊远著、陈廷济:商品瘦肉猪生产配套技术和繁育体系研究综合试验报告。见:华中农业大学畜牧兽医系、湖北省农科院畜牧兽医研究所编,《商品瘦肉猪生产配套技术和繁育体系研究鉴定资料(1983-1985年)》。1985年10月。

饲养管理技术试验

随着猪能量、蛋白质、氨基酸、微量元素等一系列营养参数的完善，我国饲料工业和饲料配合技术迅速发展，熊远著带领先后研制出的猪系列饲料配方，猪用预混料、浓缩料、添加剂在广大农村和规模化猪场应用，促进了我国养猪水平的提高。同时他也抓紧猪育种技术钻研，其中以鲜精为主的人工授精技术有了较大的发展。与此同时，随着规模化猪场的发展，养猪业关于环境控制技术、粪污处理技术等方面的内容也开始研究。

在饲养管理技术方面，寻求合适的配套非常重要。熊远著带领的华农科研小组采用正交设计，对运动与不运动，去势与不去势，限食与不限食加以比较研究。结果表明：

直观分析活体背膘厚，不去势组为 1.10 厘米，比去势组低 0.25 厘米；限食组为 1.13 厘米，比不限食组低 0.17 厘米；运动与不运动无差异。方差分析结果，不去势和限食能显著降低活膘。

不去势与去势相比，可降低内脂率 0.65 个百分单位，降低平均膘厚 0.34 厘米，差异显著；可提高眼肌面积 3.9 平方厘米，增加瘦肉量 3.76 公斤，提高瘦肉率 4.56 个百分单位，差异均极显著。

限食与不限食相比，可降低内脂率 0.39 个百分单位，降低胴体膘厚 0.04 厘米，增加瘦肉量 0.86 公斤，提高瘦肉率 1.48 个百分单位；运动与不运动对胴体品质无明显影响。肥育后期限量 11.4% 时，日增重降低 13 克，限量达 14% 时，日增重降低 29 克，经相关分析，日增重与日采食量的相关系数为 0.46[①]。

从交互作用的结果来看，以不限食、运动、不去势日增重最快（627

[①] 熊远著、陈廷济：商品瘦肉猪生产配套技术和繁育体系研究综合试验报告。见：华中农业大学畜牧兽医系、湖北省农科院畜牧兽医研究所编，《商品瘦肉猪生产配套技术和繁育体系研究鉴定资料（1983–1985 年）》。1985 年 10 月。

克），限食，不运动，不去势瘦肉率最高（66.99%），且经济效益最好。因此，对于瘦肉猪，采用后期限食，母猪不去势，公猪适当延迟去势时间，可获得理想的增重效果与较佳瘦肉胴体。

生长发育规律研究

熊远著带领的华农科研小组还进行了各猪种的生长发育规律研究。他们选择了湖Ⅲ 36 头，通城猪、丹麦长白猪各 12 头，公母各半，处于相同饲养管理条件下，试验分初生、15 公斤、30 公斤、60 公斤、90 公斤、120 公斤六个阶段（通城猪设初生、15 公斤、30 公斤、60 公斤、75 公斤五个阶段），每阶段屠宰湖Ⅲ猪 6 头，长白通城猪各 2 头，测定项目为半边胴体皮、骨、肉、脂重及总重量，11 块主要肌肉和 18 块主要骨骼重量，按异速生长方程的生长系数 b 值大小排列早熟顺位。

试验和研究结果表明，眼肌和股二头肌等肌肉对瘦肉增重的影响较大，臂二头肌影响较小。研究发现，湖北白猪眼肌、半腱肌、半膜肌、腰大肌等部位早熟于长白猪，是湖北白猪瘦肉率不及长白猪的重要原因。同理，通城猪各肌肉的发育早熟于长白猪和湖北白猪，特别是后躯肌肉群，这是通城猪瘦肉率低，后躯不丰满的原因所在。这些研究成果为后期"杜湖猪"的育种工作提供了重要参照依据。

作为湖北协作组负责人，熊远著也密切关注着湖北畜牧所展现的试验结果。湖北省畜牧所取 1984 年湖北白猪 V 系 24 头、杜湖猪 24 头、荣昌猪 20 头、丹麦长白猪 16 头，在饲养管理与饲养水平相同条件下进行"杜湖"猪及其亲本对照的后期生长发育规律的研究。研究证明："杜湖"猪肌肉生长的持续期长，45 公斤重时瘦肉率达最高值 67.28%，持续生长到 75 公斤时仍稳定在瘦肉率 66.9%，直到 90 公斤时瘦肉率才降至 62.8%。据此特点可以初步认为杜湖猪 75 公斤以前应给予丰富饲养，以充分发挥肌肉生长的遗传潜力。而下一阶段应采取稀释饲料营养浓度或限制饲养的办法，以达到限制脂肪沉积，进一步提高瘦肉率的目的。该试验初步揭示出瘦肉型猪和地方猪各组织生长规律，为瘦肉型猪育种和饲养提供了理论依据。

活(胴)体估测瘦肉量(率)的研究

利用活体性状估测瘦肉猪的瘦肉量(率),是检测商品肉猪质量的一项重要技术。熊远著团队在这方面也开展了认真的研究。

当时,湖北省畜牧所以"杜湖"猪为标本,设计并度量了15个活体性状自变量,按多元回归分析方法建立了估测商品瘦肉猪的瘦肉量(率)的八个多元回归方程,并从中筛选了两个实用、准确度较高的回归方程[①]。其中就包括熊远著研究团队的成果,即以湖北白猪Ⅳ系60头猪的12个活体性状为自变量配制的六个估测瘦肉率的多元回归方程,从中筛选了一个准确度较高的[②]。这些成果仅用活重和活膘两项指标,其复相关系数可达0.82,具有估测准确性高,简便实用,易推广的特点,为制定商业收购分级标准提供了依据。

此外,在用胴体性状估测瘦肉率的研究中,熊远著直接率领的华农团队在国内首次采用了通过肉骨率性状估测胴体瘦肉率的方法。他领导的科研组用湖北白猪Ⅲ系1至3世代194头猪的12个胴体性状为自变量,配制了九个估测瘦肉率的多元回归方程,并筛选了其中两个较好方程。其中,利用方程"$\hat{y}$(瘦肉率)=2.6717X_1(腰肌率)+0.1920X_6(眼肌面积,平方厘米)+0.5077X_{10}(中躯肉骨率)+19.2028 R=0.90(P<0.01)"[②],科研组只需计算出猪的中躯肉骨率就可对瘦肉率进行估测,且复相关系数达到0.90。

活(胴)体估测瘦肉量(率)的研究和这些估测方程的提出,为基层单位进行科学研究提供了瘦肉率估测的简便方法,并为屠宰场按胴体瘦肉率定价提供了依据。

---

① 其中湖北省畜牧所建立的方程为"(瘦肉量,公斤)=-6.9144+0.615X(活重,公斤)-2.6893X(肩胛后缘与背线垂直离背中线2.5厘米处活膘,厘米),R=0.82(P<0.01)"。

② 熊远著、陈廷济:商品瘦肉猪生产配套技术和繁育体系研究综合试验报告。见:华中农业大学畜牧兽医系、湖北省农科院畜牧兽医研究所编,《商品瘦肉猪生产配套技术和繁育体系研究鉴定资料(1983-1985年)》。1985年10月。

肉质评定方法研究

肉质好坏是瘦肉型猪市场竞争的关键因素,熊远著在完成相关的测试研究后,便投入了这项至关重要的评定方法研究。

华农以湖北白猪、杜洛克、汉普夏、丹麦长白猪及其杂种共 307 头猪为材料,取其背最长肌为肉样,进行了肉质评定的相关测定试验[①]。该试验在测定方法上与全国规定相同,但仅华农对肉色评定采用了英制光电反射仪。协作组的试验结果已表现为领先水平。

通过对试验结果的分析,协作组认为肉色、pH 值、肌肉含脂率和系水力四项是肉质主要评定指标,特别是前三项较为适宜,并针对各主要评定指标提出了相应的测定方法:其中,肉色以反射值较为客观,pH 值应在宰后 1 小时内用 29-A 型 pH 计测定较好,系水力以膨胀压缩仪测定为宜。这些研究成果为进一步确定我国瘦肉型猪肉质评定指标和测定规程积累了经验。

此外,华农在肉质评定方法研究的基础上,还对 1983 年、1984 年两年的湖北白猪及其杂种猪(共 118 头)的背最长肌、股二头肌和半棘肌进行了肉质评定及统计分析。

湖北白猪Ⅲ、Ⅳ系(71 头猪)的各项肉质性状间均有不同程度的相关。其中以肉色与其他肉质性状的相关程度相对较高,因此认为肉色和 pH 值似为肉质评定的主要指标,另外,眼肌内脂肪含量与大理石纹评分也是不可忽视的指标。

对 118 头各品种及其杂种猪进行研究分析发现,胴体性状间也存在不同程度的相关。其中瘦肉量(率)和主要肉质性状呈弱负相关,这一研究成果似乎表明瘦肉量(率)过高时,有可能存在着肌肉颜色变淡、pH 值降低、肌肉水分含量增高的趋势。但从此后两年的研究资料来看,并未发现一头典型的 PSE 或 DFD 肉。相关分析结果还表明,内脂率与肉质性状

---

① 湖北省畜牧所用湖北白猪、丹麦长白猪、大白、杜洛克、监利猪及杜湖、杜监杂种猪共 250 头为材料。湖北省畜牧所 pH 测定采用 29-A 型 pH 计和精密试纸(pH5.4-7.4)

呈中等相关。

"杜湖猪"在杂交组合试验成功后，历经了大量的商业化配套技术研究，包括营养水平、饲养管理、生长发育管理、瘦肉率（量）的测定和肉质品质比对等，终于自信地走上了商品化生产的道路，并在港澳获得美誉，为占领供港活猪市场发挥了无与伦比的作用。

自1983年湖北省浠水滨江农场向香港试销319头"杜湖猪"后，"杜湖猪"便很快走俏港澳市场。"杜湖猪"以其肌肉丰满、瘦肉率高的优良品质，名列内地供应香港商品猪的首位，首次成为畅销港澳的名优瘦肉猪，并得到了外贸部、中国粮油进出口总公司、省外局以及港方的广泛好评。"杜湖猪"与东风公司所产的优质汽车共同成为湖北的名片，获得了"东风车，杜湖猪"的美誉。

"杜湖猪"取代"丹顶鹤"

1983年，在完成配套技术的各单项试验的基础上，按照国家科委总计划任务书和商品瘦肉猪攻关项目若干技术问题的规定和要求，以熊远著为核心的湖北片区商品瘦肉猪攻关试验协作组于1984年完成"杜湖商品瘦肉猪"的中间试验。中间试验要求由4头以上公猪、60—90头母猪配种，用全窝肥育方法测定400头以上肥猪，其生产指标要求在日粮粗蛋白水平低于16%的饲养条件下，猪肉200日龄以内活重达90公斤，料肉比3.7以下比1，瘦肉率56%以上，肉质量好[1]。

中间试验

依据前期杂交组合试验的筛选结果，湖北片区协作组确定杜湖猪为

---

[1] 国家科技攻关项目"商品瘦肉猪生产配套技术及繁育体系的研究"。1984年工作总结，1985年1月24日。

图5-6 熊远著在基地指导工作（右二为熊远著）

最优杂种猪，全窝入试中间试验。

按预定计划，1984年，在湖北省浠水县滨江农场，熊远著带领的科研组应该选2—3个血统的杜洛克公猪与30—40头湖北白猪母猪杂交，选择其中25—30窝约200—250头仔猪进行全窝肥育试验。实际试验过程中，协作组用5个血统的杜洛克公猪与50头湖北白猪母猪配种，用47窝454头断奶仔猪，窝平均体重20公斤入试，90公斤体重结束，规模超过原计划的一倍，事实上增加了考验的难度，但试验结果令人欣喜，在日粮粗蛋白15.66%的饲养水平下，滨江农场的杂种猪仔187.7日活重达90.17公斤，屠宰率72.32%，瘦肉率62.91%（五丰行瘦肉率31.8%）[1]。

1984年9月12日，国家科委和农牧渔业部指派了中国农科院畜牧研究所研究员、全国瘦肉型商品猪攻关组长李炳坦、副组长副研究员赵含章等十四个单位的全国知名专家三十余人前往滨江农场，对"杜湖猪"的中间试验进行了生产现场评定和技术鉴定。专家们一致认为：

①本试验选题正确，设计严谨，方法对头，数据可靠，除所选出较佳杂交组合外，还对瘦肉猪适宜营养水平、生长发育规律等进行了系统的研究，所以本试验具有一定的完整性、系统性和科学性。

②杜湖商品猪的日增重、料肉比、产仔数均达到国内先进水平；瘦肉率和肉质分别达到和接近国际先进水平。

③杜湖商品瘦肉猪在国际市场具有竞争能力，经济效益显著，同

---

[1] 国家科技攻关项目"商品瘦肉猪生产配套技术及繁育体系的研究"，1984年工作总结，1985年1月24日。

意作为重大科研成果,建议大力推广[①]。

熊远著没有骄傲,事实上,为了充分验证"杜湖猪"的性能,试验还须更全面更严格,包括营养水平和不同的亲本横向之间比较。1984年3月至11月,为了充分利用当地饲料进一步探索适宜的营养水平及比较经济的饲粮配方,熊远著又以杜湖杂种猪为试验对象,在滨江农场进行了第二轮探索适宜营养水平的试验,结果表明,只要配以适量的赖氨酸,利用棉、菜籽饼等代替豆饼、鱼粉,同样可以取得良好的饲养效果。

在已进行两轮杂交组合试验的基础上,熊远著带领的科研组又选用滨江农场的长湖仔猪6窝60头,汉湖仔猪6窝67头,杜湖仔猪6窝65头,按中试要求分别以窝为单位进行了全窝肥育试验。试验结果表明,在相同饲养管理情况下,"杜湖猪"日增重达606.2克,分别比长湖猪、汉湖猪高17.82%和6.5%;每增重1活重耗料仅3.27公斤,分别比长湖猪、汉湖猪低15.6%和6.42%;瘦肉率达66.46%(五丰行34.96%),分别比长湖猪、汉湖猪高6.36%和3.13%[①]。由此可见,选用杜湖杂种猪进行中试完全正确,同时在浠水县滨江农场大力发展杜湖杂种猪作为商品猪既可提高商品质量,又可以降低成本。

"5号疾"风波

规模化养殖和试验并非想象中那样顺风顺水。从滨江农场的生产情况来看,自1983年起,华农先后调集滨江农场种猪702头,其中杜洛克种公猪22头,汉普夏种公猪6头,丹麦长白种公猪8头,湖北白猪母猪666头,至1984年底,全场原有公猪全部更换完毕。

养猪生产离不开疾病防控。

1984年的春天,滨江农场猪群中发生了大范围的"5号疾",也就是口蹄疫。口蹄疫属于病毒性疾病,传播速度快且渠道多样,甚至可以通

[①] 国家科技攻关项目"商品瘦肉猪生产配套技术及繁育体系的研究"。1984年工作总结,1985年1月24日。

过空气传播，很难实现完全的隔离与控制。由于国家规定所有同类的口蹄目的产品都不能出境，所以当时疫情并没有公开，也不敢进口有效的疫苗。所以在疫情出现初期，农场的工作人员所采取的应对方法只有捕杀和填埋，造成了 1000 多头猪死亡，直接导致了经济上和科研上的巨大损失。后来，在华农兽医学专家的不懈努力和亲自指导下，熊远著带领的科研组利用康复猪血清成功地控制住了疾病的蔓延，阻止了疫情继续给养猪生产和科研带来更大损失。据统计，一、二畜牧未用康复猪血清，分别死亡猪 900 多头和 400 多头，死亡数均占全群 40% 以上，三畜由于及时用了康复血清，只死亡猪 59 头，仅占全群 5.2%[①]。

经过此次风波，1984 年，滨江农场全年投产的湖北白猪有 327 头，实产仔猪 449 窝，平均产仔数 12.1 头，育成数仍达 9.3 头；共出肥猪 4613 头，出栏率 109.33%，其中出口 4100 头，良种率 82.07%。在养猪生产受到疫情严重影响的情况下，协作组仍超额完成了肥猪出口任务，产值达到 102 万元，毛利 10 万余元，纯利 5.7 万元。到年底，全场存栏猪群共 4725 头，其中杜洛克公猪 14 头，汉普夏公猪 2 头，丹麦长白猪 5 头，生产母猪 510 头（其中湖北白猪母猪 488 头），仔猪 684 头，育肥猪 3511 头[①]。

即使突如其来的疾病让滨江农场和沉湖猪场有些猝不及防，但从中间试验测定的整体情况来看，"杜湖猪"的生产情况仍然是十分理想的。总体上，参加湖北区"六五"中间试验测定的共有 96 窝 856 头"杜湖猪"，达 90 公斤体重日龄为 182.0 天，试期平均日增重 610 克，每公斤增重耗料 3.39 公斤，121 头猪的屠宰结果，瘦肉率 62.37%，肉质良好，肉色评分 3.11，pH 值为 6.12，各项指标均超过总计划任务书的规定[②]。

至此，熊远著率领的协作团队所承担的国家科委下达的国家科技攻关项目"商品瘦肉猪生产配套技术及繁育体系研究"总体任务书所规

---

① 国家科技攻关项目"商品瘦肉猪生产配套技术及繁育体系的研究"。1984 年工作总结，1985 年 1 月 24 日。

② 熊远著、陈廷济：商品瘦肉猪生产配套技术和繁育体系研究综合试验报告。见：华中农业大学畜牧兽医系、湖北省农科院畜牧兽医研究所编，《商品瘦肉猪生产配套技术和繁育体系研究鉴定资料（1983-1985 年）》。1985 年 10 月。

定的 1984 年度中试任务全面超额完成，得到了全国有关专家和领导的一致好评。

这一年，"杜湖猪"不仅在内地深受欢迎，其高产优质的特点也使得它畅销港澳市场，得到了香港五丰行的好评。据香港九龙鲜肉零售商联合会副理事长、中国牲猪贸易有限公司总经理刘少文评价：

> 这种猪（指杜湖猪）猪种好，瘦肉率高，肌肉结实，肉色鲜红，畅销，是香港的名牌产品，完全可以和我国台湾省、泰国猪竞争[①]。

1985 年，"杜湖猪"获准在香港挂牌试销。此时，商品瘦肉猪生产配套技术也已在滨江农场得到贯彻执行并结出了丰硕成果。

示范推广

只有示范推广和规模化生产指导，才能将科研成果推向生产实践，让"杜湖猪"形成更好的品牌效应。

从 1984 年 11 月到 1985 年 10 月，商品瘦肉猪的攻关项目进入到了大群生产示范阶段。攻关协作组两个单位均开始了推广示范活动，湖北省畜牧所在沉湖、青山猪场，华农则在浠水滨江、花湖猪场建立了两个示范片，并建立了杜湖二元杂交的繁育体系，此外还建立和完善了饲料加工、疫病防治、人工授精配套体系。

1985 年年底，华农及湖北省畜牧所建立的生产示范区共出栏肥猪 15510 头，超过计划任务 55.1%，其中杜湖猪 13924 头，占 89.77%。观察群屠宰 64 头杜湖猪，平均头产瘦肉量 40.02 公斤，瘦肉率 61.65%；生产示范群屠宰 61 头杜湖猪，平均头产瘦肉量 39.78 公斤，瘦肉率 62.4%。杜湖肉质优良，肉色鲜红，背最长肌采样品分析：pH 值 6.0 以上，系水力 80%

[①] 熊远著：商品瘦肉猪杂交组合试验综合报告。见《中国工程院院士候选人材料（二）——熊远著代表性论文及其他主要论文目录》，1997 年 3 月。

左右，肌肉含脂量 3.0% 左右[①]。总体来看，生产示范规模和各项技术指标均超过总计划任务书要求。

根据滨江农场及沉湖猪场两个基点三年来"杜湖猪"的生产、销售情况及社会调查等情况来看，"杜湖猪"的经济效益颇为可观：

（1）直接经济效益：据繁殖力试验和中间试验资料，"杜湖猪"每公斤断奶体重的成本为 1.74 元，按每头断奶重 21.77 公斤计算，每头断奶猪成本为 37.88 元，肥猪的饲料成本为 78.03 元。沉湖猪场的饲料外成本每头肥猪平均 43 元，合计每头猪的总成本为 158.91 元。1984 年沉湖猪场每头出口猪的售价为 223 元，扣除成本外，每头出口猪盈利 64.09 元。该场 1982 年亏损 10.7 万元，而 1984 年创税利 11.88 万元，纯利 8.38 万元。滨江农场 1983 年创税利 8.9 万元，比 1982 年增长 15.9%，1984 年创税利 10.6 万元，较 1983 年又增长 19.1%，1985 年获税利 36.7 万元，比 1984 年增长 246.3%。

（2）社会经济效益："杜湖猪"是出口的名牌产品，港商乐意出高价购买，据香港反馈信息：1984 年 1—10 月内地供港活猪 198 万头，良种率只占 15.92%，全国同期试销良种猪 31691 头，良种率 68.24%，其中湖北沉湖、滨江、江北农场试销良种猪 9519 头，良种率 91.46%。每头较一般出口猪多卖 105 港元。

每头 90 公斤活重"杜湖猪"可产净瘦肉 40.19 公斤，较一般肥猪多产瘦肉 10 公斤左右，每头猪在国内市场可多卖 30—36 元。

此外"杜湖"猪生长快，周转期短，提高了百元资金的利润率[①]。

从 1983—1985 年，国家拨给该课题科研经费 38.5 万元，而滨江、沉湖两场共出栏肥猪 33625 头，其中出口 29955 头共创汇约 284.58 万美元，为国家增加收入折合人民币 254.62 万元，青山、花湖两场出口 8721

[①] 熊远著、陈廷济：商品瘦肉猪生产配套技术和繁育体系研究综合试验报告。见：华中农业大学畜牧兽医系、湖北省农科院畜牧兽医研究所编，《商品瘦肉猪生产配套技术和繁育体系研究鉴定资料（1983-1985 年）》。1985 年 10 月。

头,为国家增加收入 74.13 万元。此外,瘦肉量的增加及瘦、肥肉差价的增加,为社会增加收益 181.31 万元。三年共为社会增加收益 500 余万元[①]。

湖北省商品瘦肉猪生产配套技术和繁育体系研究技术鉴定专家组对试验现场和生产出口的有关数据资料进行了认真的审查,他们认为:

> 本试验技术路线、研究方向正确,试验设计合理,科学性较强、配套技术较全面,试验数据统计分析可靠;本试验具有一定理论价值和实践意义。"杜湖"商品猪畅销港澳市场,经济效益显著,各项指标均已完成或超过总任务书的要求,在国内处于先进水平,有些指标达到国际水平。一致同意验收,并建议作重大科研成果上报,希望今后进一步完善生产配套技术和体系,加速此项成果推广,促进商品瘦肉猪的更大发展![②]

到 1987 年,该项成果已推广到湖北、湖南、江西、广东四省 36 个县市及 15 个大型国有农场共 60 多个商品生产厂家,在湖北省内建立了"杜湖猪"生产繁育体系,并拥有了年产 20 万头"杜湖"商品瘦肉猪的生产能力。据香港反馈信息,1987 年全国出口猪良级率平均为 25.15%,"杜湖猪"为 95.91%,累计创汇 3.6 亿美元,其中湖北省为 2.4 亿美元,为该省优质商品瘦肉型猪生产和创汇产业作出了杰出贡献[③]。

"杜湖猪"也为熊远著和他的团队带来了众多的荣誉。

1985 年,"杜湖猪"因其优良的性状获香港猪栏栅会金牌奖以及外贸部门金杯奖、国家三委一部奖(国家计委、经委、科委、财政部)。

1988 年,"杜湖"商品瘦肉猪生产配套技术和繁育体系研究获湖北省科技进步奖一等奖、国家科技进步奖二等奖(主要合作者:刘净),并被

---

① 杜湖猪畅销港澳市场的有关证明材料,1985 年。
② 干部人事档案 4-5,高等学校教师职务任职资格申报表,1986 年。存于华中农业大学人事处档案室。
③ 湖北省科学技术奖励推荐书,2004 年 4 月 25 日。

列入国家"八五""九五"重大科技成果推广项目。

至此,"杜湖猪"得到了国家科技部门和经济市场的双重肯定。

瘦肉猪新品系的培育

杜洛克猪新品系

为了适应现代商品瘦肉猪生产的需要,世界各国的养猪界科学家们致力于通过培育各具特色的专门化品系,进行多品系间综合配套杂交利用,生产高效优质的商品瘦肉猪。熊远著及其团队在湖北省科委的组织协调下,完成湖北白猪和中国瘦肉猪 D Ⅳ 系母本品系选育研究任务后,又于 1987 年承担省科委重点项目"杜洛克新品系"父本品系的选育研究。

杜洛克猪是世界公认的用作杂交父本的品种,于 19 世纪 60 年代在美国东北部由美国纽约红毛杜洛克猪、新泽西州的泽西红毛猪以及康乃狄格州的红毛巴克夏猪杂交育成。杜洛克猪初育成时是脂肪型猪,后来为适应市场需求,改良为瘦肉型猪。这个猪种于 1880 年建立了品种标准,是当代世界著名瘦肉型猪种之一。

2000 年,熊远著等人在《瘦肉猪新品系持续选育与杂交配套研究报告》一书中记载了有关杜洛克猪新品系的各种性能特征:

> 杜洛克新猪品系的选育是从美系杜洛克猪群中,选择优秀个体组建杜洛克猪新品系基础群,采用先进的育种方法,经过三个世代选育,品系群日增重 715 克,达 90 公斤,胴体瘦肉率 63.24%,具有腿臀丰满、肌肉发达的优点,深受市场欢迎。[①]

---

① 邓昌彦、熊远著等:瘦肉猪新品系持续选育与杂交配套研究报告.《华中农业大学学报》,2000 年增刊,第 4—10 页。

杜洛克猪新品系自 1987 年组建基础群以来，采用群体继代选育法，一年一个世代进行繁育。杜洛克猪新品系的育种目标是：根据专门化父本品系选育特点和数量遗传学理论，针对杜洛克品种特性和国内外市场对商品瘦肉猪的质量要求，确定主选

图 5-7　杜湖商品瘦肉猪（1987 年获湖北省科技进步一等奖，1988 年获国家科技进步二等奖）

遗传力高的活体背膘厚度和遗传力中等日增重两性状。课题要求新品系育成后，胴体瘦肉率达 64% 以上，日增重达 700 克以上。为此，熊远著及其团队对湖北黄陂、三湖农场以及河南唐河等地杜洛克猪的生产性能以及中国武汉种猪测定中心对杜洛克猪测定的结果进行了全面调查分析，在此基础上初步制定了杜洛克猪新品系的选育方案，并经过有关专家的论证。方案确定了品系选育具体目标，建系方法以及基础群规模和主要选择措施[①]。

杜洛克猪新品系的选育方法主要是在其基础群上，实行多世代闭锁繁育选育，中途不引入外血，并坚持一年一个世代，头胎留种，秋配春产，各世代公母猪数与基础群规模基本相同，在开始一、二世代实行限制半、全同胞交配的随机交配，并使每头公猪配基本相等的母猪数，以利基因重组，三世代以后实行无限制的完全随机交配，以加快基因的纯合。

具体的选育措施有：

（1）突出父本品系特点，根据近代遗传育种理论，选择遗传力较高的背膘厚度和中等遗传力的平均日增重这两个性状的选择，一方面可以间接地提高难以度量的胴体瘦肉率和饲料利用率。另一方面，由于这两个性状

---

①　熊远著、邓昌彦、吴梅芳等：杜洛克猪新品系选育研究.《养猪》，1994 年第 1 期，第 28 页。

遗传力高，且易度量，可以提高选择的准确性，取得一定的选择效果。

（2）按照选育方案，严格地进行种猪性能测定和各阶段的选育方案，对各世代猪群进行严格测定。2月龄时，于断奶育成数在5头以上，从同窝无遗传缺陷的窝中，每窝选取1头公猪，2—3头母猪参加性能测定，每个父系半同胞选留2头（1阉公、1母）送武汉种猪测定中心进行同胞肥育测定，各测定猪的出生日期前后都在两个情期内，于45日龄断奶后在原栏继续喂养到60日龄转入测定舍，饲喂过渡期饲料，并完成驱虫与预防注射，75日龄正式进入测定，性能测定公猪采用单栏喂养、单栏记料，同胞肥育测定猪每栏2头，按栏记料，母猪每栏6—8头，测定期间各类测定猪饲养水平相同，均置于同类测定舍中，并固定专一饲养人员与测定人员，饲养方式采用干粉料自由采食和自由饮水。

（3）加强测定猪的培育，充分发挥其遗传潜力：任何性状的表型值，都是遗传与环境共同作用的结果，根据"良种良育"的经验以及基因型与环境互作的原理，在测定猪进行了不同能量、蛋白质、赖氨酸水平、赖能比、赖蛋比的饲养试验，初步摸索了一个比较合理的日粮配方，加强了对后备测定猪的培育，以充分发挥其遗传潜力。

（4）保留少数优秀个体，适当进行世代重叠，提高群体增效基因频率。杜洛克猪新品系是在纯种的基础上进行的品系选育，为了提高群体增效基因频率，提高生产性能水平，在品系选育过程中，适当采取了世代重叠，将上一代生产性能特优、选择指数高的少数个体留下，加入下一世代品系群继续繁育，以扩大优秀个体的影响，提高群体高产增效基因频率[1]。

在杜洛克新品系选育过程中，熊远著及其团队边选育边推广，在1987—1991年的五年内，共向湖北省内70多个专业性出口猪场提供杜洛克种公猪2143头，在湖北省内推广面由1987年的47.6%上升到1991年的90.8%；向省外12个省市推广种猪1200余头。1990年可配母猪3.35万头，年生产出口商品猪可达50万头，其中湖北省32万头，省外18万头，由于杜洛克新品系种猪质量不断提高，商品猪的质量也得到提高，湖北省

---

[1] 熊远著、邓昌彦、吴梅芳等：杜洛克猪新品系选育研究．《养猪》，1994年第1期，第29页。

外贸出口猪良种比率由 1987 年的 43.11% 升到 1991 年 72.51%。倘若按每头商品猪（仅杜洛克）新增利润 10 元计，省内每年新增利润 320 万元，外省 180 万元，取得了较好的社会经济效益。

1991 年 11 月，杜洛克猪新品系通过鉴定。

图 5-8　皮特兰公猪

1992 年 8 月，杜洛克猪新品系选育成果获得湖北省科学技术进步奖二等奖。

此外，熊远著还积极响应有关英系大白猪种群建设以及华贸父系的培育试验。其中，华贸父系是用世界上瘦肉率最高的猪种皮特兰[①]作为母本，与杜洛克公猪进行不同方式的杂交，培育出华贸杂交父本品系作出口活猪。

华贸父系具有生产性能优异、杂种优势明显、杂交效果好等特点，作为生产商品猪的杂交父本，有着广阔的推广应用前景，既可用作生产出口活中猪，又可用于生产出口活大猪，是一个理想的杂交亲本。虽然皮特兰的胴体瘦肉率达 70% 以上，但皮特兰猪应激敏感性强，氟烷阳性率高达 80% 以上，在驱赶、转群、运输、配种过程中死亡率高，同时 PSE 肉的发生率较高，这在很大程度上影响了对该品种的直接利用。由于猪的应激敏感基因与胴体瘦肉率呈高度紧密连锁关系，所以为了合理开发利用皮特兰猪高瘦肉率的优良特性，熊远著和团队采用了抗应激手段克服其应激敏感性强的缺陷。

---

① 皮特兰猪（Pietrain），原产于比利时的布拉邦特市，是由法国的贝叶杂交猪与英国的巴克夏猪进行回交，然后再与英国的大白猪杂交育成的，主要特点是瘦肉率高，后躯和双肩肌肉丰满。

第五章　"杜湖猪"及瘦肉猪多元配套体系

第六章
种猪测定与肉质检测

首家种猪测定中心和质检机构落户华农

20世纪70年代，随着我国猪育种工作逐渐向瘦肉型猪育种方向转变，劣质猪肉相继出现并严重冲击猪肉市场。为了解决猪肉的肉质问题，熊远著前后十余次远赴欧美、巴西等地考察学习。这些经历让他认识到，要进行瘦肉猪肉质改良，首先要改良猪品种，而改良猪品种过程中，种猪测定工作又是基础而重要的。

有关种猪测定的早期经验包括两次关于种猪资源的调查，但系统成熟的思考还因为在海外的见识，其中特别值得一提的是丹麦的养猪事业。

19世纪末的丹麦，猪肉除了要满足国内需求之外，还向英国提供大量的腌肉。丹麦猪育种工作者在1896年就开始建立了第一个育种群，并成立了全国育种和生产委员会指导育种工作。在1898年登记了12个大白猪群和50个兰特瑞斯群。丹麦将全国的育种区分为九个地方分会，每个育种区又把育种群划分为核心群、繁殖群和生产群，这就是著名的金字塔式繁育体系。丹麦于1907年建成世界上第一个种猪后裔测定站，标准化的测定项目和先进的技术为丹麦的养猪育种事业铺平了前行的道路。其中核心群中有关猪日增重、饲料转化率和胴体品质的选择的测定，都以同胞和后裔测定结果为依据，这些测定在专门的测定站进行。

经过一百年的发展，到20世纪末，丹麦四个测定站年容量高达10000—16000头测定猪，肌肉品质研究则集中在国家肉类研究所进行，国家动物研究所负责有关测定站的实际测定工作。至此，丹麦开始了在遗传育种计划下进行系统正规的种猪测定工作。尽管这种测定工作随着科学进步在不断地改进与演变，但丹麦长期坚持这项工作，最终用实践证明他们取得了世界瞩目的成效，也育成了世界著名的丹麦长白猪。

养猪界中最早去丹麦考察的前辈是张照先生[1]。他在丹麦期间基本上将丹麦全套的育种工作流程都进行了考察，并在考察期间留下一张张很小的照片作为记录。张照先生回国后，在整理考察记录的基础上著成《丹麦的养猪业》一书。总的来说，这次赴丹麦考察是一次技术性考察，为后来我国养猪学界长期与丹麦养猪界的交流合作做了铺垫[2]。

接下来便是熊远著多次的赴丹之行，其主要目的是考察丹麦的猪育种和种猪测定工作，并从丹麦引种回国。熊远著深知出国考察的重要性，他在考察前详细地制定了考察提纲，其中包括了明确的考察目的：

（1）观察和学习丹麦建立种猪测定站的经验与先进科学技术；

（2）在观察丹麦种猪测定站和有关仪器设备生产和可能提供程度，以及仪器性能规格等基础上，以落实利用丹麦贷款确定引进仪器和设备；

（3）通过观察促进丹麦和中国科学技术的交流与两国人民间的友谊。列出详细的考察时间和地点："观察时间：一个月左右；观察地

---

[1] 张照（1913年8月-？）生于江苏省无锡市，我国著名的畜牧学家，养猪界前辈学者。参与制定我国地方猪种类型划分体系，参与主持中国主要地方猪种种质特性研究，长期从事我国猪种的选育工作。

[2] 赵书广访谈，2016年4月26日，北京。资料存于采集工程数据库。赵书广（1932-），畜牧专家，现任中国畜牧兽医学会（高级会员），养猪学分会名誉理事长、《今日养猪业》名誉主编，著有《中国养猪大成》《养猪生产技术手册》《科学养猪之路》等著作。与熊远著长期有合作往来，并共同参与了"中国瘦肉猪母本新品系D Ⅵ选育及配套研究"等项目。

点：丹麦皇家兽医农业大学、丹麦兽医农业畜牧学校、丹麦动物研究院、丹麦中心测定站、丹麦肉类评定中心和肉质测定中心、丹麦兽医中心和 S. P. E 实验室、丹麦肉类加工厂、丹麦有关仪器设备制造厂以及丹麦种猪、种牛核心群[1]。"

当时赴丹麦考察的具体内容涉及十二个方面：

①种猪测定站的组织与规章制度、工作任务和范围，猪种来源；
②种猪测定站的测定制度、技术规程和有关记录；
③种猪测定站良种管理、档案（系谱测定结果）管理、资料信息存储与资料分科；
④种猪测定站采用的遗传系统和选择系统；
⑤种猪选育方案、测定的性状与方法以及使用的仪器设备，有关的科学研究结论；
⑥种猪繁育体系与管理；
⑦种猪利用与杂交；
⑧种猪核心群的饲养与管理；
⑨丹麦种猪的有关早期选择，如血型系统、生理生化方案；
⑩种猪测定站的内部设施及自动食槽、饮水、饲料及粪便的清理；
⑪商品猪生产；
⑫活体估测瘦肉率的技术与设备[1]。

从这些原始记录可见，熊远著对种猪测定给予了足够的重视，在一些考察学习的规划和预期中，有关种猪测定的规程和技术，已然成为他的首要目的。

---

[1] 熊远著：关于赴丹麦考察的提纲。未刊稿。资料存于采集工程数据库。

1984年，从丹麦回国后的熊远著一方面马不停蹄地投入养猪育种工作中，在国内积极规划建立起一批引进种猪育种核心群；另一方面，他综合考虑我国的养猪现状，主持建立起我国第一个种猪测定机构——中国武汉种猪测定中心，同时也制定出适合我国国情的种猪测定制度和技术规程。熊远著强调：

> 不同的测定制度由于选种准确性、选择强度与世代间隔不同，所获得的遗传效果差别也较大，所以我们必须根据自己国家的实际情况慎重地制定测定制度。

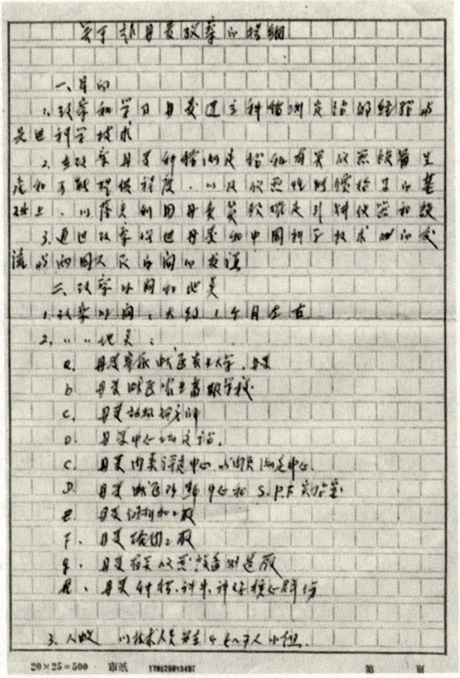

图6-1 熊远著"关于赴丹麦考察的提纲"手稿

武汉种猪测定中心的成立

19世纪大众对猪的选择标准，一般是选择具有较高脂肪沉积能力和较高屠宰率的猪，以便满足人们对能量和蛋白质的需求。那么当时的种猪选择方法主要是基于经验之上，依赖于系谱、外形和育种者识别能力对种猪进行鉴别选择。

但是到了19世纪末20世纪初，由于工业的进步，人们劳动强度发生变化，人们的生活水平逐渐提高，对猪肉的食品价值定位也在发生改变，能量获取已退居其次，开始将其视为高质量的蛋白质来源，因此对种猪的选择也不再单一，而是分化为更加专门化的类型。这时依据传统的经验鉴定（如外形评定）对于猪肉性能的估测就显得力不从心，并且鉴别结果也十分不准确。因此，养猪育种者迫切希望能借助一些高精度的科学性测量手段对猪的性状进行鉴定和甄别，对猪肉的品质进行科学测定。

1980年，为了学习国际上先进的养猪理论与技术，中国粮油食品进出口总公司（中粮）携团赴欧美考察。经过一段时间的参观学习，考察团发现养猪业发达的国家有一个共同点，他们不仅建立了核心场，而且还建有一个专门的技术机构，定期对种猪进行集中测定，指导种猪的选育改良并提供技术服务。这正是当时我国养猪界内最需要改进的方面。国外的技术机构往往依托大专院校或科研单位的技术力量而建立，其职能就是进行种猪性能测定。

种猪测定[①]指的是按照一定的测定方案，将种猪置于相对一致标准化环境条件下进行度量的全过程，其中还包括对所得测定信息进行分析归纳，如根据测定结果按标准进行评估、分级和良种登记等。

中粮总公司在结束1980年的国外考察之后，1981年，熊远著赴外作系统考察，1982年，中粮总公司到华中农业大学进行实地考察准备筹建种猪测定中心，并与华中农业大学签订了《关于建立种猪测定站的议定书》。随后，中国武汉种猪测定中心在国家外贸部门和华中农业大学的支持下开始立项筹建，并在同年争取到第三批中丹政府贷款1000万丹麦克朗，引进了先进的仪器设备。

1985年6月，在各方的努力争取之下，以熊远著为带头人的中国第一个种猪测定中心——中国武汉种猪测定中心于华农正式成立，并在同年开展了首次种猪集中测定工作。武汉种猪测定站作为全国的第一个测定站，自成立起就负责了全国范围内的种猪测定工作，直到后来广州测定站的建成，两家测定中心才各自明确测定范围：武汉测定站负责北方的种猪测定工作，广州的种猪测定站负责南方的种猪测定工作。

武汉种猪测定中心总占地约53000平方米，基建面积约5000平方米，建有实验楼、国家种猪测定中心、屠宰测定间、饲料加工舍等，共引进价值近710万丹麦克朗和130多万法郎的先进仪器设备，其中包括种猪测定

---

① 熊远著：《种猪测定原理及方法》。北京：中国农业出版社，1999年，第16页。

图 6-2　1985 年熊远著与出国访问者在武汉种猪测定中心门前面合影（后排右二为熊远著）

设备、肉质检测设备、营养检测设备、屠宰测定设备等，如 ACEMA64 自动饲喂测定设备、活体测膘仪、原子吸收分光光度计、PCR 扩增仪等，这些仪器设备能满足种猪测定和质检需要。

测定中心的主要工作任务包括：种猪性能测定、饲料样品检测及猪营养水平的研究、肌肉品质评定、猪活体及胴体性状评定方法的研究、种猪测定与检测标准的制定、技术培训与咨询服务等。

测定中心在管理方面实行全面质量管理原则，并充分发挥质检机构"规范市场、扶优治劣、引导消费、服务企业"的职能；坚决维护国家、消费者、合法生产者、合法经营者的利益，促进生产、贸易和科学技术的发展。测定中心在熊远著的直接领导下，经过多年的工作积累和人才培养，组成了一支结构合理、具有良好实践经验的技术队伍。

熊远著对种猪测定工作有着敏锐的洞察力和判断力，这与他早年（1979—1984 年）经历过两次跋山涉水、走村串户的猪种资源调查工作密不可分，正是这两次艰苦的实地调研经历，让他切身领略到我国猪种资源的丰富，了解到一线养猪生产的实际境况，也积累起手工测定时期的丰富

第六章　种猪测定与肉质检测

经验。同时，熊远著在考察期间十分重视原始观测材料的收集，这些原始数据犹如猪育种研究取之不尽、用之不竭的数据宝库。

因此，那时他常常这样告诫自己及团队成员：

> 我们一定要重视对原始数据的记录和整理，采集到的数据要及时整理归纳，同时采集的信息一定要保证数据的准确性和完整性，只有这样我们得到的有关猪性状测定的信息才是有参考价值的，否则我们所做的一切测定工作便是毫无意义的[①]。

熊远著认为，我国的养猪背景和地方品种与国外有着明显的不同，因此要按照我国的国情和需求来进行测定工作的开展。他强调测定中心的主要目的有以下几个方面：首先是实现对种猪的各种性能进行科学鉴别，其次是希望依据遗传学的相关理论，按猪肉的改良计划和育种目标，设置标准化的条件，准确度量评定种猪，使猪某些需要改良的性状得到最大的遗传改进。基于多次出国考察的经验，以及本国的猪种资源调查的经验，将国内的经验与国外的先进技术理念结合，制定出适合我国种猪测定的整套测定方案与技术规程。

测定中心自 1985 年建成以来，先后对全国特别是华中地区引进种猪进行了集中测定和现场测定，对全国 40 多个规模化种猪场进行了种猪行业质量统检，并承担完成了历年"中国国际农业博览会种猪类产品名牌认定"的现场检测工作等。同时还成功举办了展销会，先后举办了 18 期全国及省市种猪测定技术培训班，共培训了 3000 余名学员。

种猪测定对猪的遗传育种改良具有十分重要的意义，按现代遗传育种学观点，没有种猪测定便没有猪的遗传改良。性状的表现都是遗传和环境共同作用的结果，所以要改良这些性状首先要有这些性状的优异遗传基础，并且要给予适宜的饲养和管理条件，让这些性状的遗传潜力能充分发挥出来，在此基础上通过多世代不断选择，才能使猪的优良性状得到

---

① 熊远著访谈，2016 年 1 月 26 日，武汉。资料存于采集工程数据库。

巩固和提高。这种选择应尽可能根据育种值来进行，因为只有根据育种值选择，才能在下一代的遗传上得到改进。而育种值只能根据表型值来进行估计，这就必须精确测定表型值，以表型值为依据来用正确方法估计育种值。这样，对一个或几个性状连续地按一定方向选择就有可能使这一个或几个性状的均值向我们预定的目标移动，这就是遗传进展或遗传改进。多年来随着数量遗传和群体遗传学的兴起和发展，测定种猪表型值的手段、设备及技术的改进与更新，特别是计算机技术在育种中的应用，开展种猪测定对选择效果和遗传改进更具十分重要的作用和意义。

测定是为了评价、改良、锁定和提高，终究是为了优秀的猪肉品质。随着我国猪育种工作的蓬勃发展和大量外国种猪的引入，为充分发挥中国武汉种猪测定中心在猪育种中的作用，熊远著积极争取农业部的支持，争取在测定中心之外另外建设针对肉质的监测中心，从专业机制上规范国内养猪市场，推进育种事业向更高层次发展。

1994年1月，根据农业部（1991）农（质监）字第60号文，依托华中农业大学，在中国武汉种猪测定中心的基础上筹建的我国第一个专业性种猪质检机构——农业部种猪质量监督检验测试中心（武汉），通过了农业部组织的机构审查认可和国家计量认证，成为我国第一个经农业部授权、通过国家计量认证、具有第三方公正地位的部级专业质检机构，并于2002年再次顺利通过了农业部组织的复查换证现场评审。

武汉种猪测定中心的主要任务

武汉种猪测定中心（以下简称"中心"）作为我国第一个国家级的种猪测定平台，将养猪理论与具体的养猪生产实践紧密结合，是我国养猪界首个"产学研三位一体"的高水平实践平台，受到了国家与行业的高度重视。"中心"的主要任务包括五个方面，分别是种猪及商品猪的测定、动物营养、猪病检测与健康、基因型检测以及社会服务：

（1）种猪及商品猪的具体检测分别包括：①种猪生长性能：日增重、达目标体重日龄、活体膘厚、八项体尺指标等；②繁殖性能测定：总产仔数、产活仔数、产仔间隔、21日龄窝重、哺育率等；③胴体性状检测：宰前活重、胴体重、屠宰率、胴体长、平均背膘厚、皮厚、肋骨对数、眼肌面积、腿臀比例、瘦肉率、肥肉率、皮率、骨率等；④肌肉品质检测：肉色、肌肉pH值、系水力、肌内脂肪、肌肉水分、滴水损失、大理石纹、肌肉嫩度；⑤肌肉营养检测：氨基酸、脂肪酸、游离脂肪、蛋白质、肌纤维；⑥精液品质检测：种猪常温精液全项指标；⑦生长性能检测。

图6-3 猪的生长性能检测

（2）动物营养检测分别包括：①饲料营养检测：粗蛋白、粗脂肪、粗纤维、粗灰分、水分、盐分、钙、磷、铜、铁、锌、锰、碘等微量元素、氨基酸、维生素、硒等；②饲料安全检测：铅、镉、玉米赤霉烯酮、黄曲霉毒素B_1、呕吐毒素、T-2毒素等；③添加剂：益生菌、酸化剂、酶制剂。

（3）猪病检测与健康分别包括：①猪病病原检测：猪瘟病毒、猪蓝耳病病毒、猪伪狂犬病病毒、猪圆环病毒2型、猪细小病毒、猪附红细胞体等；②抗体检测：如猪瘟抗体、猪蓝耳病抗体、猪伪狂犬病抗体；③微生物鉴定及药敏分析；④种猪健康评估模型。

（4）基因型检测分别包括：①繁殖性能相关基因检测：猪雌激素受体和卵泡刺激素β亚基单倍体型（FSHβ）；②氟烷基因型检测：Hal genotype。

（5）提供社会服务。在科研方面，中心也确定了主要研究方向，承担相关测试任务：①肉质及其成分：主要包含猪肉中氨基酸、脂肪酸、微量元素如锌、铁、硒等营养成分的检测；②高效准确检测方法：利用肉类快速成分分析仪，针对猪肉中的脂肪、水分、蛋白、胶原蛋白进行快速检测；

③动物营养调控与繁殖机能研究、生长发育、肌肉风味及营养物质、繁殖、泌乳性能、肢蹄健康，精液品质（ATP）有关的营养平衡及其调控技术、微生态免疫调控技术、动物最适营养模型研究①。

"中心"的测定方案包括现场测定和集中测定②两种。

图6-4 2012年1月19日猪的胴体品质检测

为了保证种猪测定的效率和价值，被测种猪需要满足一定的条件与要求才能获得集中送测的资格，对此，熊远著带领"中心"科研工作人员做出了具体的规定。首先是对送测品种的要求，集中测定品种为国家级、省级或其他重点猪场饲养的引进品种、培育品种（或品系），每个品种（系）应有5个以上公猪血统和80—100头以上的本品种基础母猪群。其次是送测个体要求，送测猪应品种特征明显，来源清楚，有个体识别标志，并附有系谱档案记录，须有二代以上系谱可查，有出生日期、初体重、断奶日龄、断奶重等记录；送测猪应发育正常，体重20公斤（约8—9周龄），同窝无任何遗传缺陷，肢蹄结实，每次有效奶头不少于6个，窝产仔数达到该品种标准规定的合格及以上；

图6-5 1990年3月1日，熊远著在养猪场考察种猪质量

---

① 付雪林，农业部种猪质量监督检验测试中心（武汉）工作简介（PPT），2014年9月。
② 熊远著：《种猪测定原理及方法》。北京：中国农业出版社，1999年。

第六章 种猪测定与肉质检测 *145*

同一批送测猪出生日期应尽量接近，先后不超过 21 天。送测猪应经当地技术人员和中心测定站派出的技术人员核实签字后方能发往中心测定站。

通过总结多年的猪育种及种猪测定工作的经验，熊远著认为测定工作应该注意以下几个问题：

第一，测定方案应以使用面广的几个引进品种为主，而地方品种的测定和选择方案却应当另行制定，应以保持地方品种的优异特性为主；

第二，测定中除了考虑种猪的日增重和瘦肉率以外，同时还应充分考虑种猪作为有生命的动物机体所具备的一些适应能力，如体质、体形、肢蹄结实度、应激敏感、繁殖力以及作为食品需要的肌肉品质、肌内脂肪含量等各方面的性状；

第三，要推广 BLUP 法育种软件系统的使用，同时要求测定中保证性状度量准确，记录正确以及饲养要科学合理等；

第四，防止选种中出现偏选，如单方面强调生长速度的快，往往会使猪的肢蹄出现问题，又如我们要求"双脊"（实际是背最长肌特别发育而形成脊沟）和丰臀的选择，但过度要求，会使得种猪后肢负担过重，易产生应激敏感；

第五，在测定过程中注意原始数据的记录和分析汇总，首先是建立猪的良种登记制度，有利于规范种猪管理，提高种猪质量，有利于加快优良基因的扩散；其次，在注意数量性状选择的同时，也要注意遗传缺陷登记和淘汰，以免造成遗传缺陷的扩散，事实上，20 世纪 90 年代这一问题在丹麦就表现得较为突出。

熊远著主持设计、建立的武汉种猪测定中心，实现了对我国引进的核心种猪群进行集中测定，提高了亲本品种与质量，这对在全国规划建立 70 多个供港活猪基地，形成生产优质瘦肉商品猪的繁育体系，提高内地供港活猪的竞争力和良种率具有重要的基础性意义。

彭中镇在其《改革开放以来我国猪育种工作进展》中提到武汉种猪测定中心对于养猪事业发展的重要性：

自 2001 年在新建的测定站启动了种猪的中心测定工作，测定中心对本省和周边省份引进品种公猪进行了每年一期的集中测定,并在每年10月举办"湖北省种猪拍卖展销会"。实践证明,种猪测定中心的集中测定,推动了种猪质量的提高,对于场内性能测定也能起到指导和规范作用[1]。

"现场测定为主,集中测定为辅"的种猪测定制度

1957—1978年,这二十余年中的猪肉胴体品质测定和肉质改良,主要是依据同胞测定,所以这一阶段实施的是同胞与后裔相结合的测定制度。其中,20世纪40—70年代,由于遗传学概念的产生和数量遗传学的发展,特别是70年代超声波成功地用于活体测膘后,丹麦在农场和测定站的测定中都先后开始转向性能测定。同一年代的英国、美国、加拿大也都转为以公猪性能测定为主,与同胞测定相结合。可见单一的测定是不可行的,大多是实行两种以上相结合的综合测定制度[2]。

种猪测定制度包含了种猪测定方案、测定规程、测定信息与测定结果使用等方面[2]。按种猪选种中测定项目的不同,种猪测定制度又可分为以下四类:种猪生产性能测定(performance testing)、同胞测定(sib testing)、后裔测定[3](progeny testing)和综合测定(combined testing)。根据测定方式、测定场所、测定结果及应用范围的不同,测定制度又可分为测定站集中测定(testing on central station)和农场(现场)测定(testing on farm)。由于不同的测定制度的选种准确性、选择强度与世代间隔不同,因此世界各国都在根据自己国家的实际情况慎重地制定自己的测定制度。

美国实行的就是将集中测定与农场测定相结合的测定制度。

---

[1] 彭中镇:改革开放以来我国猪育种工作进展。见:中国畜牧兽医学会养猪学分会、中国农机学会机械化养猪协会编,《养猪三十年记——纪念中国改革开放养猪30年文集(1978-2007)》。北京:中国农业大学出版社,2010年。

[2] 熊远著:《种猪测定原理及方法》。北京:中国农业出版社,1999年。

[3] 后裔测定,指主要依据后裔的生产性能和外貌等特征来估测种畜的育种值和遗传组成,以评定其种用价值,后裔测定是家畜选种的重要方法之一。

（1）集中测定，是将育种群种猪集中送到中心测定站，在标准化条件下进行测定，测定结果信息发布并应用于全国。经测定的优良种猪通常会引入人工授精站或返回本场，也可通过拍卖形式引入到其他育种群。从理论上讲，测定站的集中测定数据相对比较准确，测定效率也是最好的。测定站能严格控制各项条件标准化，可以充分发挥设备和技术优势，严格执行测定规程，有利于各核心群间的比较，测定结果具有公正性和权威性，但缺点是容量有限，且运输和兽医防疫隔离等将会增加测定的费用和成本。

（2）现场测定（又称农场测定），是指通过利用本场设施和技术力量，按全国或某一区域统一规定的方案和技术规程就地测定，测定结果主要用于本场的种猪选择，这就要求农场必须增加测定设施的基本投资。现场测定有利于本场种猪的选择和更新，可以扩大测定公、母猪数量，能够减少费用，同时没有运输和疫病隔离的麻烦。相比集中测定，由于涉及本场干扰，农场测定具有一定的缺陷，如操作检测方法不规范，缺乏一定的公正性和权威性以及与其他农场的可比性。

总体来说，集中测定和现场测定两种方法各有优势。基于对测定结果准确、公正、权威性的严格要求，和我国地域辽阔、种猪测定量大的实际困难，熊远著带领的中国武汉种猪测定中心在测定方法的选择上，根据实际情况，充分发挥两种测定方法各自的优势，采用了"现场测定为主，集中测定为辅"的种猪测定制度。

（1）现场测定方案。种猪场根据"中心"制定的统一测定方案进行测定，主要进行后备公、母猪的性能测定，包括的性状有2—6月龄平均日增重、85公斤时活体膘厚。测定结果用于本场的后备猪选择，同时将测定结果提交"中心"综合公布。当时，分别在湖北黄陂外贸种猪场、浠水长流种猪场、河南正阳外贸种猪场等地实施此方案。

现场测定的职能与任务：①在测定站的指导下，按本场育种计划和统一规定的测定方案和技术规程进行测定，配备必要的测定技术人员和测定设施，测定结果提交测定站审定确认公布，并纳入良种登记；②接受和执行测定站集中测定和复检测定的要求；③按测定站方案实施本场公、母猪的性能测定，主要测定日增重，一般在85公斤或95公斤时进行称重和超声波测膘，并按规程在90公斤或100公斤活重时校正所有数据。农场测定一般不进行屠宰以及胴体品质和肉质测定，但测定并记录繁殖力，登录遗传缺陷。

（2）集中测定方案。各种猪场在规定的时期（约每年5月初至中旬，或12月初至中旬）内将测定猪送至"中心"，一般每个场每年送3—4个血统种公猪（所交配的窝），每头公猪配3头核心群的母猪，每窝随机选择一公猪、一去势猪和一母猪作为一个测定组。送至"中心"的体重约为20—25公斤（约75日龄），经一周隔离和环境适应后，体重约25公斤时进入试验，90公斤时结束。测定组的公猪单栏饲养，其余的同胞关在一个栏内，进行同胞肥育测定。主要度量的性状有25—90公斤平均日增重和饲料效率；90公斤时测定活体膘厚（定位于最后肋骨离背中线4—6厘米处，用超声波测膘仪）。同胞测定猪达90公斤时空腹24小时称重（即空腹重），并屠宰，左片胴体进行胴体分离，右边胴体进行有关性状的测量，包括胴体重、胴体长、背膘厚、眼肌面积、腿臀比率等。屠宰后半小时内取完整半棘肌、背最长肌、股二头肌，送至肉质评定实验室，进行肉质测定，测定指标为水分、系水率、柔嫩度、色值、pH值和肌肉脂肪含量。

集中测定的职能与任务：①在农业部行业主管部门领导下，协助、参与种猪育种规划和种猪良种繁育体系建设计划，协助贯彻执行种猪管理条例和实施细则；②在农业部领导下制定种猪场分级标准、种猪测定规程、品种标准及其他有关技术标准，并负责定期组织修订；③对国家或省级重点种猪场的核心群按血统进行集中测定，实施公猪性能测定和同胞的生长肥育测定与胴体品质、肉质测定，并公布测定结果；④对国家与省级种猪场核心群同步进行种猪性能测定，指导并提供测定方案、测定规程，培训并批准测定技术员持证上岗测定，核查确认测定结果，现场测定只测日增重、背膘厚以及登录繁殖力和遗传缺陷；⑤建立种猪信息和数据库，组织良种登记，协助种猪血统调剂和种猪的引调；⑥就种猪场核心群的相关问题开展技术培训咨询服务，组织良种评比和技术交流；⑦编印《种猪测定通讯》[1]。

中国武汉种猪测定中心的建立，不仅加快了我国种猪测定工作向制度化、标准化、科学化方向发展，而且还促使一系列测定标准逐步建立。据《中国农业标准汇编·畜牧兽医卷》记载，到1996年年底以前发布的家畜家禽标准有41个，其中有关猪的标准18个，如《湖北白猪》《浙江中白猪》《瘦肉型猪活体分级》《瘦肉型猪技术选育技术规程》等，这些标准对规范种猪测定、提高种猪测定的科学水平都起到了重要的作用[2]。

武汉种猪测定中心的历史意义

武汉种猪测定中心的结合性测定方式，从学术上来讲是希望将不同猪场的种猪放在同一个环境，使环境对性能的影响因素趋于相同，最后通过科学的测定方法来分析不同品种猪的自身遗传因素和环境因素。这样的测定方式比分散式的测定数据更加准确、可靠；另外，种猪的性能测定让人们开始关注到有关猪育种及猪研究中更加微观的层面，让生产者提高了对"种"的概念认识。总的来说，武汉种猪测定中心在我国养猪业发展过程是跨越历史的里程碑，有着重要的历史意义[3]。

首先，中国武汉种猪测定中心的建立，填补了我国种猪测定的空白，标志着我国猪育种工作走向客观科学之路。20世纪80年代，我国养猪业步入快速发展时期，瘦肉型猪育种蓬勃开展，杂交组合试验、配合力测定和杂交生产广泛运用，规模化养殖成为养猪业发展的主体，随着"中心"工作的开展，同胞测定、性能测定和活体测膘技术开始在猪育种中应用，这些技术的应用促进了我国养猪育种水平与质量的提高，加快了我国养猪业的发展。

其次，中国武汉种猪测定中心的建立，提出并制定了适合我国国情的

---

[1] 熊远著：《种猪测定原理及方法》。北京：中国农业出版社，1999年。
[2] 熊远著：瘦肉猪育种的发展及展望。《中国工程科学》，2000年第9期，第43页。
[3] 倪德斌：中国武汉种猪测定中心暨农业部种猪质量监督检验测试中心发展历程。见：中国畜牧兽医学会养猪学分会、中国农机学会机械化养猪协会编，《养猪三十年记——纪念中国改革开放养猪30年文集（1978-2007）》。北京：中国农业大学出版社，2010年，第144页。

种猪测定制度和技术规程，标志着我国种猪测定工作走向正规化、制度化和程序化的轨道。1984—1985年，熊远著在收集、整理、分析比较国外种猪测定制度的基础上，根据我国的国情和瘦肉型猪育种的发展趋势，提出并制定了以"现场测定为主，集中测定为辅"的综合测定制度和技术规程，并将该测定制度和技术规程运用到种猪测定、瘦肉型猪选育和科技推广工作中，通过组织对我国引进种猪核心群开展集中测定，提高了亲本品种的纯度和质量；通过规划建立了70多个供港活猪基地，形成了生产优质的商品瘦肉猪生产繁育体系[①]，为提高内地供港活猪的竞争力和良种率打下了坚实的基础；通过举办种猪测定技术培训班，推广种猪测定制度，传播种猪测定技术，促进了我国种猪测定工作的蓬勃发展，长期的种猪测定工作验证了以"现场测定为主，集中测定为辅"的综合测定制度和技术规程是适合我国国情的种猪测定制度。

最后，第一个农业部种猪质量监督检验测试中心（武汉）的建立，标志着我国种猪测定工作向法制化、标准化和规范化方向发展。

时至今日，只要人们谈起武汉种猪测定中心，可以说在专业领域内无人不知，无人不晓。他们认为武汉种猪测定中心的建立，对华农的畜牧学专业发展尤其是养猪学学科平台建设发挥了积极的推进作用。

高瘦肉率活猪的选择

"选种"既需要利用技术手段对猪的相关性能进行测定，同时又需要依靠研究者的职业经验和敏锐感，从猪的体型外貌特征对其进行综合判断。熊远著及其团队培育成的瘦肉型种猪，仅从体型外貌上来看，选种要

[①] 商品瘦肉猪生产繁育体系，即充分利用现有品种（系）资源，开展配合力测定或杂交组合试验，筛选出既适合当地生产条件又符合市场需要的优选组合，并通过建立核心育种群、纯种繁殖群和商品生产群，严格按照固定的杂交模式和规范化生产技术，系统进行商品瘦肉猪生产。整个繁育体系经历核心群选育、原种生产、扩大繁殖、生产杂交母猪、经济杂交、商品猪肥育、上市等过程。

求一般是这样的：

> 我们在瘦肉型猪育种过程中的选种外貌特征，一般要求是条子比较长一点、肥膘小一点、肚子小一点的品种，就是从外形上我们还要有区分；再个就是要猪的耳正中。所以我们选种的体貌特征主要从背膘、耳正中以及饲料利用率方面来进行选种培育①。

熊远著在《猪瘦肉率的影响因素及改良方法》②一文中具体阐述了"瘦肉率"（即"猪的胴体瘦肉率"）的概念：

> 猪的胴体瘦肉率指的是胴体剥离瘦肉量占胴体重的比例。

> 虽然全世界对猪胴体瘦肉率（以下简称瘦肉率）的测定，尚无统一的国际标准，但各国都在积极尝试建立科学的瘦肉率测定标准。

> 大多数欧洲国家计算瘦肉率是指胴体完全剥离所获得的瘦肉量（不包括头部瘦肉）占整个胴体重的比例，但胴体重包括头、脚、肾和板油的重量②。

但不管用何种方式得到的猪胴体瘦肉率，它们都能够直接反映出猪活体的一些性状。根据数量遗传学理论，数量性状是受微效多基因控制的。因此，猪瘦肉率的遗传也就不像质量性状那样由一对或少数几对基因控制，而是遗传情况比较复杂。但由于猪瘦肉率属于中度偏高遗传力性状，故通过选择可以获得瘦肉率的遗传改良，同时由于猪瘦肉率与活体性状平均膘厚、眼肌面积和边膘厚存在较强的遗传相关，所以通过测定可以了解这些胴体性状。

熊远著带领科研团队经过反复的实验研究，在传统选择方法（活体选

---

① 邓昌彦访谈 2016 年 1 月 14 日，武汉。资料存于采集工程数据库。
② 雷明刚、熊远著、邓昌彦：《猪瘦肉率的影响因素及改良方法》，《猪与禽》，2000 年第 5 期，第 36—40 页。

择和同胞测定选择）的基础上，结合分子生物学的相关技术形成了一套完整的猪瘦肉率选择方法体系，其中主要包括了根据猪的外形和体尺性状判断瘦肉率，根据活体膘厚与眼肌面积判断瘦肉率，以及利用分子生化标记判断瘦肉率三方面。

猪瘦肉率的影响因素

通过两次全国、全省大范围内的种猪资源调查，以及参编《中国猪品种志》的经历，熊远著已谙熟我国地方种猪的特性，这不仅为他在早期的研究工作中积累了感性认识基础，也为后期关于猪肉质检测积累了经验。多次参加数量遗传理论培训并且几次出国考察学习的经历，以及武汉种猪测定工作的开展，熊远著又在理论和先进技术的见识方面获得同步提升，对瘦肉型猪的特性、生长规律以及猪瘦肉率影响因素等问题的揭秘，都有了比较全面和本质上的认识。总之，这一方面的真知灼见，离不开长期的中外考察经验和理论的修炼。

2000年，熊远著与雷明刚合作发表了题为《猪瘦肉率的影响因素及改良方法》的文章，文中分析了生猪生长规律，关注猪瘦肉组织与脂肪组织的生长差异，发现猪瘦肉率的影响因素是一个由多要素复合而成的体系，其中不仅包括了遗传因素，还包括了环境因素。

猪瘦肉组织和脂肪组织作为影响猪肉品质和口感的重要因素，对其生长发育规律的探讨是非常有必要的。他认为：

> 家畜的生长就是以细胞的增大和细胞分裂为基础的量变过程。即家畜经过机体同化作用进行物质积累，细胞数量增多和组织器官增大，从而使家畜整体的体积和重量都增长的过程；发育则是以细胞分化为基础的质变过程，包含着新的组织和器官的形成[1]。

---

[1] 雷明刚、熊远著、邓昌彦：《猪瘦肉率的影响因素及改良方法》，《猪与禽》，2000年第5期，第36-40页。

猪的瘦肉组织和脂肪组织，就其生长发育而言，均属于发育较迟的组织，肌肉的发育早于脂肪组织，并且现代优肉用型品种猪肌肉组织成熟期推迟，其中，瘦肉组织的生长强度在生长后期上升到一定水平，然后开始缓缓下降，出生后肌肉的增长，多是由于肌肉纤维体积的增大所致，一般随着年龄增长而肌肉增多，纤维加粗，肌束增大，肉色变深，肉味变浓，蛋白质增多，水分减少。而脂肪组织属于中晚期生长发育强度大的性状，越是到生长后期，生产强度越大。因此，要想培育瘦肉型的猪种，就要掌握瘦肉组织和脂肪组织的生长规律，以找到合适的平衡点。

遗传因素对猪瘦肉率的影响毋庸置疑，是其中最根本并发挥决定性作用的因素。文中谈到：

> 动物的生长发育，性状的表现都是动物个体由双亲所获遗传基础与环境互作的结果。具体地讲，就是指动物不同性状的基因在一定的生长发育条件下的外观表现型特征，对于猪群而言，如果我们能够控制不同的个体处于相同的生长发育环境条件，则其瘦肉率的表型差异便是遗传因素带来的[①]。

因此，不同品种的遗传基础不同，其瘦肉率当然不同。

他们发现，环境因素对猪的瘦肉率也有着十分重要的影响。作为一种非决定性的物理条件，环境因素对猪瘦肉率的影响主要体现在营养、饲养管理、屠宰等方面。

营养方面的影响包括了日粮的蛋白质、能量、维生素以及微量元素，其中蛋白质的影响是最大的。这是因为：

> 瘦肉组织的增长其实质主要是蛋白质的沉积。除了量上的影响外，日粮蛋白质的质量，主要是各种氨基酸，尤其是必需氨基酸的平衡与否，直接影响到瘦肉组织的沉积效率。因此，日粮蛋白质的氨基

[①] 雷明刚、熊远著、邓昌彦：《猪瘦肉率的影响因素及改良方法》，《猪与禽》，2000年第5期，第36—40页。

酸组成与瘦肉组织氨基酸组成越相似则越有利于瘦肉组织的生长[①]。

饲养管理方面的影响主要表现在不同饲养阶段供料的影响和不同饲养方式的影响。熊远著在采访中谈到：

> 我们的饲养人员常常都是固定的，因为不同的人供给猪的饲料和次数是因人而异的，有的一天供给三次，每次量较少；有的一天供给两次，每次量较多。这对于猪的生长规律来说都是有影响的。

并且，同一头猪在其不同的生长阶段，对食物的消化和营养的吸收能力是不同的，这就要求必须在同一饲养标准下来培育种猪，这样得出的数据才是准确的。《猪瘦肉率的影响因素及改良方法》一文指出：

> 生长猪瘦肉组织生长强大的阶段为3—5月龄（体重约30—60公斤），而脂肪组织的最大生长强度阶段则在中后期，越是后期生长强度愈大。故在瘦肉组织生长强度大的阶段应给与充分饲料，在脂肪组织生长强度大的阶段适当限制饲养，就能保证瘦肉率[①]。

屠宰方面的影响体现在：不同阶段的屠宰，猪瘦肉率的含量是不一样的。虽然理论上应在猪瘦肉率最高的阶段屠宰，但由于受经济因素、肉的品质、增重速度、瘦肉量和市场等多方面因素影响，我国屠宰猪一般为90—100公斤。

根据猪的外形和体尺性状判断瘦肉率

根据猪的外形和体尺性状判断瘦肉率是活猪瘦肉率判断方法中最直观可行的方法。

[①] 雷明刚、熊远著、邓昌彦：《猪瘦肉率的影响因素及改良方法》，《猪与禽》，2000年第5期，第36-40页。

外形即猪的外部形态，外形鉴定就是对猪的体型外貌特征、生长发育状况、体质结实度以及利用价值进行综合评定，它是选择高瘦肉率活猪工作中的首要环节。外形能在一定程度上反映猪内部组织结构和生产力，并且容易识别，同时，外形特征可以作为品种的表型标志，如杜洛克猪的鬃毛、汉普夏的银环带、大白猪的立耳等。外形鉴定有两方面的意义，一是能反映猪的体质、营养与健康状况，二是外形可变相成为一种商标而带来额外的市场价值。

在选种过程中，常可根据种猪腿臀丰满度和肚腹大小来判断其瘦肉率的高低，可根据其有关表型特征和膘情来衡量其生长速度的快慢[1]。通过猪的外形特征来判断猪瘦肉率的专业人士，在养猪行业内被称为"猪师"，好的"猪师"对活猪瘦肉率的判断往往十分准确：

> 特别是香港的"猪师"，不同地区的活猪销往香港，有经验的猪师们将一群猪往里一赶，这哪来的？湖北来的，用手一摸就估测瘦肉率有62%，然后就抽一两头当时就屠宰，宰完了一看，就是62%，然后这批猪就按62%计价，他这等于拍卖了[2]。

外形鉴定的程序一般分为远看和近看。远看包括对一般发育情况的鉴定，即品种特征是否明显，是否符合育种目标，体质是否结实，肢蹄是否健壮，动作是否灵活等。近看则包含对各部位发育与外观状况的鉴别，即头颈部：要求头中等大小，额部稍宽，嘴鼻长短适中，上下腭唇吻合良好，耳大小适宜，颈部中等长度，无肥腮；前躯：要求前胸肌肉丰满，鬐甲平宽无凹陷，胸宽而深，前肢站立姿势端正，开张行走有力，肢蹄结实，无卧系；中躯：要求背线微弓，肌肉丰满，腹线平直，腹壁无皱褶，乳头数6对以上，排列均匀，无缺陷乳头；后躯：要求臀部丰满，尾根较高，尾巴弯曲呈环状，无斜尻，大腿肌肉结实，肢蹄健壮有力；皮毛：要求皮肤细腻，不显粗糙，皮毛光亮；生殖器官：要求公猪睾丸发育良好，

---

[1] 熊远著等：《实用养猪技术》．北京：中国农业出版社，1995年，第19-20页。

[2] 张沅访谈，2016年4月27日，北京。资料存于采集工程数据库。

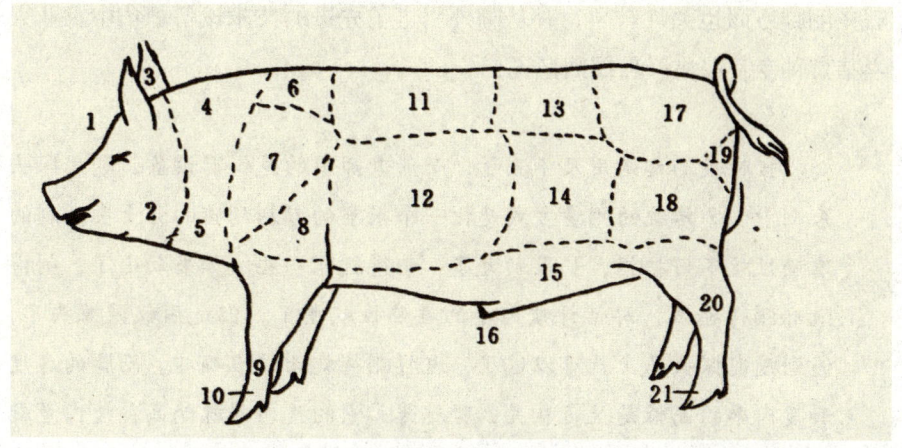

图 6-6 猪的外形部位（资料来源：熊远著著作《种猪测定原理及方法》）
1.头部 2.下颚 3.头顶 4、5.颈 6.鬐甲 7.肩胛 8.肩 9.管围 10.系 11.背
12.胸体侧 13.腰 14.胺部 15.下腹 16.包皮 17.臀部 18.大腿 19.坐骨 20.飞节
21.系

左右对称，包皮无积尿；母猪要求阴户充盈，发育较好[①]。

熊远著与范国春等人在 1983 和 1985 年分别对 60 头和 73 头湖北白猪 Ⅳ系同胞测定猪在宰前通过肉眼观察外形估测瘦肉率，结果外形估测瘦肉率与实测瘦肉率的相关度分别达到 0.52 和 0.63。虽然这些体尺指标与瘦肉率的相关度不大，但是可以通过猪的体长、胸围、腹围、半臀围等体尺性状将其纳入综合选择指数中，以提高品系群的增重速度和瘦肉率。

利用活体性状判断选择高瘦肉率的种猪，可以避免屠宰测定的繁重劳动和屠宰测定所带来的经济损失，同时又能增加性能测定的选择强度，有利于建立优质优价的种猪购销体系。但此法有一定的局限性，由于肉眼观察体形，需要经验的积累，并且测量方式的不同会导致不同程度的度量误差，因此准确性往往有限。

根据活体膘厚与眼肌面积判断瘦肉率

活体膘厚的测量经历了传统手工尺测量到现代仪器测量的过程。熊远

---

① 熊远猪等：《实用养猪技术》。北京：中国农业出版社，1995 年，第 19-20 页。

著在测膘方面也关注较早,并从国外引进了先进的技术设备,华中农业大学猪育种专家邓昌彦教授回忆说:

> 当时我们都是用尺子测量,而熊老师用的是仪器设备,利用探头来测量……传统的测量方式是把一个很窄的刀刺到猪的背上去。刺的准确性就不好把握,如果劲大了,刺得就深一些。如果劲小了,刺得浅那测得也浅,那估计瘦肉率的准确性就差了。但是用仪器探头了,遇到瘦肉探头马上就可以过了,这样测得就比较准确些。而膘的厚度和瘦肉率的高低是呈负相关,膘越薄,它的瘦肉率就越高,瘦肉量就越多。所以熊老师要培养瘦肉型猪,就要选膘比较薄一点的猪。因此测膘厚是研究瘦肉型猪种非常重要的因素之一[①]。

1999年,熊远著编著的《种猪测定原理及方法》一书是对他和团队多年测定实践和研究的系统回顾和总结,其中详细分析了猪的活体背膘厚度与胴体瘦肉率的高度遗传相关性:

> 猪的活体背膘厚度与胴体瘦肉率呈高度遗传相关,且具有较高的遗传力。因此,选择瘦肉型猪种都把活体背膘厚度作为主选性状,以期将瘦肉率较高的个体留作种用,从而提高整个猪群的瘦肉率……通过活体测膘来间接估测瘦肉率,对于指导瘦肉型猪的选择,具有重要的意义。

书中也提及世界上用到的活猪体测膘(测定眼肌)仪器,大致包括五

图6-7 熊远著做测膘示范

---

① 邓昌彦访谈,2015年1月14日,武汉。资料存于采集工程数据库。

类：①简单的探刺尺；②超声波扫描仪（包括波峰显示和数字显示两种类型）；③电子瘦肉率测定仪；④X射线扫描仪（包括计算机体层摄影、CT）；⑤磁共振。熊远著认为这五类各有优劣，前三种的实用性较好，但是准确性不及后两种，后两种精确性虽好，但是价格昂贵，在畜牧生产中普及较难。

鉴于活体背膘厚与胴体瘦肉率呈高度遗传相关性，熊远著及其课题组开始对活体背膘厚测量的相关内容展开深入研究。其中，包括专门针对不同测量活体猪背膘厚的准确性进行深度探讨[①]。

他们通过利用超声波测膘仪和自制测膘探尺对湖北白猪Ⅲ系133头和Ⅳ系60头同胞测定猪（宰前）的活体膘厚进行测定，并在屠宰后用游标卡尺测定各点胴体的膘厚以及瘦肉率，最后分别计算了各法所测膘厚之间的相关，以及各测值与瘦肉率的表型相关。结果表明，湖北白猪Ⅲ、Ⅳ系均以超声波测最后肋骨距背中线4厘米处的膘厚与瘦肉率的相关为高。此结果初步表明，超声波测膘的准确性优于探尺法，并且还兼有可早期使用且不损伤生猪皮肤的优点。

各国利用超声波活体测膘的部位也不尽相同，其中美国、英国、丹麦等国是采用如下同一测量法[②]：

第一点A点：由肘关节后缘与背中线相交点距背中线4厘米处；第二点B点：取胸腰结合处（即最后肋骨处）距背中线4厘米处；第三点C点：取膝关节

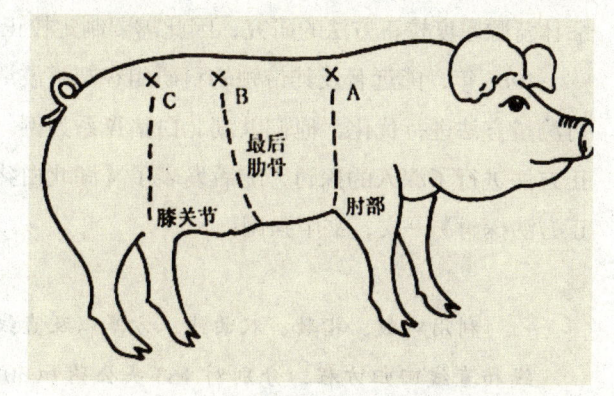

图6-8 猪的活体测膘部位示意图（资料来源：熊远著著作《种猪测定原理及方法》）

---

① 熊远著、彭中镇等：不同方法测量活猪背膘厚的准确性。见：华中农业大学湖北白猪选育研究组编：《华中农业大学学报论丛[1]——湖北白猪选育研究》（1978-1986）。华中农业大学学报编辑部，1986年，第18-21页。

② 熊远著：《种猪测定原理及方法》。北京：中国农业出版社，1999年，第73页。

的上方，在离背中线4厘米处测膘、将三点的平均值作为背膘厚度。以上方法涉及测量部位较多，虽然测量数据较为准确，但是应用于选种实践的工作量较大。

熊远著为简化测量工作的复杂度，综合分析积累的实体测量数据，大胆提出通过利用超声波测膘法，此法只需测最后一肋离背中线的4厘米处膘厚即可，而且此点不论是从方便还是从解剖的角度，都是较理想的测量部位。此点位于眼肌上方，测量背膘和边膘（离中线8厘米处）时，受其他组织影响较小，度量的准确性也较高。无疑，这种基于深入研究之后对传统测量方式的改革与创新具有重要的应用价值。

但事情并非如此简单，虽然利用超声波进行活体测膘法具有性价比高，数据准确，且节省精力等优点，但由于猪六月龄体重大小不等，将此时所测不同体重的相应背膘厚值代入指数式计算，存在较大误差，但若是等到同一体重时测膘，实践起来又存在一定的难度。因此只有把不同体重所测得的膘厚值校正到同一体重（标准体重）时的膘厚值进行比较，才能减少度量误差，提高选种的准确性。这给熊远著团队提出了一个新的课题即有关背膘厚度校正系数的确定。熊远著及课题组发现，当时我国尚无猪活体背膘厚度校正方法的研究，因此需要制定校正系数。

1986年，熊远著及其带领的科研组在超声波活体测膘法的基础上尝试对测量方法进行优化，他们以湖北白猪Ⅳ系为例，对其猪活体背膘厚度校正方法进行了深入的探讨，随后发表了《湖北白猪Ⅳ系猪活体背膘厚度校正方法探讨》一文，文中强调：

> 利用对数、指数、双曲线、方幂以及直线回归和二次多项式等曲线和直线回归方程，分别对163头公猪和301头母猪的体重（X）与活体背膘厚（Y）的实测配对资料进行试配合，以筛选最优回归方程对猪的活体背膘厚度进行校正。结果公母猪均以二次多项式的相关指数最高，其次为直线回归方程。于是我们采用这两个方程，并将校正后的背膘厚度纳入综合选择指数公式。猪活体背膘厚度与胴体瘦肉率呈高度遗传相（$RA=-0.5-0.6$）。因此，湖北白猪Ⅳ系的选种，把活体

背膘厚度作为主要性状纳入选择指数[1]。

最后得出了以下结论：

①二次多项式用于猪活体背膘厚的校正较准确（指本文所涉及），公母猪皆以此式求出的R平方最高。②猪的背膘厚度因品种、性别、饲养管理、测膘时体重而不同，加上遗传差异，因此差异很大，因此对猪背膘厚校正方法不能固定不变，应遵循该猪群本身膘厚变化规律，不能生搬硬套某一校正方法与公式。③有必要从幼猪就开始进行活体测膘直至六月龄，以便准确地把握膘厚的生长规律，从而正确地确定出体重与膘厚的相关关系与回归关系，更确切地予以校正[1]。

眼肌面积也是猪瘦肉率的重要体征。

眼肌面积指家畜背最长肌的横断面面积，具体是指猪最后肋骨处背最长肌横截面的面积。由于眼肌面积性状与家畜产肉性能有强相关关系，所以在育种上显得尤为重要。眼肌面积计算方法有多种，包括公式法、求积仪法、图像法和坐标纸法等，其中公式法最为简便易行。

公式：眼肌面积＝眼肌高（厘米）×眼肌宽（厘米）×0.7，现一般可用求积仪测出。

熊远著及其带领的科研组针对眼肌面积与活猪瘦肉率的关系进行了多项试验，其中倪德斌等（1998年）利用丹麦生产的猪瘦肉脂肪测定仪，对皮特兰×抗应激系F_1的活膘进行测定，结果倒数一、二腰椎和最后肋骨处背膘厚与瘦肉率的相关系数分别达-0.88和-0.86，最后肋骨处测眼肌高度与瘦肉率的相关达0.34。这表明依据眼肌面积、眼肌厚度测定值进行瘦肉率的选择，从理论和方法上来说都是可行的，然而，此法在实际运用中较为方便，但也有局限性，受到活体测定准确性、测定仪器准确度和最

---

[1] 范春国、曹胜炎、彭中镇、熊远著等：湖北白猪Ⅳ系猪活体背膘厚度校正方法探讨。见：华中农业大学湖北白猪选育研究组编：《华中农业大学学报论丛［1］——湖北白猪选育研究》（1978-1986）。华中农业大学学报编辑部，1986年，第22-26页。

佳测定部位难确定的限制。不过随着精密仪器的产生和发展，此问题也不难解决。

1986年，著名动物营养学家马承融教授还专门针对熊远著关于"根据活体膘厚与眼肌面积判断瘦肉率"的做法进行高度评价：

> 活猪测膘无论在商品猪的品质检定，还是在猪育种工作方面都具有重要的实际意义。特别是育种需要保存个体的遗传基因，不能屠宰检验则更为重要。试验选了两种常用方法与屠宰实测作了几个不同部位的比较，并用瘦肉率相应的作了相关分析，研究是比较周到的，从而得出了一定结论，认为最后肋骨部位最适宜。文中强调了超声方法测膘的平均值虽然不如探针法更接近屠宰后测定值，但就与瘦肉率相关关系比较而言，比后者的相关数却要高些。因而从瘦肉生产或从瘦肉猪的选育而言，超声法优于探针法，为此，文中并对两种方法的相对准确性进行了检验[1]。

利用分子生化标记判断瘦肉率

熊远著对新技术十分敏感，并且总是以一种包容的态度去接纳与运用。尤其到了21世纪，随着生物技术的发展，他的关注点也从早期的动物数量遗传学逐步拓展到现代分子生物学领域，并将现代分子生物学技术运用到猪的品种改良中去。

1999年4月，熊远著在其主编的《猪生化及分子遗传实验导论》[2]一书中，分别从猪的血液蛋白的多态性、酶活性测定、肌肉生化指标的测定、聚合酶链式反应技术、氟烷测验、核酸的分离与纯化等方面进行了详细介绍，具有很强的理论与实践价值。

熊远著在《猪瘦肉率的影响因素及改良方法》一文中再次强调：

---

[1] 干部人事档案4-5，高等学校确定与提升教授、副教授职务名称呈报表，1986年6月13日。存于华中农业大学人事处档案室。

[2] 熊远著：《猪生化及分子遗传实验导论》。北京：中国农业出版社，1999年。

利用生化遗传标记和分子标记选择瘦肉率，这实际上属于标记辅助选择的范畴。目前，可作为猪瘦肉率生化遗传标记的主要有 NADPH 生成酶的活性和猪血清后白蛋白（PO-2）。其中，Rogdakis 和 Mueller 等利用 4 种 NADPH 生成酶的活性对德系长白猪经过近 10 年的选择，结果表明高酶活性系与低酶活性系在酶活性和胴体性状各方面都有很大差异。在瘦肉率分子标记方面，氟烷基因是在猪中发现较早的主基因之一，该基因（Haln）对肉质、繁殖力产生负效应，对猪瘦肉率具有正效应，它可以使猪胴体瘦肉率提高 2%—3%[1]。

生化遗传学研究表明，动物的生命现象与生产性能，是通过基因来控制蛋白质（包括酶与激素）的合成与代谢从而起调控作用。这一思路给熊远著以启发，他认为通过对生化代谢过程中的酶型与酶活性进行选择，并与传统的育种技术相结合，可以使猪的有关生产性状得到更好的遗传改良。由于猪胴体重的瘦肉率[2]与肥肉率呈互逆关系，若找到了降低蓄脂量的分子生化遗传标记，就可提高瘦肉量的选择效果。实际上国内外许多学者已经在这一领域展开了广泛的研究，其中的生化研究表明，脂肪酸的生物合成过程中 NADPH（还原型烟酰胺腺嘌呤二核苷酸磷酸，还原型辅酶Ⅱ）是其中的关键部分，而 NADPH 的生成又是由生成 NADPH 反应的酶活性所控制的，所以酶活性上的差异在一定程度上反映了遗传基础的差异。因此 NADPH 生成酶的活性可作为改良瘦肉率的辅助选择指标，其理由是它具有较大的变异性和较高的测定精准性（其活性测定重复系数为 98.8%—99.2%），具有中等的 h2（100 公斤活猪 h2 为 0.25—0.37），并与胴体性状有中等的遗传相关。

于是，熊远著及其课题组又开展了"猪瘦肉率分子标记辅助选择研究"，将 HSL（猪激素敏感脂肪酶）基因作为猪瘦肉率和背膘厚度的候选

---

[1] 雷明刚、熊远著、邓昌彦：《猪瘦肉率的影响因素及改良方法》，《猪与禽》，2000 年第 5 期，第 37 页。

[2] 猪的胴体重，指生猪屠宰后去掉头、蹄、尾和内脏，保留板油和肾脏称量的重量。猪胴体种的瘦肉，即胴体的瘦肉重与胴体重的百分比。

基因，他们选择 45 头皮特兰 × 抗应激杂交猪作为试验材料，初步研究利用方差分析结果表明，HSL 的 3 种基因型之间瘦肉率和背膘厚差异显著（$P < 0.05$），其中 HSLAA 型瘦肉率高（66.40%）和胴体背膘薄（2.15 厘米），而 HSLBB 型瘦肉率低（61.06%）和胴体背膘厚（2.89 厘米），AB 型介于两者之间，因此 HSL 有可能作为瘦肉率的分子标记。

通过实验和研究，熊远著坚信利用分子生物技术可以准确科学地分析出与种猪瘦肉率相关的分子标记，并通过这些分子标记的生化指标反映出个体间差异，并作为瘦肉率选择的遗传标记。

猪的瘦肉率选择除了以上三种方法（即根据猪的外形和体尺性状判断瘦肉率、根据活体膘厚与眼肌面积判断瘦肉率、利用分子生化标记判断瘦肉率）之外，还有一种应用比较广、周期相对较长、数据比较准的方法——同胞后裔测定法选择瘦肉率，即根据同胞（一般是半同胞）后裔瘦肉率的屠宰测定成绩，选择被测种畜瘦肉率。此法虽人力物力花费较大、周期较长，但用于选择的准确性较高，故为大多数育种者所采用。世界著名的丹系长白猪就是严格用此法进行选育提高瘦肉率的，从 1967—1978 年的十一年间，丹系长白猪侧体瘦肉率从 60.00% 提高到 63.00%，胴体瘦肉率则从 1975 年的 62.10% 提高到 1994 年的 66.20%。

瘦肉猪的肉质检测与评定

随着人类文明的不断发展，人类赖以获取能量的食物更加合理且多样化，但是动物的各种组织，尤其是肌肉组织，依然是人类补充能量和蛋白质的主要食品来源，并为人们所喜爱。人类的食谱不断丰富，形成了各具特色的美食文化。在这漫长的历史过程中，人们的味觉也在不断地进步，甚至变得挑剔敏感，猪肉的肌肉品质自然会引起人们的关注，人们希望吃到更健康、口感更好、营养搭配更好的肉质食品。

随着瘦肉猪的逐步市场化推广，人们对瘦肉的需求得到了一定的满足。但也正是由于科研、市场两方面对高瘦肉率的盲目追求，使得猪肉市场面临着新的问题——猪肉品质下降。原来，猪肉的瘦肉率并不是越高越好，超过一定的限值后，瘦肉率的再提高反而会在一定程度上对猪肉品质、风味造成负面影响。

熊远著及其带领的科研团队经过多次试验发现，当猪肉瘦肉率达到65%左右，其肉质、风味还能保持在一个相对优良的水平，但当猪肉瘦肉率达到70%甚至更高的时候，猪肉的品质和风味就会大幅下降，甚至直接导致劣质肉的产生。毋庸置疑，除了瘦肉多，人们更追求优质、高效、安全的猪肉食品。随着对猪肉瘦肉率与肉质、风味的负相关关系的逐步了解，熊远著果断及时调整工作方向和研究试验重心，由"追求高瘦肉率"逐步转变为"在保障高瘦肉率的基础上追求好的肉质与风味"。

日常生活中，我们常常通过嗅、看、咀嚼等传统的鉴定方式去鉴别猪肉肉质的好坏，例如，通过煮熟后的肉色、纹理、气味及柔软度和咀嚼时的口感、嫩度、香味、鲜味及多汁性以及牙齿、口腔对样品的感受情况等。这些鉴别方式比较接近正常的食用体验，但却完全依赖于评定人的主观感觉和个人经验，且猪肉的风味肉质受烹饪方式的差异影响较大。为了将感觉抽象的猪肉肉质与风味量化为一项项清楚明晰的指标数据，建立一套完整的肉质、风味检测与评定标准及方法已迫在眉睫。

所谓肉质，是肌肉品质与食肉品质的总称。活猪被宰杀后，赋有生理功能的肌肉经过一定时间的转化，成为可供食用的肉，其原有肌肉的功能和理化特性中，作为食肉品质在于消费和流通上有密切关系的品质特性，如肉色、系水力等。评判肉质优劣主要依赖于肉质指标。早在20世纪60年代，我国就已开始系统地对肌肉品质及肉制品进行研究。

肉质好坏的概念一般来说包含两个层面：第一个层面的肉质是理化概念，即猪肉的颜色是黑的还是红的，肉的弹性是软的还是硬的，肉的pH值是高还是低，肌间脂肪含量是高还是低等；第二个层面的肉质好坏，则是一种感性概念，即猪肉的口味或者说风味是优还是良，这一因素的判定不管是用定量还是用定级的办法，似乎都难找到一个标准答案，因为这涉及了不同地区、不同国家对食物烹调技术以及饮食文化方面的定位。正

图 6-9 我国早期的猪肉市场

如我国著名动物遗传育种专家张沅教授所说：

> 中国瘦肉猪的肉质检测或者肉质改良不必在口味上做过多的纠缠，因为这就如同喝茶一般，有些人爱喝红茶、有些人爱喝绿茶，与中国人爱喝茶，欧美人爱喝咖啡一样，口味是因人而异的。反而应该从理性的角度对肉质的性能指标进行科学的评判，例如找到某一"试剂盒"类的指标，用某一种试纸一测就能科学地对猪肉的品质好坏做定论。这样，就能在一定程度上加快猪的生产效率，提高我国养猪业的现代化水平[1]。

经过一系列的理论分析与试验操作，熊远著及其带领的科研团队得出结论，认为瘦肉猪的肉质检测与评定应该从猪胴体品质、肌内脂肪、肌肉嫩度、肉色、系水力、pH 值等方面着手。

1985 年 8 月，熊远著等人在《肌肉品质评定方法的初步研究》一文中列出了有关肌肉品质评定的主要方法：

> 肉质的各项指标（包括化学成分）宜采用鲜样评定，其中肉色宜用烟雾污斑光电反射计来评定；pH 值宜用精密酸度计直接测定；系水力宜用 35 公斤重力挤压法持续 5 分钟评定；水分宜用减压法测定[2]。

---

[1] 张沅访谈，2016 年 4 月 27 日，北京。资料存于采集工程数据库。
[2] 熊远著、彭中镇等：肌肉品质评定方法的初步研究。见：《商品瘦肉猪生产配套技术和繁育体系研究资料汇编》，1985 年，第 22-26 页。

瘦肉猪的肉质评定

1999年，熊远著在《种猪测定原理及方法》一书中总结了活体早期评定肉质优劣的方法，如酯型、酶活性、氟烷测验、氟烷基因型PCR检测等。TOPLE（1968）报道，氟烷阳性猪的劣质肉发生率为60%—70%。劣质肉主要有PSE肉和DFD肉两种，PSE肉是指肌肉颜色灰白、肌块质地松软、肌块切面汁液外渗；DFD肉是指肌肉颜色暗黑、肌块质地坚硬、肌块切面干燥。也就是说，劣质肉是指肌肉颜色、质地和系水的两种极端情况。一般认为，PSE肉和DFD肉的发生与猪的应激综合征有关，是应激敏感猪宰后在肌肉品质上的两种极端表现形式，并受宰前处理方式和屠宰条件的影响。因此，研究肉质的目的在于如何评判肉质优劣和如何降低劣质肉的发生率[1]。

研究还发现，肉质的好坏评定除了受猪肉本身的客观条件影响之外，还受到主观人为方式对猪利用过程的影响，其中包括宰前处理对肉质的影响、屠宰条件对肉质的影响等。具体来说，宰前处理指的是达到屠宰体重的猪从饲养场地到屠宰场地被击昏这段时期内的各种处理。研究表明，运输时间和运输形式对猪肉的肉质有显著的影响，若用厢式货车运输可能给猪更多的应激如打斗、刹车和启动时的惊吓等而消耗体内储能，导致宰后的pH2偏高，发生DFD肉的概率增大。运输80分钟和运输30分钟的肉质相比，肌肉颜色差，pH2低、系水力和KK指数均较低，PSE肉的发生率达24.2%。因此选择适宜的宰前运输方式和运输时间，对于降低劣质肉的发生率和改善肉质是有益的。

为此，熊远著列出了丹麦测定站对猪宰前处理的相关规范：

①屠宰当天适度饲喂，但不称重；
②使用水压式猪用电梯进行装载；

---

[1] 熊远著：《种猪测定原理及方法》．北京：中国农业出版社，1999年，第82页。

③使用特制的厢式货车进行运输（这种货车内装有防滑地板，可移动式分栏和机械通风系统），运输时间为40分钟；

④装有厢式货车的猪直接运至屠宰场的击昏场地，运输过程中禁止使用电击棒或其他暴力手段，车宜匀速行驶。

此外，屠宰条件对肉质也有影响，主要包括烫毛水温和时间、开膛去脏时间及自来水冲淋时间。一般认为较高的烫毛水温和较长的烫毛时间，可导致屠体温度上升，使机体原有的代谢机能加强而影响肉质，而胴体肌肉温度较高时，肉质明显变劣，pH1值降低，肉色变白，系水力降低，PSE肉的发生率提高，因此在宰后的30分钟内，宜用冷水反复冲淋，使胴体温度降至35℃左右，以降低机体的能量代谢速度，减少劣质肉的出现。

猪胴体品质等级评定

经过多次的研究与经验总结，熊远著及其团队成员们发现，依据胴体

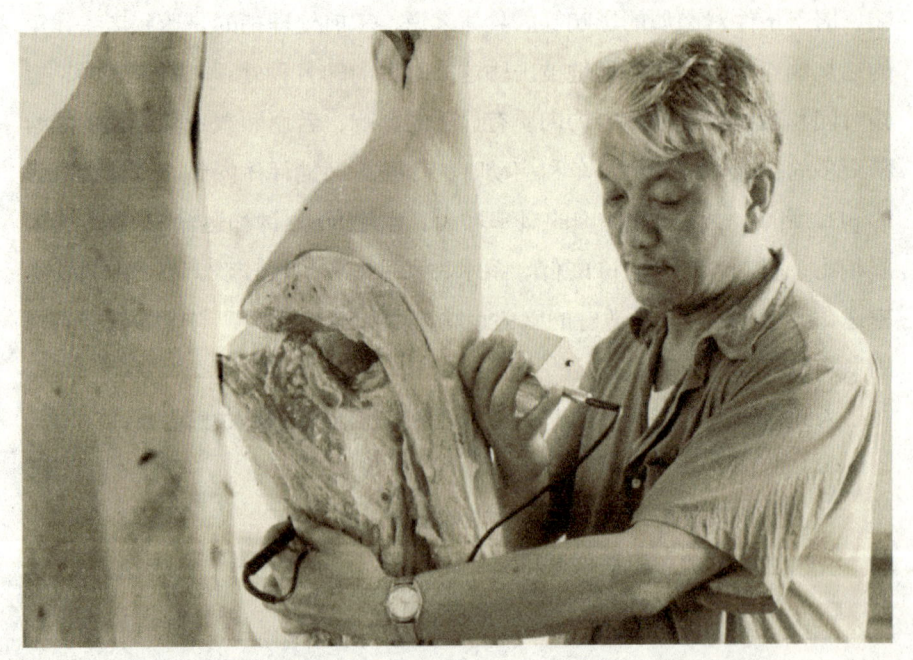

图 6-10　熊远著在测量猪肉温度

瘦肉率的高低、胴体性状的好坏，可较准确地判断猪肉的肉质优劣。至此，关于肉质测定的技术层面的分析和研究得出了一致的结论，同行专家们达成了共识。于是，熊远著开始将这些成果抽取提炼为标准，倡导对猪胴体品种采取等级评定制，并制定了相应的胴体分级标准，借以将测定和肉质检测的研究成果付诸生产实践，为规范养猪和猪肉品市场质量管控提供科学依据。按照《瘦肉型猪活体分级》国家标准（GB 8470—87），可将猪的胴体品质划分为三个级别。

根据单个性状进行胴体分级[1]：

级别	一级	二级	三级
胴体瘦肉率	60% 以上	50%—60%	55% 以下
胴体瘦肉量	40kg 以上	35—40kg	35kg 以下
胴体重	60—70 kg	55—60 kg 或 70—75 kg	55 kg 以下或 75 kg 以上
平均膘厚	2.5cm 以下	2.5—3.0cm	3.0cm 以上
眼肌面积	30cm^2 以上	25—30cm^2	25cm^2 以下
腿臀比率	32% 以上	30%—32%	30% 以下

众多研究成果表明，猪的胴体重、平均膘厚、眼肌面积、腿臀比例与胴体瘦肉率的相关程度较高，且容易度量，并且具有较大的经济价值。人们可以根据胴体重直接估算产肉量的多少，而平均膘厚、眼肌面积、腿臀比例和胴体瘦肉率则可直接反映胴体品质的好坏，因此可作为胴体分级的重要依据。胴体分级一般有两种分级方式：一是根据单个性状分级；二是根据多性状综合分级，即将各单项性状按其相应的经济重要性给予适当的加权，再将各单项等级划为分数，各单项指标所得分与其加权系数之积的和即为综合评分。

这些结论，对于指导瘦肉型猪选种、建立优质优价的生猪购销体系有着十分重要的意义。但这种宰后进行的胴体皮、骨、肉、脂分离的工作不仅十分繁琐，而且工作量也很大，更重要的是还有检测的滞

---

[1] 熊远著：《种猪测定原理及方法》。北京：中国农业出版社，1999年，第79页。

后性。为此，熊远著及课题组成员认真分析了测试数据，得出可根据与胴体相关的一些性状作为选择参考依据的方法。倘若根据猪的外形外貌、品种类型、体重和活体膘厚进行单项分级，也可同样实现三级划分：

一级：头小，无明显腮肉，前后躯丰满，腹部小，体质结实，外形紧凑。主要包括了国外引进的优良瘦肉型品种（系）及其杂种猪、我国培育的杂优猪、国外引进的优良瘦肉型品种（系）与我国培育的瘦肉型新品种（系）间的二元或三元杂种猪；

二级：头较小，稍有腮肉，前后躯较丰满，腹部较小，肢蹄结实。主要包括瘦肉型品种（系）间的杂种猪、国外引进的瘦肉型品种品（系）与兼容型品种（系）的二三元杂种猪、培育的瘦肉型品种（系）的纯种猪、以地方品种（系）为母本，与国外引进的瘦肉型品种（系）为父本的三元杂种猪。

三级：头较重、颈较粗，腮肉明显，后躯欠丰满，腹部较大，肢蹄欠结实。其中凡不符合一级和二级的瘦肉猪均属三级，但是不含地方品种猪[①]。

可是，通过走访考察猪肉市场，与猪肉商贩们交流，猪育种专家们认为：如果照本宣科地利用理论、测定数据去鉴定猪肉胴体品质，往往不具备可行性，因此需要寻求操作更加简易、判断依据又较为可靠的方法进行直接鉴定。因为在猪肉市场，肉商们一般都采取比较简单的"胴体切块分级法"，即简单的分割方法来计算商品瘦肉率。

其方法有两种，第一种方法可以称为"胴体四块切分法"，最后计算出分割瘦肉率。具体做法是：

把去掉板油和肾脏后的半边胴体分割成 4 大块，分割方法为腰背肌

---

① 熊远著等：《瘦肉型猪活体分级》国家标准（GB 8470-87），中华人民共和国农牧渔业部批准。

肉为一号肉,前腿肌肉为二号肉,大排肋骨肌肉为三号肉,后腿肌肉为四号肉。每块都要求去掉皮下脂肪并修去肌肉表面的脂肪,同时提出全部骨骼,并尽量保持肌肉的完整,最后把一、二、三、四号肌肉的总重除以胴体重(除板油肾脏)即表示分割瘦肉率。其中分割瘦肉率在55%以上为一级,分割瘦肉率50%—55%为二级,分割瘦肉率在50%以下为三级。

方法一:分割瘦肉率(%)= $\dfrac{\text{一、二、三、四号肌肉总重}}{\text{胴体重}-(\text{板油}+\text{肾脏重})} \times 100\%$

第二种方法可称为"三分法",它是:

用猪的四腿瘦肉率来表示瘦肉率的高低。一般多用于香港市场,香港肉商的具体方法是首先活体空腹称重,然后进行屠宰刮毛开膛劈边,去头蹄尾及所有内脏后将左半胴体分为前中后三段,最后根据上述三部分瘦肉重即可计算出四腿瘦肉率,或称港商瘦肉率。港商在进行活大猪分级时,将四腿瘦肉率在27%以上的分为特良猪(一级),25%—27%的化为良种猪(二级),25%以下的划为普猪(三级),并严格按照活大猪的等级定价。一般质量特别好的猪,在当时可达每头售价140美元以上,而质量较差的猪,每头售价在80美元以下,相差比较大。

方法二:四腿瘦肉率(%)= $\dfrac{(\text{前腿瘦肉}+\text{后腿瘦肉}+\text{里脊肉}) \times 2}{\text{宰前活重}} \times 100\%$

半边胴体图　　　　　　　胴体切块图

图6-11　猪的胴体切四块切分图(资料来源:熊远著著作《种猪测定原理及方法》)

肌内脂肪评定

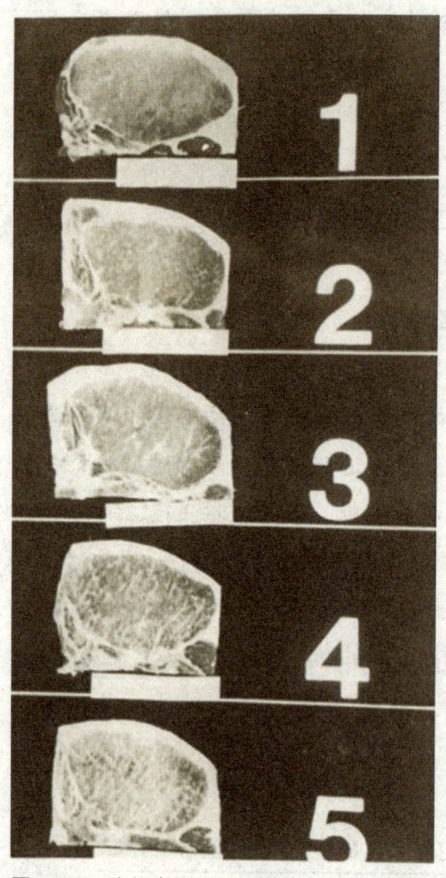

图 6-12 猪的大理石纹评分图（资料来源：熊远著著作《种猪测定原理及方法》）

肌内脂肪含量是猪肉品质的主要决定因素之一，它可影响猪肉的嫩度、风味、肉色、系水力及大理石纹的评分。一般认为，肌内脂肪含量越低，肌肉的多汁性、嫩度、香味及总体可接受性就越低，如杜洛克猪肌内脂肪含量相对较高，因此口感较好。许多研究表明，肌内脂肪含量与肌肉的嫩度呈正相关。此外，肌内脂肪酸的组成比例对风味影响也很大。肌内脂肪主要是以甘油酯、游离脂肪酸及游离甘油等形式存在于肌纤维、肌原纤维内或它们之间，其含量及分布因品种、年龄及肌群部位等因素的不同，其遗传力为 0.20—0.40[1]。简单来说，肌内脂肪存在于动物的肌外膜、肌束膜、甚至肌内膜上，并与肌肉中的膜蛋白质紧密结合在一起。营养状况好的猪，其肌纤维膜的毛细血管上也有脂肪。总的来说，影响猪肉的肌内脂肪因素有很多，包括营养、环境及遗传等方面。因此，肌内脂肪的提高不能完全依赖于遗传育种方法，而是应该注重多方因素的合力配合。

1999 年，熊远著在《种猪测定原理及方法》一书中，提到了一种较为

---

[1] 熊远著：《种猪测定原理及方法》。北京：中国农业出版社，1999 年。

简便的评定办法,即利用"猪的大理石纹评分图"从视觉感官上判定猪肉的肌内脂肪含量(肌内脂肪的评定一般是与肉色评定同时进行)。具体的操作流程是:首先取猪的最末胸椎与第一腰椎结合处背最长肌横断面部位进行测定;然后对照大理石纹标准评分图进行评定:获得1分,则表明脂肪呈痕(迹)量分布,2分表明脂肪呈微量分布,3分表明脂肪呈少量分布(理想分布),4分表明脂肪呈适量分布(理想分布),5分表明脂肪呈过量分布,结果一般用平均数来表示。随着分子生物学的发展,研究者们可以借助更多科学有效的技术,通过调控与肌内脂肪含量相关基因表达来提高肉质。

肌肉嫩度评定

熊远著在《种猪测定原理及方法》一书中还讨论了肌肉的嫩度评定。在肉的食用品质中,肉的嫩度是消费者最为关心和重视的性状之一,肉的老或嫩是消费者的直接感受,这个感受来源于猪肉的内部结构,其中包括了肉中肌原纤维、结缔组织以及肌内脂肪的含水量、分布和化学结构。一般来说,肌肉质地越好,肌束内的肌纤维数就越多,肌纤维越细,肉就越嫩。因此结缔组织含量与肉的嫩度呈负相关,而脂肪含量与肌肉的嫩度呈正相关。同时,肌肉中脂肪组织与结缔组织呈交叉的结构能疏松结缔组织,减弱结缔组织的物理强度,使肌肉肌纤维束容易分离并易于被咀嚼,因此嫩度得以改善。

书中认为,肌肉嫩度主要包括了牙齿插入肉条内的难易程度、将肉条咀嚼成碎片或肉糜的难易程度、咀嚼后所剩残留物量的多少。若牙齿易于插入肉条内易于咀嚼成肉糜状、且咀嚼后残留物量极少甚至没有,则这种肉样可判定为很嫩。当然,这种感官直接的鉴别过程对评定人员有较高的要求,他们必须对肉的老嫩程度有极强的敏感度。研究表明,肌肉中的蛋白质大致可分为肌浆蛋白质、结缔组织蛋白质和肌原纤维蛋白质等三类。其中结缔组织蛋白质和肌原纤维蛋白质对肌肉的嫩度有较大影响,因为结缔组织蛋白质在加热过程中可以凝胶化,其胶联度随年龄的增加而增强，而肌原纤维蛋白质在尸僵过程中能形成牢固的嵌合结构，尸僵发生得越早，这种嵌合结构越牢固，尸僵程度越高，对嫩度的影响就越明显[1]。

总之，影响肌肉嫩度的因素主要有遗传、营养、年龄等，其遗传力约 0.40。一般来说，粗放喂养的猪肉质不如精料喂养的猪肉质，这是由于饲料的高能量促使动物生长加快，蛋白质合成加速，饲料转化率增加。同时，不同年龄的猪肉嫩度差别很大，一般年龄较小的猪肉较嫩，并且由于公猪的体格和肌纤维较为粗大，因此公猪的肌内嫩度往往不及母猪的肌内嫩度。为了满足人们对高质量猪肉品质的要求，人们根据肉的成熟激化机理，开发了许多嫩化的方法，如物理法、化学法、生物法等，通过添加嫩化剂，如苏打和木瓜蛋白酶，均可达到嫩化的效果。

肉色检测

猪肉的肉色是色、香、味、质几大要素中给人最直觉最先导的感受印象，因此，肉色检测是瘦肉猪肉质检测与评定过程中一项必不可少的内容。肌肉颜色深浅和色调取决于肌肉色素含量。经研究表明，肌红蛋白（Mb）和血红蛋白（Hb）是构成肉色的主要物质，起主要作用的是 Mb，正常情况下 Mb 是呈紫色的，当其与氧结合时则形成氧合肌蛋白（MbO_2）而呈现鲜红色，当结合氧释放后则形成高铁肌红蛋白（MMb）而呈现褐色。因此，肌红蛋白（Mb）与氧的结合状态，在很大程度上影响着肉色，且与肌肉的 pH 值相关，其遗传力约为 0.30。

熊远著认为，关于肉色的评定方法有很多，但当时使用的主要有两大类：一类是主观评定，即依据标准的图板进行；另一类是客观评定，即利用仪器设备进行测定，其中最为普遍的是色值测定、色素测定和总色素测定[2]。

主观评定是根据如图 6-13 的肉色标准图进行评定。图中所取肉是宰

---

[1] 熊远著：《种猪测定原理及方法》。北京：中国农业出版社，1999 年，第 86 页。
[2] 熊远著：《种猪测定原理及方法》。北京：中国农业出版社，1999 年，第 83 页。

后一两小时后冷却肉的样本，将其放置在室内正常光照之下进行观察所得。由图可知，猪肉的肉质大致分为五个层次：1号肉色为灰白肉色，被鉴定为异常肉；2号肉色为轻度灰白色，被鉴定为倾向异常肉色；3号肉色为正常鲜红色；4号肉色为正常深红色偏DFD；5号肉色为暗黑色，被鉴定为异常肉色。

客观评定则是通过色值仪法、色素测定法和总色素测定法进行测定：

（1）色值仪法在评定时间、部位与主观评定法大致一致，只不过数据更加精准，通过在每个肉样测定两个平行样，每个平行样测定三个点，用平均值表示肉样的色值，一般认为，色值越高，肌肉的颜色越苍白；色值越低，肌肉颜色越暗黑，而正常的色值一般是在15—25。

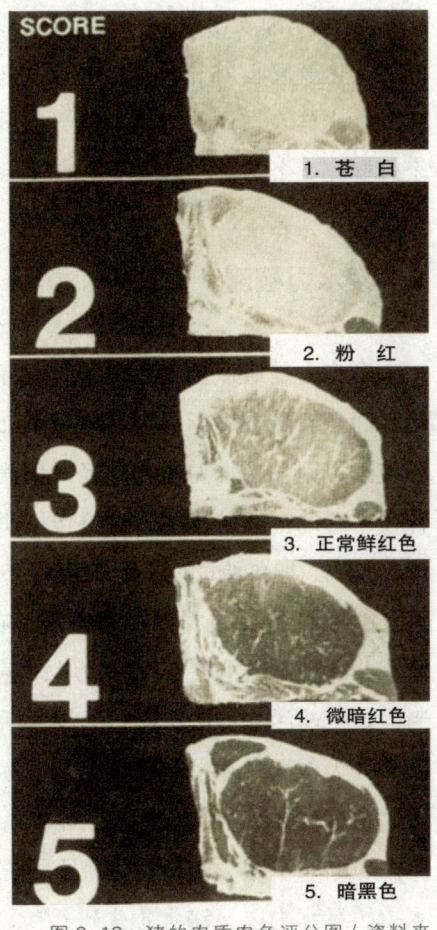

图6-13 猪的肉质肉色评分图（资料来源：熊远著著作《种猪测定原理及方法》）

（2）色素测定法是将肉样除去脂肪及外周筋膜后切碎，利用化学试剂进行试验，最后再每个肉样测两个平行样，用平均值表示肉样的色素含量。具体做法是用绞肉机搅匀后将肉放置在磨口三角瓶中，加入40毫升丙酮和2毫升水的混合液，用玻璃棒搅拌30秒，加入1毫升浓HCL，盖上塞子置黑暗处过夜，然后用中速定量滤纸过滤，以30%的丙酮液调零，用分光光度计在640纳米波长处测定其光密度。

（3）总色素测定法是取新鲜肉样2份，每份25克，剪或切碎，置100毫升烧杯内，立即加入冰冷的重蒸馏水50毫升浸提。用匀浆机在转速为

8000 转/分钟下浆 3 分钟，然后移入离心管内，在离心机上以 4000 转/分钟的速度离心 15—30 分钟，上清液用中速定量滤纸过滤于小烧杯内，以重蒸馏水作空白调零，用分光光度计在 540 分钟波长处测定其光密度，每个肉样测 2 个平行样，用平均值表示总色素含量的相对高低。

系水力检测

系水力是最重要的猪肉品质指标之一。系水力指的是肌肉中水分的含量，而在对猪肉进行屠宰、贮藏、加工、运输过程中，其肌肉中的水分容易流失，因此系水力的大小经常用滴水损失来描述。肌肉中的水分可以储存在不同的空间结构中，主要包括肌原纤维内、肌原纤维间、肌原纤维与细胞膜间、肌细胞间以及肌束间。

熊远著及团队成员研究发现，在通常情况下，肌肉中的水分以水化水、非活动自由水及自由水的形式存在，其中水化水约占 5%，这部分水相当恒定；非活动自由水约占 80%，活动相当有限，只有当肌肉蛋白质变性或有外力作用时才发生变化；自由水约占 15%，活动自由且较易失去。肉质的系水力可用两种方法进行测定[①]，可榨出水分或利用自由水滴来区分不同性质的系水力。通过实验获取所需数据后，利用下述公式可对肉质的失水率、系水力以及滴水损失进行综合评定，无论是失水率还是滴水损失，值越高肉质的系水力就越差。其中关系见下面的公式：

$$失水率(\%) = \frac{压前肉样重(g) - 压后肉样重(g)}{压前肉样重(g)} \times 100\%$$

$$系水力(\%) = \frac{压前肉样重(g) - 压后肉样重(g)}{压前肉样重(g) \times 该肉样水分含量} \times 100\%$$

$$滴水损失(\%) = \frac{吊挂前肉条重(g) - 吊挂后肉条重(g)}{吊挂前肉条重(g)} \times 100\%$$

---

① 熊远著：《种猪测定原理及方法》．北京：中国农业出版社，1999 年，第 84 页．

pH 值检测

宰后猪肉的肌肉活动能量来源主要依赖于糖原的酵解和磷酸肌酸的分解，前者的产物是乳酸，后者的产物是磷酸和肌酐，这些酸性物质在肌肉内沉积，导致肌肉的 pH 值从活体时的 7.3 左右开始下降，下降速度与肌肉中某些酶系（如糖酵解酶系等）的活性、遗传基础、应激敏感性、宰前处理和屠宰条件有关。因此利用 pH 值的高低可以测定猪的遗传基础、应激敏感性等方面。具体评定方法包括肌肉中糖原含量的测定，即把肌肉放在碱性溶液中浸提后用乙醇沉淀，中合后用硫酸蒽酮定量；以及肌肉内乳酸含量的测定，即在肌肉均浆液中加入高氯酸制成无蛋白滤液后，用 LDH 氧化法测定。pH 值的测定主要通过酸度计取猪最末胸椎处背最长肌中心部，头半棘肌中心部位肌肉组织进行测定，判断依据是正常背最长肌的 pH1 多在 6.0—6.5。pH1<5.9，并伴有肉色灰白，质地松软和汁液外渗等现象，可判断为 PSE 肉。头半棘肌的 pH2>6.5，伴有肉色暗红，质地坚硬，肌肉表面干燥等现象，可判断为 DFD 肉。

《种猪测定原理与方法》与国家标准的制定

熊远著是一位既注重提高基础理论修养，又重视具体生产实践的科学家，他非常重视将科学实验的经验和结论编成系统读物与同行分享，同时也用作指导学生的教材。他编写出一本本颇具理论研究价值和实用参考价值的书籍，如《实用养猪技术》《基因免疫的原理与方法》《猪生化及分子遗传实验导论》《种猪测定原理及方法》等，在同行和教学实践中颇受欢迎。

特别值得一提的是《种猪测定原理及方法》一书，作为一本理论操作兼用型读物，是熊远著根据他自己多年的养猪育种经验，在结合我国种猪测定现状的基础上,引典据实,融汇国内外先进经验及技术方案,于1999年编著而成的,其显著特点就是在全国率先实现了有关种猪测定的系统化论述,在阐明测定技术原理、方法的基础上,做到理论与实践的统一,对种猪测定实践具有很强的指导性。

在如今的养猪学界,《种猪测定原理及方法》仍然是专业核心教材。后辈学者对熊远著所编书籍有着很高评价:

> 我认为熊老师编写的教材专著,它们在理论方面大体上是相互融会贯通的,并且这些教材都非常注重基础理论、技术原理的梳理和分析,因此他们一直以来都是专业教学高频使用的书籍,而且在相对较长的一段时间内不存在过时与不过时的问题。比方说《种猪测定原理及方法》一书,其中的许多种猪测定原理及技术,将来还是具有一定的参考价值的,即使像偏重实用技术类的《实用养猪技术》,虽然技术在跟随时代科技的发展在一步步优化,但是大部分的技术都是基

图 6-14　农业部种猪测定技术培训班结业典礼(前排右二为熊远著)

于一些实实在在的传统养猪技术之上[1]。

为了普及种猪测定工作的开展，让更多的人了解种猪测定工作的意义，更好地掌握和推广应用种猪测定的相关标准化技术，熊远著接受了农业部的委托，在武汉种猪测定中心平台的依托之下举办九期全国及省市种猪测定技术培训，受训学员 4000 余名，为我国养猪育种事业的基层人才建设发挥了重要作用。

同时，熊远著明白，统一规范的操作衡量标准是我国养猪育种事业中亟须强化的方面。要想让自己和团队的研究产生更大的社会效益和经济效益，真正贡献于我国的养猪事业和猪肉市场秩序控制，将科研成果转化为政府和国家意志，那就得将这些思想、成果、方法和要求变成清晰可控的标准条款，以规范文本推而广之。

于是，熊远著组织开展了关于我国猪育种方面的标准化研究，他分别主持或参与了《湖北白猪》（GB 8475-87）、《瘦肉型猪活体分级》（GB 8470-87）等十个国家标准的制定。经评定，熊远著参与制定的《瘦肉型猪活体分级》达到了国内外同类标准先进水平，并获得了 1990 年国家技术监督局科技进步奖二等奖。后来，熊远著又承担了《氟烷测验规程》《猪活体测膘》和《种猪质量检测综合标准》等国标的制定任务。

1985 年，熊远著专门提出了中国瘦肉型猪饲养标准，编制出《猪鸡饲料营养价值成分》和《中国饲料数据库》。同时，规模化猪场疫病防治主要转向病毒诊断技术和疫苗的研制开发。2008 年年初，在猪肉价格异常波动的严峻形势下，以熊远著为组长的专家审定组论证通过了《生猪交割质量标准》和《生猪交割质量检测技术规程》，至此，我国第一个商品猪产业标准正式形成[2]。熊远著认为，生猪标准的推出对产业发展具有重要意义，有利于进一步促进我国生猪产业规模化养殖水平的提高，增强我国生猪产业的国际竞争能力。

总之，这些标准的制定，对育种方法和养殖技术的应用以及猪肉质量

---

[1] 任竹青访谈，2015 年 5 月 28 日，武汉。资料存于采集工程数据库。
[2] 博观而约取，厚积而薄发.《世界农业》，2009 年第 3 期，封面人物。

控制，发挥了极为重要的作用，在规范化层面进一步推进了我国猪育种水平的提高，加快了养猪生产实践的健康发展。

以种猪拍卖会为契机

拥有优良品种是现代农牧业的标志。畜牧业从传统向现代化的转变过程中，首先要进行的是品种的转变，没有新品种的引进、繁育和推广，就没有现代畜牧业的形成和发展，所以说，畜牧产品市场的竞争，实质上是各地区间畜牧业实力的竞争，其中优良品种和科技含量是核心竞争力。随着竞争的日趋激烈，优良品种在畜牧业发展中的独特地位显得愈来愈重要，"建设畜牧产业，良种必须先行"已成为人们的共识。

种猪既是生猪产业链的源头，也是动物食品安全和品质消费的保障。19世纪90年代中期，广东省养猪协会从国外和中国台湾地区学习拍卖经验，在全国举行了第一次种猪拍卖会。这种种猪拍卖会对于国内的养猪界来说还是个新鲜事物，它的出现引起了国内各地养猪企业的极大兴趣，前往广东参会者之踊跃超出预期，但那时候拍卖会更多在于气氛的烘托，真正的成交额并不大。

一直以来，熊远著认为，中国的养猪业，尤其是湖北的养猪业，必须要有一个"抓手"，以此提高各猪场所产种猪的信誉度，促进我国猪场对猪种选育的重视，促进选育良种的推广和市场转化。广州种猪拍卖会给了熊远著灵感，他坚定地认为，这个"抓手"就是种猪测定与种猪拍卖。

2001年，湖北省畜牧兽医局与华中农业大学、农业部种猪质量监督检验测试中心（武汉）、湖北省养猪行业协会共同讨论商定，以国家种猪测定中心为平台，以规范、公平、公正、公开、服务为原则，以不营利为目的，对种猪选育成绩突出、种猪质量好，并自愿参加种猪拍卖会的种猪场和种猪开展测定、评优和拍卖。从此，每年的 10 月 16 日至 18 日，便有来自国内 30 个省市区的养猪业相关人士齐聚武汉，连美国、英国、丹麦、加拿大、亚非国家以及我国香港和台湾等地区的代表也会慕名而来参加以种猪选秀、展销为主的湖北种猪拍卖会，有时参会人数达到 3000 人。之后的几年里，全国多个地区相继策划举行了种猪拍卖会，种猪拍卖会逐渐成为养猪业界一大盛事。

俗话说："母猪好，好一窝；公猪好，好一坡"，种猪的重要性由此可见一斑。农业部种猪质量监督检验测试中心（武汉）作为我国第一个国家种猪测定中心，从 20 世纪 80 年代开展种猪测定以来，逐渐形成了成熟的质量管理体系和技术体系，测定种猪品种以杜洛克、长白、大约克为主，测定指标主要有日增重、料肉比、活体背膘厚等。种猪测定中心对被测猪的基本情况有着统一的要求，即送测猪个体重 20—25 公斤，日龄应在 70 天以内，必须有完整的系谱资料，而且必须健康，严格执行种猪疫病检测流程。通过层层筛选，符合送测条件的种猪送到测定中心，隔离观察复检后，才能正式进入测定室开始测定。

拍卖猪首先需要通过测定中心测定。主要是因为猪的生产性能表现除了取决于遗传因素外，还取决于环境因素。进入测定的种猪，在相同环境、相同饲养管理条件下，当体重达到测定要求时进行测定。根据测定结果，计算出综合指数，并由专家组进行外形评分，最后在每个品种中遴选出综合指数前五名和外形评分前三名的优级种猪进行拍卖。拍卖现场由国家注册拍卖师组织拍卖，其余的优级种猪则参加按标竞购。每逢这个时候，优良种猪都格外受到养殖户青睐，拍卖会上人如潮涌。

2001—2010 年的十年里，种猪拍卖会的组织者和参与者坚持农科教相结合，加强了产业链之间的团结协作，使湖北种猪拍卖会厚积薄发，聚合了多种优势资源，提高了生猪良种覆盖率，实现了企业增效、农民增收。到 2010 年为止，湖北已成为全国输出优良种猪的省份之一，全省共有种猪场 390 个，种猪销售网络辐射全国 30 多个省市区。连续十年的集中测定成效明显，长白、杜洛克、大约克日增重分别提高 7.5%、8.3%、7.2%，测定种猪1900多头，累积评选出特优质种公猪172头，优质种公猪954头，可改良种母猪110万头以上，生产优质商品猪2000万头以上，按每头商品猪静态增收100元计算，可为社会增收20亿元以上。在良种的推动下，湖北生猪产业快速发展，2010年全省生猪出栏3827.4万头，全国排名第5位。生猪产业值近700亿元，位居所有农产品第1位。猪肉产量287万吨，占全省肉类总产量的76.6%。生猪达100公斤体重出栏日龄平均为175天，比1998年提前出栏30天。湖北已建成标准化万头猪场439个，居全国第一。生猪规模养殖达68%，三元杂交猪比重占80%以上。生猪标准化规模养殖得到了农业部的高度肯定，并迅速在全国推广。

种猪拍卖会的拉动，促进了湖北省一批养猪企业迅速发展壮大。以种猪拍卖会为契机，湖北天种从一个县级养猪场一跃成为全省最大的种猪企业和国家级龙头企业。同时，桑梓湖、三湖、金林、金龙、鄂美、宜昌正大、南屏、长流、花果山、中粮、云龙、康美等一系列品牌也从这里起步，成为享誉业界的知名品牌。2010年，湖北十家种猪企业荣获"第一届全国养猪行业百强优秀企业"称号。

实际上，种猪拍卖会不仅产生了经济效益，而且对种猪改良也发挥了重要的作用。种猪拍卖会的出现，使大家懂得了品种在养猪生产中的贡献率，激励养猪从业者自觉重视品种的改良，科学养猪之风大兴。而参加种猪拍卖会的企业，越来越体会到种猪测定的重要性，认识到优良的猪种才是养猪业经济效益的基础。同时，作为养猪行业的一次大聚会，种猪拍卖会给予了各位专家学者互通有无、交流信息的机会，经验的交流加速了猪种改良的实际进程。除了行业内的交流，种猪拍卖会还促进了相关企业与养猪企业的沟通和联系，开展了许多有价值的主题讲座，如解读养猪形势命运问题、如何防控疾病等，受到广大学者和养殖从业者的欢迎。湖北种猪拍卖会至今已经超过十五届，依托华中农大强大的技术优势，吸引了国内外养猪界权威专家学者及知名企业家的参与，是养猪事业新理念、新技术、新产品的集中展示和融合。

参加集中测定的种猪企业，不仅仅限于湖北省，河南、海南、江苏、江西、福建、安徽等省的知名种猪企业也相继踊跃参加。"栽下梧桐树，引得凤凰来"，中粮、正大、正方、雨润等知名企业纷纷在鄂投资兴建种猪场。拍卖会成了行业的风向标，只要在拍卖会上获得了名次，就代表着品牌和实力的提升，拍卖会犹如一支杠杆，撬动着养猪业的蓬勃兴起。

科学研究要走在实际生产的前面，是熊远著经常挂在嘴边的一句话。在种猪选种育种的过程中，前瞻性的眼光与周全的思维使他在研究遗传与环境的互作原理时，考虑到种畜后代将来产生的条件，尽量让其先代也在同样的环境下评定和选择。也就是将种畜在与未来推广地区相仿或略好的条件下进行选择，特别是根据育种的方案，结合预计推广的地区环境，考虑"互作"问题。他不仅注重知识的跟进、研究与生产的结合，还致力于科研成果的推广。在种猪测定、肉质测定和种猪拍卖活动的同时，他主持编写的技术推广资料包括《规模化养猪场系统规划与建设工艺技术参数规程》《规模化养猪新工艺四种典型模式的研究》《规模化养猪生产技术操作管理规程》《规模化养猪企业管理规程》等，对于规模化养猪具有重要的实际指导作用。

第七章
抗应激品系与瘦肉猪的肉质改良

PSE 肉和 DFD 肉

瘦肉型猪的培育需要降低猪胴体组成中的脂肪率,从而达到增加瘦肉率的目的。为了实现这一目标,就不得不对猪的肌肉组织进行选择。然而,倘若选择过度,势必造成猪有机体各组织的发育失衡,使肉质与肉量遗传发生负相关的反应,不可避免地导致劣质肉的出现。

我国现代肉用型猪育种始于 20 世纪 70 年代初的三江白猪,之后是湖北白猪,总体上比西方发达国家晚了近三十年。1980 年,由于活体测膘技术在全国养猪界的广泛应用,直接加速了猪瘦肉率遗传改良的效率,但因为片面地追求提高瘦肉率,最终还是出现了猪肉品质变劣的问题。劣质肉的出现不但引起了消费者的不满,也给养殖业、肉类工业、商品销售、贮存和物流业带来了巨大的经济损失。

学界关于劣质肉的产生原因争议颇多,但在某些方面还是达成了一定的共识。养猪学界专家学者认为,劣质肉的发生既源于一定的遗传因素,又绝非全是遗传因素,它是由于一系列外界应激因子作用于猪体而产生的一种生理生化反应的外在表现。

用熊远著的话来说：

无论是应激敏感猪还是应激抵抗猪，在受到一系列外界刺激时，均有可能发生劣质肉[①]。

猪的应激表现会导致两类劣质肉的产生，分别是 PSE 肉和 DFD 肉。

PSE 肉（Pale，Soft，Exudative）俗称水猪肉。它是指肌肉颜色灰白、肌块质地松软、肌块切面汁液外渗的肉质类型。它是猪应激敏感性劣质肉的主要特征，一般出现在宰杀后，且应激敏感猪在宰杀后产生 PSE 肉的概率高达 60%—70%。从肉质的 pH 值来看，PSE 肉在宰后 45 分钟之内 pH 值低于 5.8—5.9，系水力在 60% 以下，肌肉颜色反射值在 25% 以上，肌肉纹理粗糙、肌肉块互相分开。PSE 肉常发生于肥猪的猪腰部及腿部肌肉。这种肉用眼观察呈淡白色，同周围肌肉有着明显区别，其表面很湿，呈多汁状，指压无弹力，呈松软状，也称"热霉肉"。

PSE 肉的产生有遗传因素和环境因素之分。遗传因素主要包括品种和个体差异，不同品种的猪在屠宰后其肌肉由于酶组成不同，肌肉中糖原酵解速度不同，因此 pH 值变化速度不同。而环境因素影响更多，其中包括有机体的营养状况、饲料中的抗营养因子、生猪在宰前受到的驱赶、运输、噪声、互相撕咬、电麻以及气温等因素作用，通常会处于高度紧张状态，这时体温升高、肌肉收缩、能量被大量消耗，并且肾上腺素分泌亢进，肌肉对糖分解机能亢进，糖原酵解过程增强，最终产生大量乳酸，肌肉 pH 值下降。而在后续加工中也存在温度或其他因素的影响，同样容易产生 PSE 肉。为了减少 PSE 肉的发生率，一般可以通过选购优良品种、改善饲养管理和减少应激等手段来控制。

DFD 肉（Dark，Firm，Dry），是指猪肉宰后 pH 值高达 6.5 以上，肌肉出现切面干燥、肌块质地坚硬和色泽深暗的肉质类型，它是劣质猪的另一种表现。DFD 肉的形成一般是由于患有应激综合征的猪，在猪屠宰前受

[①] 熊远著：《种猪测定原理及方法》。北京：中国农业出版社，1999 年，第 92 页。

到的应激强度虽然较小，但持续时间较长的刺激所致。它会使猪的能量大量消耗，并引起肌糖原消耗增多，体内产生的乳酸变少，最终导致猪呼吸性碱中毒。DFD 肉产生的主要原因一般是宰前管理不当。

总的来说，劣质肉的判断指标主要是肉色、pH 值和系水力三要素。其中，用肉色判断是最为直观的判断方法，而 pH 值判断是最为有效的判断方法。肉色判断，一般是采用宰后 24 小时第 4—6 胸椎间背最长肌切面的颜色、质地及渗出性作为指标，结合各品种的肉质特性、个体特性来综合评定：

> 肉色评定一般采用 6 级评分板进行评定，1 分为重度 PSE，肉色苍白；2 分为中度 PSE，肉色微红肉色；3 分为轻度 PSE，肉色为淡红肉色；4 分为正常肉的鲜红色；5 分为轻度 DFD，肉色为深红色；6 分为 DFD 肉，肉色为暗黑色[1]。

肉色判断后就是质地评判：

> 若质地粗糙，组织间隙多，柔软而缺乏弹性，易变形且切面随时间延长而向外突出则判断为质地差，反之则判断为质地好。渗出性按三级评定，即若全是肌肉发生浆液渗出，在肉块下方呈滴状滞留为一级重度；肉切面湿润，肉质在凹处滞留为中度（二级），有少量肉汁覆盖断面，比正常肉略多为轻度（三级）[1]。

为了不重蹈瘦肉率增加而肉质变劣的覆辙，在瘦肉型猪培育过程的后期，熊远著尤其重视瘦肉猪的肉质检测与改良，注意从遗传、管理和操作等方面预防劣质肉的出现。其间，熊远著及其带领的科研组在选种时尽量挑选应激抵抗能力高、瘦肉率高、肉品品质好的种猪，并且充分利用地方种猪肉质优良的特性与优质外来种猪进行多元杂交，即在选种的第一步及

---

[1] 熊远著：《种猪测定原理及方法》。北京：中国农业出版社，1999 年，第 93 页。

时淘汰应激敏感猪种；在饲养管理方面，保证适当的日粮能量与蛋白质水平，按饲料卫生标准选购原料，正确添加矿物质与维生素，同时加强冬季猪舍的保温、夏季的降温和通风等；在屠宰前保持一系列科学规范的操作，如在猪屠宰前通过对猪的淋浴可在一定程度上减少猪的应激反应，既能降低猪的体温，又可分散猪的注意力；驱赶猪时严禁鞭打、惊吓；在使用锤击法时，要找准位置，尽量快、狠、准，猪击昏后必须立即放血；在运输装卸时动作要轻缓柔和，尽量避免各种强烈应激因素的刺激。

抗应激品系开启猪品质育种新领域

熊远著从开始主持瘦肉猪培育时，就清楚地意识到"猪应激敏感性"可能带来的后果，并对此问题暗中加以关注，如何降低猪的应激敏感性，显然已经成为新的重大研究课题。他立即开始投入"瘦肉型猪肉质早期活体选择和抗应激品系选育与利用"的研究之中。

猪的应激综合征

猪应激综合征（porcine stress syndrome，PSS）指的是：在应激因子（如运输、转栏、高温、预防注射、配种等）的作用下，猪发生呼吸急促、心跳亢进、体温升高、肌肉僵直、后肢呈现痉挛性收缩，并伴随突然死亡的一种症候群。患有猪应激综合征的猪宰前吸入氟烷麻醉剂或氯仿和注射肌肉松弛剂（如琥珀酰胆碱）可以诱发恶性高热综合征，严重者出现死亡。死后剖检或宰后往往以异常高的比率（60%—70%）出现 PSE 肉。PSE 肉的产生和发展，给世界各国的养猪生产、销售和加工造成很大的经济损失。我国自引进培育高瘦肉率猪种之后，PSE 肉发生率也呈上升趋势。因此，猪肌肉品质的遗传改良已成为世界各国养猪业及动物遗传学、育种学、生理生化、肉类科学和分子生物学等学科领域的重大研究课题。

熊远著在《种猪测定原理及方法》一书中指出，猪应激综合征[①]，除了两种劣质肉的出现即 PSE 肉[②] 和 DFD 肉[③] 之外，还表现为两种综合症状，一是恶性高热综合征，二是成年猪背肌坏死征。

1. 恶性高热综合征（MHS）。是指在应激敏感猪吸入麻醉剂或注射肌肉软弛剂诱发的一种综合征候群。猪体温升高至 42—45 摄氏度、呼吸急促、心跳亢进、体温升高、肌肉僵直、后肢呈现痉挛性收缩、机体内水分和电解质代谢紊乱、肌肉中乳酸大量积累引起代谢性酸中毒。

2. 成年猪背肌坏死（BMN）。主要发生于 75—100 公斤的成年猪。当成年猪发生背肌坏死时，其直肠温度可达 40 摄氏度左右，呼吸达 100 次/分钟，双侧或单侧背肌肿胀，且肿胀处无疼痛反应。这是猪应激敏感性的一种特殊表现，但是是由与 PSE 肉同样的遗传病理机制引起的。这种现象是在比利时首先报告，其次在法国、德国及英国猪种都有发现。有学者认为这是由于线粒体能量代谢条件永久性缺陷，肌肉代谢中的无氧酵解补性增加，乳酸过多造成的[④]。

猪的氟烷敏感性测验

"氟烷"作为一种麻醉剂，能诱导氟烷敏感个体产生一系列的应激反应。

1966 年，Hall 首先发现猪群中某些个体吸入化学麻醉剂氟烷可引起肌

---

① 熊远著：《种猪测定原理及方法》。北京：中国农业出版社，1999 年，第 104-105 页。
② PSE 肉，指肌肉颜色灰白、肌块质地松软、肌块切面汁液外渗，是劣质肉的主要特征，应激敏感猪宰杀后 60%-70% 产生 PSE 肉，PSE 肉宰后 45 分钟 pH 低于 5.8-5.9，系水力 60% 以下，肌肉颜色反射值 25% 以上，肌肉纹理粗糙，肌肉块互相分开，是 PSE 在肉质上的综合表现。
③ DFD 肉，如猪在屠宰前所受的应激强度较小而时间较长，肌糖原消耗较多，体内产生的乳酸少，被呼吸性碱中毒中和，肌肉则出现切面干燥、肌块质地坚硬和色泽深暗，是劣质猪的另一种表现。
④ 熊远著：《种猪测定原理及方法》。北京：中国农业出版社，1999 年。

肉僵直的现象。这种现象出现后，如果立即停止氟烷吸入则症状会马上消失，不会引起死亡；如果继续吸入则可能出现角弓反张、心跳呼吸加速、体温升高甚至死亡。据此，养猪育种人利用氟烷敏感个体宰后肌肉易产生劣质肉的特性，将氟烷作为一种应激源，用来淘汰氟烷阳性个体，并以此鉴别猪群中是否存在应激敏感个体。它能解决瘦肉猪育种中应激综合征和肉质变劣的问题，随后，氟烷测验便开始风靡世界养猪业。

所谓氟烷测验[①]，指的是借助麻醉器械，使猪吸入混有氟烷的氧气，根据猪吸入氟烷后四肢和肌肉的反应症状，判断猪是否为氟烷敏感性个体，这种方法就是检测应激敏感猪的有效手段。

熊远著等人对氟烷测验进行了深入全面的实践，当测试结果趋于稳定和达成共识之后，系统地研究了氟烷测验的供测猪年龄、体重、氟烷吸入浓度、氧气流量、测定时间和判断标准以及氟烷敏感性和肉质的关系。他们便据此制定出《猪的氟烷测验规程》国家标准，其中主要包括检测方法、测定项目和测试结果分析评价三个方面。

氟烷检测方法有全封闭式、半封闭式和开放式三种，测试猪年龄在8—12周龄。测定项目有：分别于绑定后在吸入氟烷前、吸入氟烷后眼睑反射消失时和终止氟烷吸入后觉醒时测量猪的肛温；记录猪吸入氟烷到眼睑反射消失所需时间和阳性猪呈典型阳性反应所需时间；记录氟烷测验猪的四肢反应程度（分为松软、强直和僵直）、后肢肌群反应程度（分为松软和发硬）和皮肤反应程度（分为潮红和发绀）。

试验结果一般有三种现象：

> 第一种现象是氟烷阳性，即猪四肢（1—4）出现40秒以上的持续或进行性强直，或肌肉强直，特别是后肢肌群发硬，即可判断为阳性反应，这种猪一般还伴随着皮肤潮红或发绀，体温升高等症状。
>
> 第二种现象是疑似现象，即1—2肢出现40秒以下的强直，强直的持续性和进行性不明显，肌肉仅有轻度反应，这时可通过延长氟烷

---

① 熊远著：《猪生化及分子遗传实验导论》。北京：中国农业出版社，1999年，第30页。

吸入时间至5分钟，若四肢或肌肉出现阳性反应，则判断为阳性。若四肢或肌肉出现阴性反应则判断为阴性。

第三种现象为氟烷阴性，一般猪肌肉呈现全身肌肉松弛，四肢自然弯曲，呈现出典型的"三分钟姿势"；或1—2肢出现短暂强直但迅速消失，不再出现任何反应，三分钟时同样出现典型的"三分钟姿势"，则可判断为阴性[1]。

熊远著还强调说：

若出现阳性反应时，应立即停止氟烷吸入，并及时用冷水冲淋全身，特别是颈部，必要时应注射胆曲林等急救药品[1]。

通过氟烷测试和定向选择可以降低猪群的氟烷阳性发生率，如瑞士和荷兰长白猪的氟烷阳性发生率，分别由1980年前的13%和21%，下降到1985年1%和8%。

氟烷测验虽然是一种简单、快速、有效的早期检测敏感性的方法，但氟烷检测也有其局限性：

①氟烷敏感性受隐性基因控制，氟烷检测只能检查出氟烷敏感基因隐性纯合体（Hal^{nn}），而不能检查出 Hal^n 基因的携带者（Hal^{Nn}）；②Hal^n 基因外显率不完全，有些 hal^n 基因猪呈阴性反应，而有些 Hal^{Nn} 猪呈阳性反应，因此，需要研究与 Hal 位点紧密连锁的遗传标记来推断 Hal 基因型[1]。

---

[1] 熊远著：《猪生化及分子遗传实验导论》。北京：中国农业出版社，1999年，第30页。

抗应激品系瘦肉猪育成

熊远著认为:

从分子生物学来看,猪应激综合征是受常染色体上隐性氟烷敏感基因(Hal^n)控制,且具有不完全的外显率。氟烷敏感基因具有多效性,它一方面是 PSE 肉的主效基因,可提高瘦肉率;另一方面又对猪的产肉力呈加性效应,会导致产仔数下降、生长速度慢、胴体短、眼肌面积大等现象。基于这两方面的考虑,抗应激品系瘦肉猪育成过程中,要在一定限度内充分利用 Hal^n 基因的优势,实现瘦肉型猪肉质早期活体选择和抗应激品系选育与利用[①]。

随着分子生物学领域相关技术的成熟发展,氟烷检测可以通过分子标记辅助选择手段对氟烷基因进行检测,这样既可以节约研究成本,又能较早的进行淘汰筛选。例如,患有猪应激综合征的猪在现代化的饲养环境中,在没有任何应激条件下是不会产生应激现象的,但是如果在运输的过程中,这类猪一旦受到相关刺激,那培育六七个月的猪就白白浪费了。为了避免这种情况,研究人员会在小猪刚刚出生的时候就提取它的血液,并通过血液进行氟烷基因的淘汰。

通过不断地选择、杂交,熊远著团队终于培育出抗应激系瘦肉猪。

为了充分利用这一新品系的优势,发挥抗应激系瘦肉猪肉质好、应激敏感性极低等优良特性,熊远著又趁势开展了抗应激品系的杂交组合试验,试验旨在筛选出优异的杂交组合,利用好这一不携带氟烷敏感性基因(Hal^n)的新品系,配套生产出猪应激敏感性低和 PSE 肉发生率低于 1.5%或近于零的商品猪。2000 年,熊远著在撰写的《抗应激系配合利用结果报告》一文中详细阐述试验的具体过程:

---

① 蒋思文、邓昌彦、熊远著等:猪氟烷基因与猪生产性状关系的初步研究。《华中农业大学学报》,1995 年增刊,第 52 页。

分别设置"应激群 × 应激群"(应 × 应),"应激群 × 抗应激系♀"(应 × 抗),"抗应激系 × 抗应激系"(抗 × 抗),"皮特兰 × 抗应激系♀"(皮 × 抗)四个杂交组合,在相同的营养水平和饲养管理条件下,对各组合的繁殖性能、肥育性能、胴体品质和肌肉品质进行系统测定和统计分析。结果表明:"皮特兰 × 抗应激系♀"肥育期日增重 646 克,达 90 公斤,体重日龄 169 天,饲料利用率 3.37,90 公斤屠宰,平均背膘厚 2.05 厘米,眼肌面积 41.53 平方厘米,胴体瘦肉率 68.67%,且肉质较好;繁殖性能的各项指标与另外三个组合差异不显著;因此可以认为"皮特兰 × 抗应激系♀"是合理利用氟烷敏感基因和杂种优势,高效优质地生产商品瘦肉猪的适宜配套杂交组合[①]。

通过杂交试验,熊远著等人最后得出结果,只要根据我国养猪实情,选育抗应激母系,充分利用国外高瘦肉率父本,如皮兰特、比利时和挪威长白,建立杂交繁育体系,扬长避短就能生产出高效优质的商品瘦肉猪。

猪应激敏感综合征与肉质变劣,是养猪育种事业一直以来所面临的巨大挑战,无数研究者为其忧为其乐。熊远著及其课题组从 1986 年就开始从事相关的研究,并随时跟进世界猪育种研究前沿。首先开展了氟烷测验和 PHI、PO2、PGD 等生化遗传标记的研究及其单倍型推断鉴别猪应激敏感基因,进而建立了 PCR-RFLP 等快速准确检测氟烷基因型分子生物学技术,并将其与常规育种研究相结合,提出 RYR1 基因(增加瘦肉产量、产生应激、肉质变劣)多重效应的利用原理与方法,并将其与高瘦肉率应激父本皮特兰杂交生产的商品猪,结果表明该杂交品种无应激反应,比一般商品猪瘦肉率提高 3%—5%,头均产瘦肉量增加 2—4 公斤,且肉质优良,开辟了猪品质育种新领域[②]。

---

① 雷明刚、熊远著等:抗应激系配合利用结果报告。《华中农业大学学报》,2000 年增刊,第 43-47 页。

② 倪德斌:执著敢为的猪育种院士——记我国唯一的养猪院士熊远著教授。见:中国畜牧兽医学会养猪学分会、中国农机学会机械化养猪协会编,《养猪三十年记——纪念中国改革开放养猪 30 年文集(1978—2007)》。北京:中国农业大学出版社,2010 年。

长远来看，虽然熊远著带领的科研组所取得的成果只是阶段性的成果，但其出现无疑增强了瘦肉猪肉质改良的信心。养猪领域普遍认可他关于"猪应激敏感基因的活体检测技术及抗应激品系选育利用"的研究，并认为抗应激品系开启了猪品质育种的新领域。2001年，在《"九五"国家重点科技攻关计划成果选编》一书中，相关部门对熊远著及其课题组的研究项目给予了高度的肯定：

> 利用湖北白猪Ⅳ系，通过氟烷活体检测，彻底清除 Hal^n 个体，选择氟烷阴性个体（Hal^{NN}）组建基础群，进行世代选育，目前已进展到四世代，品系群母猪产仔数12.46头，肥育期日增重675克，达90公斤体重172.3天，饲料利用率3.02，胴体瘦肉率61.45%，肉质优良。用抗应激品系与高瘦肉率应激父本皮特兰进行杂交，杂优猪95公斤时屠宰，头均产瘦肉量达47.43公斤，胴体瘦肉率68.67%，表现出优异的胴体品质，且肌肉品质良好，肌内脂肪达1.97%，无PSE和DFD肉发生，瘦肉率可提高3%—5%，使每头猪多产瘦肉2—4公斤。猪抗应激敏感基因的活体检测为瘦肉型猪肉质早期活体选择开辟了新的领域，为抗应激品系选育提供成功的模型。研究出的通过氟烷测验、酶型酶活测定、单倍型推断及PCR技术，快速、准确、早期活体检测应激敏感基因技术，将分子生物技术与常规育种技术相结合，应用于育种实践中选育抗应激品系和剔除群众中含有应激敏感基因的个体。已推广种猪1万头，创利税100万，创外汇达120多万美元[①]。

熊远著及其团队在对猪肌肉生化代谢机理、肉质评定方法、氟烷测试、生化酶型酶活单倍型推断和氟烷基因型分子生物学检测方法研究的基础上，将分子生物学技术与常规研究相结合，培育出抗应激品系，该项研究填补了国内空白，达到国际先进水平，并建立起整套育种方法和技术服务体系，推及全国并取得了显著的社会经济效益。

---

① 《"九五"国家重点科技攻关计划成果选编》。北京：科学技术文献出版社，2001年，第134-135页。

第八章
动物数量遗传学与分子生物技术的应用

动物数量遗传学的应用

  1909年，瑞典遗传学家H.尼尔松—埃勒提出"多基因学说"，他用每对微效基因的孟德尔式分离来解释数量性状的遗传。英国统计学家和遗传学家R. A. 费希尔、美国遗传学家S. 赖特和英国生理学家和遗传学家J. B. S. 霍尔丹则在20世纪20年代较为系统地奠定了数量遗传学的理论基础。40年代中美国学者J. L. 勒什和英国数量遗传学家K. 马瑟进一步发展了数量遗传研究，K. 马瑟把它称为"生统遗传学"。而50年代以来，随着概率论、线性代数、多元统计和随机过程等的逐步应用，数量遗传学的内容又有了很大的丰富。

  数量遗传学是一门采用数理统计和数学分析方法，研究数量性状遗传的遗传学分支学科。它主要是将遗传规律与生物统计学以及其他数学分支结合起来，解释数量性状的遗传规律和生物发展的规律，从而丰富和充实了遗传学和进化论。在数量遗传理论中，遗传力、重复力、遗传相关、遗传进度、选择指数等是几个重要的概念。其方法主要是用生物统计学方法对群体的某种数量性状进行随机抽样测量，计算出平均数、方差等，并在此基础上进行数学分析。显然，遗传规律与生物统计学以及其他数学分支结合起来，解释数量性状的遗传规律和生物发展的规律，不仅理论上丰富和充实了遗传学和进化论，而且由于经济性状绝大多数是数量性状，所以研究数量性状的遗传变异对于动物育种实践具有重要的指导作用。

熊远著认为，数量遗传学是将数量性状表型值变异由遗传和环境等原因造成的部分加以区分，而设计的加速选择进展的原理和方法。一般来说，经济性状绝大多数是数量性状，所以研究数量性状的遗传变异对于猪育种、选种实践具有重要的指导作用。

何为数量遗传，我们不妨看看业内人士的通俗解释：

> 遗传在我们看来，永远是一个研究不透的东西。我们对遗传的理解，最早是基于孟德尔规律，孟德尔规律是一个遗传与变异的基础理论。这是经典遗传学……比如龙生龙，凤生凤，老鼠生老鼠……它还有另外一个规律，是变异。即便是中国人生的孩子，两个父母都只有一米七，生的孩子为什么有一米八，或者说甚至只有一米六。那这个过程中，就需要解密了，即遗传的过程中有变异……最开始的孟德尔遗传是数量遗传学，数量性状是可测量性的，比如说身高，体长。还有一些不可测量的如头发的颜色，这个性状就不属于数量性状的研究范畴，而是属于质量遗传[①]。

20 世纪 70 年代，是动物数量遗传学向我国动物育种领域传播的关键时期。

这一时期，国内外学者运用数量遗传学的相关理论对猪遗传育种进行了大量研究，其中主要包括三个方面：一是通过培育专门化品系进行配套利用，或培育高产品系（增加窝产仔数）以提高单位时间内猪肉产量；二是消除猪的应激反应，改善猪肉品质；三是把常规研究方法与分子生物学技术相结合，探讨猪遗传育种过程中的理论问题和实践问题，为猪遗传育

---

① 刘望宏访谈，2015 年 1 月 14 日，武汉。资料存于采集工程数据库。

种提供新方法、新途径。

20世纪70年代以前，人们对猪的价值进行评估，往往还只能通过肉眼观测。直到70年代以后，随着数量遗传学的传入，养猪学领域对猪的价值判断才开始进入到量化判断时期，这是我国猪育种观念和工作发展过程中一次历史性的转变。我国著名畜牧学家、动物营养学家、农业教育家许振英前辈是最早将数量遗传理论从国外引入中国的科学家之一，也是熊远著学习数量遗传学的启蒙老师。在第二次猪种资源调查过程中，他有机会接触到国内一流的养猪学专家，耳濡目染中，他对数量遗传理论有了零星的了解。

1975年3—7月，熊远著远赴东北农学院参加了"动物数量遗传研讨班"，向往已久的理论，终于系统地呈现在他的脑海。理论与实践，域外经典理论与本土养猪实践开始结合，开始带给养猪科学家和养猪殖业者一次又一次惊喜！

1978年，熊远著参加了农业部举办的全国"数量遗传"长达三个月的学习班，也正是三年内两次集中而系统的学习和讨论让他谙熟了这一理论的精髓，坚定了将数量遗传学应用于我国养猪育种实践，尤其是应用到湖北白猪选育中的想法。

1979年，数量遗传学培训班在华中农业大学举办。熊远著再次参加了培训学习，在日益丰富的养猪实践基础上，培训课听起来更有针对性、更有收获了。

随着养猪学科的发展，国家养猪事业的推动，以及他参与的猪种资源调查和育种实践的深入，熊远著后来成为全国性瘦肉猪"育种协作组"核心成员，在华中农业大学和湖北省畜牧所共同承担的协作项目中，他尝试着把所学到的有关数量遗传学的原理和方法应用在猪育种工作中。回忆起那段时光，熊远著认为那是一个知识逐步丰富、思想逐步打开的过程。虽然动物数量遗传学是一门概念抽象、公式复杂的学科，但不论是在学习还是实践运用过程中，面对困难，熊远著都从未放弃，并且在实践中对理论的核心内容有了越来越深刻的理解和越来越强烈的实践验证的冲动，这为其创新提供了科学的门径，也为他日后进行猪育种研究工作奠定了坚实基础。

经过几次"数量遗传"系统学习的熊远著明白，科研实践必须遵循一定的科学原理，要想培育出瘦肉率高、肉质好、生长快、耗料少、能适应不同地方气候条件、具备较好的繁殖性能、在杂交利用中具有较好配合力且同时能用于国有农场、城市工矿区、饲料较好的农村地区生产的商品瘦肉猪母本品种，还需要理论与实践的有机结合。数量遗传学是注重统计与分析的生物学理论，以前在生产中较少运用，以往的猪育种通常只盯着生产过程和现象，忽略了理论指导的重要性。基于这一点，熊远著在总结前一阶段杂交组合试验、湖北中型白猪培育经验和查阅国内外有关新品种、新品系猪选育文献的基础上，计划将数量遗传理论真正地运用到猪育种的生产实践中去，采用试验设计式的育成杂交法与群体继代选育法，预计在1986年基本育成湖北白猪及其品系。经过数月的酝酿和草拟，《湖北白猪育种方案初稿》（下文简称《方案》）于1978年10月形成，该《方案》主要从育种目标与要求、杂交方案、品系建立方案、选择方案、一般育种群、饲养水平、杂交组合试验与品种比较试验这七个方面进行了制定。

从遗传的角度看，瘦肉猪就是一种数量遗传学性状。熊远著充分利用数量遗传学相关理论知识，将从国外引入的优秀种猪与中国本土品种猪进行杂交，提高了瘦肉率。对于熊远著以及整个养猪学界来说，动物数量遗传学对猪育种工作的贡献是巨大的，可以说，如果没有动物数量遗传学的相关理论，就没有新品种新品系（如"湖北白猪"及其品系和"杜湖猪"）的育成。

畜禽遗传标记研究会与养猪研究会

1989年7月4—6日，中国畜牧兽医学会畜禽遗传标记研究会在北京香山[①]成立。畜禽遗传标记研究会主要由从事生化遗传、免疫遗传及细胞

[①] 此地在1949年以前还是一块空地，后来因一次偶然的机遇而成为了我国现代奶牛业的"发源之地"，因此畜禽遗传标记大会的成立与此处背后的故事有着密切的历史渊源。据张沅教授介绍，在抗日战争期间，有几个美国朋友觉得中国共产党在延安只吃小米、玉米面，营养不够，因此养奶牛为中央提供营养补给牛奶。其中还传有一段佳话，毛主席为了给部队里中的军人补身体，还把自己的牛奶给他们喝。后来抗日战争结束，在解放战争期间，这批奶牛就跟着进京来到了香山的这块空地上进行放养。后来毛主席带着军队进京，住的地方也在香山的双清别墅。

遗传等方面的专业人员组成，在成立大会之后，还举行了畜禽遗传标记研讨会，重点针对畜禽血型、生化多态性的标准化问题及遗传标记的应用问题进行了学术交流。

这次交流是国内遗传育种界的一场学术盛会，它对于提高研究质量以及遗传标记应用于育种工作中有着巨大的推动作用。行业领域人士一致认为研究会的成立标志着我国在畜禽遗传多态性方面的研究和应用工作达到新的阶段，同时也为生物高技术的研究打下一个良好的基础，这对于提高我们识别具有优良基因个体的能力和加速畜禽遗传进展都具有重要意义[1]。

图8-1　1989年7月，畜禽遗传标记研究会成立大会合影（前排右一位张沅，右二为熊远著）

中国畜牧兽医学会畜禽遗传标记研究会作为我国第一个将动物数量遗传学的相关技术和理论运用到动物育种工作中的专业性行业协会，它的成立在我国整个动物育种事业的历程中是十分重要的节点和标志性事件。

系统的动物数量遗传理论学习，尤其是畜禽遗传标记协会成立后，熊远著及其团队有了更加明确的方向，开始有计划地投入动物数量遗传学的

---

[1] 秦志锐：中国畜牧兽医学会畜禽遗传标记研究会在北京成立。《畜牧兽医学报》，第20卷。

深入学习、领会和实践应用研究之中。

动物数量遗传学从大的学科分类来说是动物科学（animal science）门类下的具体细化学科。动物科学下的二级学科又分为很多类，一是遗传育种学科，二是营养与饲料学科，同时还有其他的繁殖学科。从畜禽种类划分动物科学，基本上可分为家畜、家禽五大种，即马、牛、羊、猪、鸡。作为动物育种研究者来说，有部分研究者的研究对象不是唯一的，而是交叉混合的：或不同阶段研究不同的种类，或同一阶段研究多个种类。但也有研究者从始至终研究同一物种，熊远著的一生，就是执着于养猪学科，从头到尾都专注于猪育种事业。

中国畜牧兽医学会畜禽遗传标记研究会的研究对象涉及五大家畜家禽，而专门针对养猪学界的学术组织，直到20世纪80年代还未成立。虽然早在1982年山东召开的"全国猪育种科研协作十年总结暨学术交流大会"上，参会代表纷纷表示应成立一个全国性的养猪组织，但由于种种原因一直未果。直到1990年7月，经我国畜牧界一代宗师、著名动物营养学家和养猪学家许振英[1]教授牵头，李炳坦[2]、张仲葛、张照、张龙志、赵书广、赵志龙、赵含章、熊远著等24位养猪界著名专家学者联合向中国畜牧兽医学会申报成立"中国畜牧兽医学会养猪研究会"，才于1990年10月20日成功获批，日后由东北农学院陈润生教授、北京市农林科学院赵书广教授和上海市农业科学院赵志龙教授为召开"中国畜牧兽医学会养猪研究会"成立大会进行了充分而具体的筹备工作。

1991年1月7—10日，"中国畜牧兽医学会养猪研究会"成立大会终于在冰城哈尔滨隆重地召开了，这标志着我国养猪界群众性的学术活动进入了一个新阶段[3]。

---

[1] 许振英（1907-1993），毕生从事畜牧学、动物营养和饲料科学的教学和科研工作，是我国著名畜牧学家、动物营养学家、农业教育家，是我国动物营养科学的奠基人和开拓者。

[2] 李炳坦（1919-1943），我国著名养猪科学家，养猪学分会创始人之一，是我国养猪科学与生产实践相结合的典范，为推动我国规模化养猪发展作出了重大贡献。他与张照、张龙志、张仲葛四位前辈，被行业人士尊称为养猪学界的"三张一李"。

[3] 赵志龙：十年怀胎，一朝分娩——记中国畜牧兽医学会养猪研究会（养猪学分会）诞生。见：中国畜牧兽医学会养猪学分会、中国农机学会机械化养猪协会编，《养猪三十年记——纪念中国改革开放养猪30年文集（1978-2007）》。北京：中国农业大学出版社，2010年，第30页。

图 8-2　2000 年 10 月，养猪学会分会在浙江省舟山市召开学会领导班子会，大家对换届交换意见，并选出第二届理事会领导成员（从左到右：段诚忠、王林云、罗明、赵书广、陈润生、熊远著、赵志龙、刘孟洲）

在此基础上，"中国畜牧业协会猪业分会"也宣布成立并组成理事会。其主要活动涉及以下几个方面：①关注行业发展热点，组织行业活动；②反映行业诉求，维护行业利益；③坚持服务宗旨，满足会员需求；④组织全国性活动，推动全行业发展；⑤开展国际交流，扩大行业影响；⑥加强理事会建设，完善理事会工作[①]。熊远著成为分会的重要领导成员，开始在全国养猪学科和养猪事业发展中发挥领导和学科骨干带头作用。

猪的数量性状研究

熊远著研究猪育种的理论基础就是利用动物数量遗传学理论来研究猪的数量性状。80 年代末 90 年代初的老一辈育种学家都是依托、依靠数量

---

①　王爱国、荆继忠：中国畜牧业协会猪业分会的成立和活动。见：中国畜牧兽医学会养猪学分会、中国农机学会机械化养猪协会编，《养猪三十年记——纪念中国改革开放养猪 30 年文集（1978—2007）》。北京：中国农业大学出版社，2010 年，第 37-38 页。

遗传理论进行选、育种。直到 90 年代后，随着国外分子遗传理论的传播影响，才出现了利用分子生物技术研究遗传的规律。

QTL 定位主要着重于生长、胴体、肉质、繁殖及抗病性状的研究，而猪的产仔数、日增重、背膘厚、屠宰率等大多数经济重要性状均为数量性状。

数量性状位点（QTL）指的是在基因组中占据一定染色体区域，控制某一数量性状的一组微效多基因的集合（或基因簇）。QTL 的定位必须使用遗传标记，人们通过寻找遗传标记和感兴趣的数量性状之间的联系，将一个或多个 QTL 定位到位于同一染色体的遗传标记旁。

现代借助分子标记，对目标性状进行标记辅助选择，从而由操纵数量性状表型深入到操纵基因型，实现了真正的基因型选择。最近几年陆续发现一些数量性状，尤其是经济重要性状，是由巨效基因（或称主基因）和微效多基因共同控制的，因此利用分子生物技术对这类基因或位点进行识别与定位，可谓是将传统数量遗传学推向了一个新的层次，也深化了对数量性状位点的研究。目前对猪数量性状的研究已发展为直接将研究目标指向各个数量性状位点，借助各种遗传标记，构建遗传连锁图谱[1]。

熊远著是我国公认的家畜基因组学上的 QTL 专家，他曾在 2000 年发表了《猪数量性状位点定位研究进展》一文，其中详细介绍了猪的数量性状位点定位研究进展及应用前景。数量性状位点定位，或称 QTL 作图，目的是通过连锁分析确定出 QTL 在图谱上的位置与特定连锁标记之间的遗传距离，进而确定 QTL 的表型效应。其中，数量性状位点的定位方法主要包括两种：一是候选基因途径，二是基因组扫描法[2]。

（1）候选基因途径是指基于生理、生化知识及对复杂数量性状的剖析，预先选定一些功能基因作为影响相应性状差异的候选基因，通过分子生物学实验检测这些基因及其分子标记对特定数量性状的效应值。譬如借助此法，Rothschild 等人于 1996 年发现 ER（estrogen receptor，雌激素受体）

---

[1] 刘望宏访谈，2015 年 1 月 14 日，武汉。资料存于采集工程数据库。
[2] 刘伟敏、熊远著等：猪数量性状位点定位研究进展，《湖北农业科学》，2000 年第 2 期，第 55 页。

基因与猪产仔数之间存在显著相关，可作为猪产仔数的候选基因。

（2）基因组扫描法是利用已构建的遗传连锁图谱和物理图谱，利用连锁分析的原理分析基因组中大量散在分布的多态性遗传标记（如 RFLP、微卫星等）与数量性状变异的连锁关系，进而借助这些标记跟踪对数量性状表现有影响的功能基因在染色体上的位置及其效应，从而寻找到 QTL。Andersson 等人最早应用该法检测到猪 4 号染色体上存在着影响生长速率、脂肪沉积和小肠长度的 QTL。

毋庸置疑，QTL 定位作为 21 世纪猪遗传改良的主要手段，必将为养猪业乃至全人类带来不可估量的经济效益。

数量遗传在湖北白猪Ⅲ、Ⅳ系选种中的应用

熊远著是我国最早将数量遗传学应用在猪遗传育种上的科学家之一。1983 年，他开始利用数量遗传学的相关知识对猪种进行选择、杂交，并培育出湖北白猪Ⅲ、Ⅳ系。关于具体应用，他在《数量遗传在湖北白猪Ⅲ、Ⅳ系选种中的应用初报》一文中有详细阐述，其中分别包括了七个方面的内容：

①主选遗传力高和中等的性状；②提高遗传力；③扩大供选群，缩小留种率，提高选择强度；④缩短世代间隔；⑤采用指数选择法；⑥考虑遗传与环境的互作；⑦适当注意质量性状的选择[①]。

这里所谓"遗传力"或称"遗传率"，指的是用来测量一个群体内某种由遗传原因（对环境影响而言）引起的变异在表型变异中所占的比重。遗传力可以作为判断出某性状变异传递给后代可能程度的重要参考指标，在动、植物育种中有着广泛的应用，例如，奶牛的出生体重的遗传力是 49%，这个数据说明出生体重在很大程度上是由遗传因素决定的，所以

---

① 熊远著、彭中镇等：数量遗传在湖北白猪Ⅲ、Ⅳ系选种中的应用初报.《华中农学院学报》，1983 年第 2 卷第 4 期，第 48—55 页。

按出生体重来选育大型牛成功的可能性较大；相反地，怀孕率的遗传力是3%，说明怀孕率大部分不决定于遗传因素，所以按怀孕率来选育多产的奶牛成功的可能性很小。

《数量遗传在湖北白猪Ⅲ、Ⅳ系选种中的应用初报》一文中，分别讨论了以下七个方面：

（一）关于主选遗传力高、中等的性状：

选择反应，即一代遗传改进量，可以利用$R=h^2S$[5]这一公式来进行计算，其中h^2为遗传力，S为选择差。从上式中可见，若遗传力越高，选择反应亦越大。所以我们要抓住主选遗传力和中等的性状，并采取措施缩小环境方差、提高遗传力。因为遗传力高的性状其表型值差异较近于育种值差异，表型值的优劣几乎反映了遗传上的优劣，这类的准确性较高、效果较好，所以要进行表型选择，提高遗传力。由于猪活体背膘厚度与其有较高的相关度，在选种中主要选择了遗传力较高的活体背膘厚度（h^2=0.4-0.6[4][16]）与遗传力中等的平均日增重（h^2=0.25-0.40[15、16]）的猪。

其中还提到，虽然外形评分和繁殖性状（一项重要的经济性状）的遗传力较低，但熊远著等人还是会对这些性状给予关注，因为他们在一定程度上反映了品种的类型和体质的结实度，因此这类性状同样应纳入选择指数。

（二）提高遗传力。熊远著等人认为提高遗传力是提高有效反应的主要方法之一，他们主要采取以下措施：

1. 供选群实施同龄同期对比，并使各个体所处的环境相对一致以缩小环境方差，提高遗传力。具体来讲，就是每世代从每窝的断奶仔猪中选取一头公猪参加公猪性能测定，三头母猪参加母猪发育测定以及为取得种猪的某些胴体材料而用两头仔猪所进行的同胞肥育测定，然后置于相对一致的条件下进行比较测定。为了使个体处于相对一致的环境中：①规定参加测定的断奶仔猪其出生日期前后不超过40天；②建立专门的公猪测定舍对后备公猪实行单栏饲养。从实践中体会到公猪在群饲条件下，即使自由采食，由于公猪的性兴奋、性欲存在着差异，各公猪的性能仍受到性干扰，因此性干扰亦为引起环境方差加大的来源之一，所以要尽量避免。③其他条件亦力求相对一致，如各测定舍分别由同一饲养员饲养，断奶后5—7天转入测定舍，15天正式进入测定，在此之前要全部完成驱虫和预防注射。

2. 当需要非同期同龄同出生胎次猪一道选择时，如建立品系基础群，则需要计算性状比值，然后再进行比较。所谓性状比值，即个体表型值与同一性状群体均值之比。如某个体日增重比值＝该个体日增重（g）/同期同龄同性别同出生胎次日增重群体均值。用一个固定的比值做标准，可以在一定程度上排除由于不同出生年份季节、不同出生胎次所造成的差异。

（三）扩大供选群，缩小留种率，提高选择强度。熊远著等为了最大限度地缩小环境方差，因此必须提高选择方差，他们在实践中确实也是这样做的，一般断奶仔猪原则上除体重极低，外形极差，奶头数低于育种目标，同窝出现非白毛或遗传疾病患者外一般均留下参加测定，这样做的目的是扩大供选群。文中还提到在湖北白猪Ⅲ系中的具体做法：

繁殖配种、饲养管理等亦为影响母猪选择差的因素之一。Ⅲ系基础群的供选群在六月龄选种时，按建系需要，从各血统中选定指数最高的50头母猪作为世代猪；但考虑到有的母猪可能失配，或者流产，或者所生仔猪离乳时不满6头，或者产生非白发、遗传疾患仔猪而全窝不能留种等情况再确定后补母猪22头，这样共有72头投入配种。

（四）缩短世代间隔：

从公式$\triangle G_t = R/G_t$（$\triangle G_t$为单位时间遗传进展，通常采用年遗传

进展，表示遗传改进速度），可见，倘若一代遗传改进量 R 不变，那么遗传改进速度就决定于世代间隔 G_I。

因此，他们克服了公母猪年年更新带来的困难，严格地实行一年一个世代，世代母猪一律秋配春产，让供选猪通过酷暑季节。

（五）采用指数选择法。选择指数指的是对多个数量性状进行综合选择的选择指标，它们可以使目标性状经过选择而获得最大的改进。选择指数值等于各性状表型值与指数系数乘积的代数和。熊远著对选择指数的应用比较认可，他认为：

当选择同时施加于几个性状时，指数选择法一般比独立淘汰法有效。

由于问题的性质和要求不同，确定指数系数的方法也各不相同，因而有许多不同估算法，熊远著所提倡的指数选择法是这样操作的：

由于我们所选择的性状的表型值各以其相对重要性（不同品系的同一性状其相对重要性不同）和遗传力的积数为权，然后合并为选择指数，作一单独性状处理。其中的相对重要性我们用性状的育种重要性（主要依据品系的育种目标来确定）代替经济重要性。

（六）考虑遗传与环境的互作：

根据遗传与环境互作原理，种畜的后代将来产生在什么条件下，就应尽量让其先代也在什么环境下评定和选择，亦即种畜宜置于未来推广地区相仿或略好的条件下进行选择，特别是根据育种方案，新品种及其品系将来作为国营农场、城市工矿区、饲料基础较好地区开展杂交利用的母本，考虑"互作"问题就显得更为重要了。

（七）适当注意质量性状的选择。主要是针对白毛色的选择和对隐性缺陷基因的淘汰：

为淘汰隐性缺陷基因而采用的测交法中，也采用了半、全同胞交配法。在Ⅲ系基础群组建前，先采用测交法以期区分开表型为白毛色的个体与确定表现遗传缺陷表型正常的个体究竟属于纯合子还是杂合子，以便淘汰杂合子，减少群体闭锁后由于毛色分离与遗传缺陷过多而对经济性状的选择所产生的干扰作用，并有利于白毛色的固定。对出现非白毛与遗传疾患者的窝不留仔，通过后裔观察证实为非合意基因的携带者是否全部不作为世代猪，且不留其后代则权衡质量性状与数量性状的关系，视当时情况而定。

同时，熊远著等人强调为保证质量性状的有效选择，还应扩大基础群组建的猪群规模。

可见，熊远著在猪育种方面的主要贡献之一，就是他很好地将猪育种的实践和数量遗传学的理论结合起来，把理论运用到实际中，从而促进了整个猪育种事业的发展。

面向"分子生物技术"和"基因"

纵观全世界的养猪育种过程，随着社会经济的发展和生活水平的提高，猪的育种目标和经济类型经历了由脂肪型向瘦肉型的转变；随着计算机和超声技术的发展，猪的育种方法与技术经历了由表型值选择到育种值选择的转变；随着商品猪市场多元化，猪的育种趋势开始由品种选育向专门化品系选育转变。商品猪的纯繁生产已完全被品种、品系间的杂交生产所代替。至此，动物遗传育种由群体水平进入分子水平[1]。

---

[1] 熊远著：瘦肉猪育种的发展及展望。《中国科学工程》，2000年第9期，第20-25页。

传统的数量遗传学解决的问题是表型值问题，即通过人的感官可以感知的表观问题，是看得见摸得着的外在表象形式。而分子生物学领域的分子遗传就是从基因的角度，从 DNA 的角度，解释为什么有这样的表型，如猪的毛色为什么是黑色的？不同品种的猪为什么体型不一？生长速度为何不等？它是追本溯源。

从 80 年代中期开始，熊远著带领其科研团队做了大量工作，以解决猪应激综合征，其解决途径有很多，如舒适的环境、协调的营养、适当的药物处理都能有效缓解应激综合征，降低其发生率。但是，他们却不能从根本上解决有氟烷基因这一遗传缺陷的事实，也不能充分地利用氟烷基因的优势，直到分子生物技术得到发展，氟烷基因的出现为猪育种研究扩宽了视野。

1999 年 6 月，作为学科带头人，熊远著积极为学科建设争取资源，成功地将华中农业大学的“动物遗传育种与繁殖”学科申报为农业部重点学科[①]。这一学科的申报成功，有力地推动了熊远著及其团队在理论应用上的转型。从此，分子生物技术和基因理论开始成为他们重点关注和实践应用的技术支撑和理论抓手。

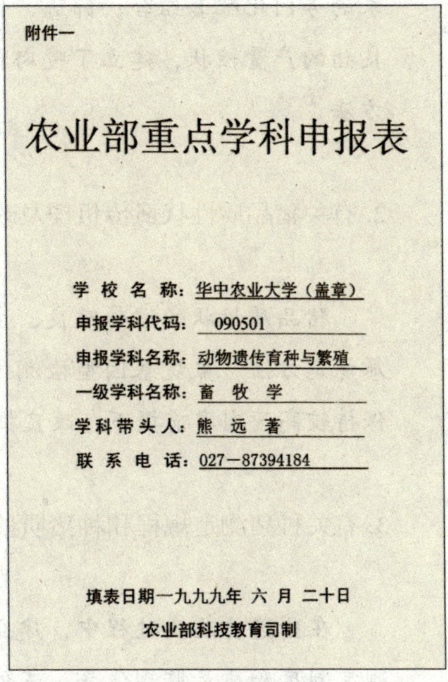
附件一

农业部重点学科申报表

学 校 名 称：华中农业大学（盖章）
申报学科代码：090501
申报学科名称：动物遗传育种与繁殖
一级学科名称：畜 牧 学
学 科 带 头 人：熊 远 著
联 系 电 话：027－87394184

填表日期一九九九年 六 月 二十日
农业部科技教育司制

图 8–3　1999 年 6 月 20 日，农业部重点科申报表：动物遗传育种与繁殖学科

尽管在申报表中熊远著仍特别强调动物数量遗传理论对于猪的育种与繁殖研究有着重大的意义，强调其为解读我国动物育种实践中存在的重要问题及满足未来市场发展

① 当时，该学科核心成员包括熊远著（研究畜禽主要经济性状遗传规律、育种理论和方法）、邓昌彦（研究猪分子遗传与育种、畜禽种质资源创新和利用）、李奎（研究动物分子生物学与育种）以及其他多位团队成员。

的需要，提供了新的途径和解决方法，但在学科规划中，他已经开始系统地从分子水平、细胞水平、个体水平和群体水平等不同层次探讨猪的遗传行为及品种改良等问题。

熊远著为"动物遗传育种与繁育"学科设计了以下几个方面的研究方向：

1. 有关猪重要经济性状遗传学基础和育种原理、方法的研究。

利用近代遗传学原理、分子生物学技术及分子标记辅助选择，探讨猪主要经济性状的遗传规律、选择方法和专门化品系选育方法，在国内培育出数量多、配套齐全的4个母系和3个父系。通过杂优组合的筛选优化配套，优选出了适合国际、国内城市、农村等不同市场需求的专门化配套组合，筛选、优化配套组合，开展杂种优势利用，改良猪的产量性状，建立了瘦肉猪育种及专门化品系选育的技术路线与方法[①]。

2. 有关猪品质性状遗传机理及改良方法的研究。

猪品质性状的遗传改良，主要是通过对猪肌肉生化代谢机理、肉质评定方法，氟烷基因型检测方法及抗应激品系选育和利用研究，在保持较高瘦肉率前提下，改良提高猪肉品质。

3. 有关种猪测定规程和种猪质量监测体系的研究。

在猪遗传改良过程中，建立健全适合我国国情、切实可行的种猪测定制度和质量监测体系，不仅是基础性和应用基础性研究，同时也是一个系统工程，是推进猪遗传改良速率巩固、提高遗传改良效果的一个重要研究。近年来，我们根据猪主要经济性状遗传规律，在大量

---

① 档案，动物遗传育种与繁殖，农业部重点学科申报表，第4—5页。存华中农业大学档案馆。

种猪性能测定的基础上，借鉴国外经验，制定了系列种猪质量检测综合标准和种猪集中测定与现场测定技术规程，并对全国大型种猪场进行了质量统检[①]。

4. 有关动物分子生物学与育种研究。

主要是在常规育种研究的基础上，不断引进分子生物学的研究成果。

> 近年来，该学科建立了 RFLP、RAPD、SSCP 等系 DNA 指纹图分析技术，研究了位于猪第 6 号染色体上的激素敏感脂肪酶（HSL）、脂蛋白脂酶（LPL）、氟烷（HAL）基因 DNA 多态性及其与猪主要性状的关系等。同时还重点开展了动物染色体组型、带型及动物群体中染色体畸变类型与频率的研究[①]。

从上述内容中，我们既能看到熊远著对传统数量遗传理论的继承和重视，还能明显地看到他在科学上与时俱进，大胆走近分子生物技术的决心。熊远著等人认为，"动物遗传育种与繁育"之所以能申报农业部重点学科，是因为随着现代分子技术、统计及计算机技术日益广泛地用于畜禽遗传改良中，该学科取得了较大的前沿性研究成果。这些前沿性研究均得到养猪界的高度认可，在此着重列举分子生物学技术在猪育种领域中的具体应用[①]：

> 通过建立 HSL 基因 PCR-RFLP 分析技术，发现在不同品种猪 HSL 基因第七内含子中，存在一 ALU1 酶切位点的多态性，表现出三种基因型 PP、PQ 和 QQ。其中梅山猪存在这三种基因型，等位基因 P 和 Q 的频率分别为 64.5% 和 35.5%；而通城猪基因全为 PP，大白猪和长白猪全为 QQ；
>
> 通过建立 HSL 基因 PCR-RFLP 分析技术，发现不同品种猪 HSL

[①] 档案，动物遗传育种与繁殖，农业部重点学科申报表，第 4—5 页。存华中农业大学档案馆。

基因第 8 外显子中，存在 SSCP 多态性，其基因型为 MM、NN 和 MN。其中梅山猪和通城猪含有更多的等位基因 M，分别占 69.5% 和 74.0%，而大白猪和长白猪含有更多的等位基因 N，分别占 48.7% 和 84.5%。不同品种猪 LPL 基因 5 端末翻译区域发现存在 SSCP 多态型，共六种基因型。其中梅山猪和通城猪基因型为 AA，BB，等位基因 A 和 B 的频率分别为 0.76、0.24 和 0.77、0.23；大白猪和长白猪基因型为 CC、CD 和 DD，等位基因 C 和 D 的频率分别为 0.58、0.42 和 0.72、0.28；

通过对具 SSCP 多态性的 HSL 和 LPL 基因片段进行克隆和测序研究，结果表明：HSL 基因 MM 基因型的 DNA 片段有两处碱基发生改变，即第 58 和 89 处 A-G，均导致了编码氨基酸的改变，即由 Asn-Asp 和 Glu-Gly。LPL 基因四种等位基因 A、B、C、D 之间有五处碱基突变，突变位点表示为等位基因 A 为 ATTCT、B 为 ATCCT、C 为 GCCCT、D 为 GCCGC。其中最后一个碱基 T-C，导致氨基酸由 Leu-Pro；

通过对 HSL 和 LPL 基因多态性与猪主要经济性状关系的研究，结果表明：HSL 和 LPL 基因的多态性与猪的背膘厚均有显著相关，猪 HSL 基因的等位基因 N 和 LPL 基因的等位基因 C，为背膘厚向下选择的有利等位基因，可作为猪背膘厚选择的分子标记。以上研究得到国外同类研究专家挪威兽医学院 Ingrid Harbitz 教授的高度评价，认为其达到国际一流水平。

通过在猪的二价体上基因定位、遗传图谱与染色体框架图、生长激素和依赖于 cAMP 的蛋白激素调节亚单位类型 IA 等基因的多态分析、微卫星 DNA 的研究和应用等方面做大量工作，取得了良好的进展。

分子生物技术的应用是在研究肉质劣变和改善措施的过程中启动的。熊远著等人在氟烷测验的基础上，先后开展了 PHI、PO2、PGD 等生化遗传标记研究及其单倍型推断鉴别猪应激敏感基因的研究，进而建立了 PCR-RFLP 等快速准确检测猪氟烷基因型的分子生物学技术，提出 RYR1

基因多重效应的利用途径与方法,并与常规育种相结合,主持培育出了瘦肉猪抗应激新品系。熊远著等人还在国内较早地开展了猪的基因染色体定位研究,对猪的 GH、rRNA 等基因及 49 个微卫星位点进行了染色体区域定位。

在研究方法上,熊远著带领其科研团队发明了引物原位 DNA 标记(PRINS)新技术和氟标记的 PRINS 技术,非放射性的 PCR-SSCP 技术及单精子 PCR 分型技术,完成了猪基因组文库的构建及微卫星 DNA 的克隆,并将微卫星 DNA 成功地应用于我国地方猪的遗传多样性评估[1]。继而在 1990 年组建猪资源家系,开展了猪的重要经济性状 QTL 定位及候选基因的研究,主要是构建了猪染色体遗传连锁图谱,并分离了 40 余个与肌肉生长、肉质、脂肪代谢、繁殖密切相关的新基因和分子标记,为我国开展猪的分子育种奠定了基础[2]。

华中农大在动物育种方面的分子生物技术研究之所以在全国行业领域中处于领先地位,这与熊远著有着密切的联系。

> 做分子工作最基本的要求是要有一个资源家系或者群体,资源群体的搭建目的是希望把我所需要的基因都暴露出来,所以家系的搭建是比较复杂的,并且要花很多钱[3]。

熊远著在很早之前就意识到这个问题,并且超前地投入大量的时间精力和物质资源去建系。一般来说,倘若要将两个品种,如一个瘦肉率很高和一个瘦肉率很低的品种,分别与产仔数很高的品种,要进行反复的杂交实验才能筛选出符合需求的猪品种。这个试验过程中需要大量的猪种资源作为支持,甚至需要将猪宰杀后对肌肉、脂肪采样分析,因此一个试验做下来要靠宰杀 300—400 头猪都不足为奇,而熊远著未雨绸缪,为试验创

---

[1] 档案,动物遗传育种与繁殖,农业部重点学科申报表,第 5 页。存华中农业大学档案馆。

[2] 韩晓玲、唐小涛、胡今天:我国第一位养猪学院士熊远著勇攀新的科研高峰。荆楚网,2012-08-03.

[3] 张沅访谈,2016 年 4 月 27 日,北京。资料存于采集工程数据库。

造了很好的条件。

分子生物学是从分子水平研究生命现象、本质和发展的一门新兴生物学科。分子生物技术是20世纪末人类科技史中最令人瞩目的高新技术，它为人类解决疾病防治、人口膨胀、食物短缺、环境污染等一系列问题带来了希望。以生物技术为基础发展起来的分子生物学技术，在农业动植物的遗传改良、新品种选育等方面也得到越来越多的实践和应用。

在国外，畜禽基因组在20世纪90年代初就已开始进行猪分子生物学方面的研究。其主要目标是寻找重要经济性状（如瘦肉率、产奶量、产蛋量、抗病性等）位点（economical trait locus，ETL）或与之连锁的DNA标记，并将其用于分子标记辅助选择（molecular-assisted selection）来改良畜禽品种，提高选择的有效性及年遗传改进量，从而提高动物生产效率和经济效益。其主要内容是构建高分辨率的遗传连锁图谱和物理图谱，这在近年来取得了很大进展，于猪19条染色体中已发现了丰富的DNA多态性。

世界各国在动物的基因研究中都投入了很大精力并取得了一定成绩，其中，欧洲猪基因组计划定于1989—1990年正式启动；美国早在1991年以前就开展了一些零散的基因定位研究，是世界上开展动物基因定位研究最早的国家。同年，美国农业部还资助启动了美国的猪、牛、鸡基因定位计划。畜禽遗传连锁图谱是构建与表型性状的基因座位紧密连锁的DNA标记图谱，主要用来分析畜禽重要经济性状（通常是QTL）在基因组中的位置及其对表型形状的贡献率[1]。

秉承"实践出真知"的信念，熊远著积极将常规研究与分子生物学高新技术相结合，为猪育种开辟了研究新途径、新领域。从选种整体上来看，通过分子技术育种，将来可以培育出多个优良性状（如产仔数多、生长快、背膘薄、肉质优、抗病力强）集于一身的新品种，这也正是猪遗传育种学家们一直努力探索和追求的目标。此外，通过比较图谱，将在猪中定位的QTL在人类有关染色体区域定位类似的基因，从而为人类某些疾病的遗传基础研究提供动物模型。他们首先建立了RFLP、RAPD、SSCP

---

[1] 雷明刚、吴珍芳、熊远著：分子生物学技术在种猪选育中的应用。《猪与禽》，2001年第4期，第20—23页。

等系DNA指纹图分析技术，研究了位于猪第6号染色体上的激素敏感脂肪酶（HSL）、脂蛋白脂酶（LPL）、氟烷（HAL）基因DNA多态性及其与猪主要经济性状的关系。同时重点开展了动物染色体组型、带型及动物群体中染色体畸变类型与频率的研究，并不断探索染色体制备、核型及带型分析的新方法。

2001年，熊远著等人发表了《分子生物学技术在种猪选育中的应用》一文，该文章详细介绍了猪分子生物研究进展，分子遗传育种中所涉及的基因育种和转基因育种，以及分子生物学技术在种猪选育中应用的优点和实例。并且认为：分子遗传育种是依据分子遗传学和分子数量遗传学理论，利用DNA重组技术改良畜禽品种的新方法和手段，主要涉及基因组育种和转基因育种，前者包括数量性状的辅助选择（MAS）和标记辅助渗入（MAI）：

对于MAS的定义，不同的学者有略微不同解释，大多数人容易理解的定义是"把分子遗传学方法和人工选择相结合达到农艺性状的最大改进"。MAS的实质是以多种分子标记为前提和基础的，如RFLP/SSCP、微卫星标记等，这是常规选择的辅助手段，实现了表型选择到基因型选择的重大转变，提高了选择的准确性，加快了遗传改良进展。如直接利用氟烷基因的PCR-RFLP分子标记图谱进行选种。

MAI技术就是利用DNA标记技术将一个或多个优良农艺性状基因（质量性状基因或数量性状基因）从一个品种或品系转入另一个品种或品系，并进行选种提高。其利用途径有二：其一是利用遗传标记进行目的基因渗入，即将已定位的目的基因（预渗入的基因）和与之连锁的遗传标记在尽可能少地带入（供体）基因组其余部分的情况下，把有益的目的基因（主基因或QTL）固定到被渗入群中，其实质是应用分子生物学技术的杂交育种；其二是利用遗传标记选择背景基因型。利用遗传标记选择背景基因型的理论基础在于：整个染色体片段可以遗传，那么在特定的品种杂交后代中，基因组中来自某一品种的标记周围的部分很可能也来自于这一品种[1]。

分子生物学技术在种猪选育中的应用，目前主要是标记辅助选择。这种选择运用于猪育种中的优点在于：选择可以在猪生命早期开始而不必等到生产性能完全表现出来；可以在两性中同时选择任何生产性状，打破了限性性状只能从单种性状选择的局限；可以选择屠体性状和抗体性状，而不必做昂贵的屠宰试验和疾病应激试验。标记辅助选择缩短了世代间隔，增大了选择强度，由于不受微环境的影响，增加了选择的准确性；标记辅助选择可用于合并两个或更多品种的优良生产性状位点，可在品种内选择改良[2]。

2000年，熊远著在《瘦肉猪育种的发展及展望》一文中提出：新世纪分子生物技术在猪育种中应用的主要趋势主要体现在猪基因组计划、数量性状主效基因的检测与利用以及转基因技术方面。具体来说有四大趋势：

（1）加速功能性基因和重要经济性状基因的定位、分离、克隆和表达调控研究以及我国猪种特有优良基因的鉴定和利用途径研究。

（2）建立高效的基因表达系统和有效的基因转移和鉴定技术。

（3）研究猪杂种优势的分子遗传机理，研究猪的高效、高产、优质、抗逆育种理论，建立标记辅助选择与常规育种相结合的技术体系和方法。

（4）研究高效率细胞克隆的分子生物学基础与技术，建立克隆复制的技术体系。

相信随着科学技术的不断发展，瘦肉猪育种将进入一个新的历史时期，并将取得更大的进展和更多的成果[2]。

熊远著自然也对基因理论及实践产生了浓厚兴趣。

---

[1] 雷明刚、吴珍芳、熊远著：分子生物学技术在种猪选育中的应用。《猪与禽》，2001年第4期，第20-23页。

[2] 熊远著：瘦肉猪育种的发展及展望。《中国科学工程》，2000年第9期，第20-25页。

19世纪四五十年代的欧美国家，在分子生物学领域就发现了一个很重要的遗传规律，即基因。基因是具有遗传效应的DNA片段，基因支持着生命的基本构造和性能，储存着生命的种族、血型、孕育、生长、凋亡过程的全部信息，环境和遗传的互相依赖，演绎着细胞分裂、蛋白质合成等生命繁衍的重要生理过程，生物体的生、长、衰、病、老、死等一切生命现象都与基因有关，它也是决定生命健康的内在因素。因此，基因具有双重属性：物质性（存在方式）和信息性（根本属性）。面对猪遗传性状的研究，熊远著大胆引入了基因思维和方法，猪的基因研究重点等同于猪的数量性状位点研究，两者都着眼于猪的生长、胴体、肉质、繁殖及抗病性状研究。熊远著及其课题组则侧重于对猪的肉质性状基因和繁殖力基因进行研究，并发表了相关的学术论文。

起初，随着猪的遗传改良，猪育种重心主要集中在提高生长速度、增加胴体瘦肉率这两个方面。实践证明，这种育种计划取得了比较大的成效，但随着消费者的需求从"量"逐渐转变为"质"，猪的肉质劣变问题引发社会关注，这一问题也引起了科研人员和生产者的重视，养猪行业内也逐渐展开了对肉质性状基因的研究。猪的肉质性状基因主要包括猪的氟烷基因、RN基因、猪肌内脂肪基因定位、肌纤维的基因定位等几个方面。2000年，苏玉虹和熊远著发表的《猪的肉质性状基因定位研究进展》一文对此进行了详细的阐释。

经过反复的试验和分析研究，熊远著及其带领的科研组认为影响肉质的主效基因有猪氟烷基因和RN基因。研究表明：

猪氟烷基因（Hal）会导致PSE肉（灰白水样肉）的出现。Pse肉的特点是肌肉呈灰色，质地柔软，具渗出性或水性。此类肉由于失水而收缩，加工产量低，烹调损失高，多汁性差，食用质量一般低于正常质量。猪应激综合征是导致PSE肉的原因。对PSS的传统检测方法是氟烷测验。很多证据表明，正是由于过去50年里，高强度地选择肌肉，抑制脂肪沉积，从而使猪应激综合征及PSE肉发展率增高，并带来巨大的经济损失。皮特兰猪 PSE 肉发生率最高[①]。

RN 基因又叫酸肉基因。RN 位点是影响猪肉肉质加工性状 RTN 的主效位点。具体来说：

> RN 基因使得加工后失重多、产量低、引起酸肉状态。酸肉状态的原因是肌糖原水平高，（淀粉）分支酶活性强，宰杀肌肉将肌糖原转变成乳酸的能力提高，导致终点 pH 值低下，肌肉中蛋白质含量降低，系水力降低，从而影响加工产量……瘦肉率较高，腿臀比例较大以及肌肉易切值低，更嫩些，像氟烷基因一样。这些有利的方面引起人们对 RN 不利基因利用的争议[①]。

然后是关于猪肌内脂肪的基因定位。肌内脂肪（IMF）的含量和肉质呈正相关，影响肉质的嫩度，风味和多汁性，特别是肉的嫩度。但是，如果肌内脂肪的性状像其他肉质性状一样，只有在动物屠宰时才能测量，这就会直接影响培育成本和培育效率。而通过同胞测验，用 DNA 标记进行标记辅助选择（MAS），这一问题则可迎刃而解。文中提到：

> 1972 年，Ockner 及其合作者从肠细胞胞液组分内分理出一种脂肪酸结合蛋白，发现它的功能是将脂肪酸从刷状缘膜向光滑内质网移位，防止细胞内堆积游离脂肪酸。FABP 优先结合长链脂肪酸并有效地促进酯化反应，有利于甘油三酯的重新合成。FABP 家族成员有八种：小肠、回肠、大脑、表皮细胞、髓磷脂、肝脏、心脏及脂肪组织脂肪酸结合蛋白。其中两种被作为猪肌内脂肪（IMF）的候选基因，它们分别是心脏脂肪酸结合蛋白、脂肪组织脂肪酸结合蛋白基因[①]。

最后是关于猪肌纤维的基因定位。肌肉的组成结构和肌纤维的组织

[①] 苏玉虹、熊远著、邓昌彦：猪的肉质性状基因定位研究进展。《遗传》，2000 年第 5 期，第 334-337 页。

学特性与肉品品质,特别是食用品质(嫩度、风味和多汁性)性状密切相关。

宰后僵直肌肉肌节长度与肉品嫩度间呈正相关,肌节长度越大,肌肉越细嫩。红肌纤维含量多的肌肉有较长的肌节。肌肉表面纹理是肌束大小排列的表现,肌束内肌纤维越细,肌纤维密度就越大,则肌肉表面纹绒状,肉品品质优良,其肉质就越鲜嫩。而猪肌纤维的基因定位主要包括MyoD基因组家族和钙蛋白酶抑制蛋白[1]。

其中,钙蛋白酶抑制蛋白是一种特定的、内源性的、需钙激活的蛋白酶抑制剂。熊远著等人认为这是一个研究肉质性状极有希望的候选基因。

在繁殖性能方面,虽然传统的动物数量遗传学在家畜育种中起到了非常重要的推动作用,但家畜育种中所面临的繁殖性状遗传力较低、性状表现不足等问题还未得到完全解决。繁殖性能作为养猪生产过程中的关键一环,成功与否直接影响到整个养猪业的经济效益。倘若从分子生物技术着手,找出猪繁殖力的主效基因,不仅可以提高繁殖力,而且还能对遗传性状进行改良研究。

熊远著等人在《猪繁殖力主基因和QTL的研究进展》一文中认为,随着新的分子信息获取、微卫星引物的分离、单精子分型等技术的发展,猪身体里控制产仔数的主基因一定能被找到。

中国猪,尤其是太湖猪[2]以其超高繁殖率闻名于世,国内外学者对其高繁殖性能的遗传机制进行了研究,并提出了窝产仔数主效基因假说,并通过候选基因法、基因组扫描法等进行研究。通过对家畜基因定位和基因组学的研究,目前已报道了中度饱和的连锁和物理图

---

[1] 苏玉虹、熊远著、邓昌彦:猪的肉质性状基因定位研究进展。《遗传》,2000年第5期,第334-337页。

[2] 太湖猪,产于长江下游太湖流域的沿江沿海地带,其优点是产仔多,泌乳性强,性情温顺,母性好,肉色鲜红,味美可口,但大腿欠丰满,四肢较弱,增重较慢,对气温变化敏感,易得喘气病。

谱，并已鉴定了一些与特定性能相关的染色体区域和基因[1]。

随着欧美等发达国家对主要畜禽品种基因组作图及 DNA 分子标记和标记辅助选择等项目的大规模实施，熊远著等研究者也对分子生物学技术在猪育种中的应用，以及对畜禽主要经济性状的分子遗传基础日益加深了认识。2000 年，在《长大母猪的 ESP 和 PRLR 两个基因位点的多态性及其与产仔数相关性的研究》一文中，熊远著等人以"长大"母猪为研究对象，采用雌激素受体基因（ESR）和催乳素受体基因（PRLR）位点（这两个基因位点是由 Rothschild 和 Vincent 分别研究出来的），对长白母猪的多态性及其与产仔性能、仔猪生长性能、乳头数之间的关系进行了实验分析。实验表明，雌激素受体基因（ESR）和催乳素受体基因（PRLR）位点的突变对产仔数，即猪的繁殖性能有显著的影响。

这两个位点（ESR、PRLR）在长大白猪中存在多态性，并且其基因及基因型的频率各不相同。位点 PRLR 在长大白母猪中，本试验的结果与 Vincent 研究有相似之处。位点 ESR 在长大母猪中，本试验结果与的 Rothschild 结果有相同的趋势[2]。

作为一名科学家，熊远著始终坚守着开放和实证精神，对于转基因技术和转基因猪的积极、冷静，反映了他的热情和严谨。

转基因技术是未来生物学领域发展的一种趋势。转基因育种，指的是通过基因转移技术将外源性基因导入某种动物基因组中，从而改良动物重要生产性状（如生长率、增重等）、非常规性育种性状（如生产人类药用蛋白）和遗传抗性育种的模式。在动物界，最早的转基因实例是 Palmiter 等于 1982 年用显微注射方法将大鼠生长激素基因（RGH）导入小鼠基因

---

[1] 李凤娥、熊远著、邓昌彦：猪繁殖力主基因和 QTL 的研究进展。《猪与禽》，2003 年第 4 期，第 31—35 页。

[2] 张淑君、曾凡同、邱祥聘、熊远著：长大母猪的 ESP 和 PRLR 两个基因位点的多态性及其与产仔数相关性的研究。《养猪》，2000 年第 3 期，第 31—32 页。

组获得世界上第一只体重为正常小鼠2倍以上的"超级鼠",这突破了只能在种间进行基因传递的天障,极大地激发了科学家利用转基因技术探索改良畜禽品种的热情。

猪的转基因研究中,最早的研究是将人生长激素基因(hGH)导入猪的基因组。1988年,澳大利亚Scammark教授将猪生长激素基因注入猪的受精卵,获得了"超级猪"。这是生物工程在家畜基因工程育种上的一大突破。但hGH基因在猪中的表达情况,受到种种原因影响而难于分析。Pursel等在1989年将牛生长激素基因(bGH)、人生长激素释放因子(hGRFH)和胰岛素样生长因子(hIGF-1)基因用显微注射方法分别导入猪受精卵。导入成功后,基因得到表达,但转基因率仅为0.56%,整合率为0.6%。转基因表达的部分结果说明,外源基因可以稳定遗传。Weidle在1991年将小鼠IGA基因导入猪受精卵,在转基因猪中获得了小鼠IGA单克隆抗体。

图8-4 2012年,耄耋之年的熊远著,在国家转基因重大专项优质转基因猪新品种培育会议上阅读材料

1989年,我国开展了国内首次转基因猪研究工作,以中国农业大学为主导的多家单位,将猪的生长激素基因转入湖北白猪受精卵中。经过几个世代的观察,导入生长激素基因的湖北白猪生长速度和饲料利用率分别比同窝非转基因猪提高了13.4%和10%。2008年,我国首批转基因保健猪在武汉培育成功,最终获得中国首批转基因猪。

熊远著认为,从事动物遗传育种的科学研究者必须要理性地对待转基因技术,大胆构想,谨慎实践,并且利用其特点发挥其优势之处,对国家的科学事业作贡献。科研人员不能因为社会上对转基因技术不同程度、不同方面的质疑,就放弃对这门科学技术的研究。正是因为转基因技术如一把"双刃剑",国家更应该启动涵盖植物和动物两大方面的转基因研究项目，改变转基因研究在我国处于相对滞后的状态，以求在发展科技的同时能够免遭恶意的"转基因侵害"。熊远著在研究培育湖北白猪时，就意识到要在传统的动物数量遗传学上引入新的前沿生物技术、分子生物技术和基因理论，要以积极科学的态度大胆尝试。因此，在很早之前，以熊远著为带头人的转基因技术平台就已在全国率先建成，为了跟踪转基因技术的理论与实践前沿，他派相关人员外出专项学习，为科技攻关储备创新理论智慧和培养精英人才。

目前转基因技术应用于养猪方面的研究，主要在于提高猪生长速度和改良肉质品质两大方面。其研究热点和重点就是寻找影响猪生产发育中的优良基因，以及决定优良基因的决定因子。通过转基因技术来生产猪，一方面将猪的生长激素基因转到湖北白猪中，它可以明显提高猪的生产性能，并且可大大缩短育种的周期；另一方面，通过转基因技术可以提高猪肉的肌间脂肪含量，能够在一定程度上改善猪肉的口感，让猪肉变得更有嚼劲，从而改善肉的风味。

熊远著对新观念新技术所持的积极审慎态度也深刻地影响到他的团队

图 8-5　2012 年国家转基因重大专项"优质转基因猪新品种培育"年度工作会议（前排左三为熊远著）

和弟子。华中农业大学动物科学技术学院动物医学的郑嵘博士对转基因技术就持积极支持的态度,她认为:

> 社会上对转基因有不同的看法也很正常,因为科学研究总是有利有弊的,但若了解转基因的机理和原理,对于转基因成果你就不会害怕了……而我们现在承担的一个转基因项目,就是通过提高猪的肌间脂肪含量,以改善猪肉的风味。也就是说在提高瘦肉率的同时,慢慢地兼顾到猪肉的风味,而这个转基因项目对人类而言是有益的,也是有必要的[①]。

诚然,我国目前对转基因猪的研究尚处于探索阶段。转基因猪作为一种哺乳动物,各种性能更接近人类,它被人们所认可的程度不是一朝一夕就能够验证成功的,而是需要一套完整系统的科学试验数据来加以证明。一方面转基因技术的成功实例给人们带来了新的希望,但同时转基因技术也有一定的局限性。因为转基因制作成本较高,转基因效率较低,大多数情况下转入的目的基因不能按照人们的设想定点整合,因而在一定程度上限制了转基因技术在畜禽遗传改良中的广泛应用。另一方面转基因技术对传统伦理和人类生存的自然规律也是一种挑战。

[①] 郑嵘访谈,2015年1月14日,武汉。资料存于采集工程数据库。

结 语
敬事而信大器成

目前，早已年过八旬的熊远著身体时好时坏，校园里再难看到他高大的身影，虽然记性也大不如前了，但养猪事业和养猪学科建设却从未离开过他的世界。回顾熊远著的求学艰难和大器晚成，总结他的执着坚守和乐在其中，从他少小对科学的崇尚和追求到晚年病榻上仍对事业的恋恋不舍，我们心里凸现出一个大写的"敬"字。

"敬事而信"是君子之德。作为一个科学家，熊远著对研究对象的"敬"，对创新探索的"敬"，对躬行实践的"敬"，对经典规范的"敬"，对学术前沿的"敬"，对社会使命的"敬"，汇成他战胜困难，坚持习行结合，立于传统根基，放眼世界前沿，在科学研究中不断前行并终于大器晚成的强大精神动力。

敬爱与专业的"熊猪倌"

"学一行，敬一行"是熊远著执着坚守养猪事业一辈子的最好写照，他对这辈子与养猪结下不解之缘颇感欣慰，常常开心地笑称自己是"熊猪倌"。

熊远著毕生坚守养猪育种事业的动力正是源于内心对养猪育种事业的敬爱。尽管在中国传统观念的刻板印象中，"猪"被当成懒惰贪吃的代名词,甚至成为骂人的口头禅,但是在熊远著心里,与其说他将猪看作自己的研究对象,还不如说他把猪看作生活与事业的伙伴,对于猪这种生灵和养猪事业,他早已心存敬畏和感念。

熊远著对专业的态度经历了一个鲜为人知的心理转变。刚上大学时,不论对兽医还是畜牧类专业都是心存抵制的。少爷出身的他,总感到这个专业名称不大体面好听,甚至担心因此都找不上老婆。直到参观一场外科手术,熊远著毅然选择了兽医专业。后来由于生病休学和国家院系调整等因素影响,无奈改学了畜牧学。在专业的选择上,畜牧学虽不是熊远著的首选,但通过学习,他对畜牧学专业的热爱却与日俱增,并且以优异的学习成绩得到老师们的赏识。大学毕业留校后,熊远著第一次的工作经历就是去校办农场锻炼体验,负责的工作就是养猪,那是他第一次接触养猪实践,也正是这次经历使他逐渐喜欢上猪——这种憨实而有益于人类的生灵,并逐步开始了自己的养猪育种科学事业。在沉浸于养猪实践的日子里,熊远著把猪当成了自己亲近的工作伙伴,为了保住初生猪仔的生命,他甚至在冬天里把小猪放到自己被窝里取暖、对着嘴给小猪吹气,不怕脏不怕累,真可谓虔敬用心,这和刚上大学时他对专业的心态已是判若两人。

养猪不易,养好猪不易,养市场走俏的猪更是不易。正是由于对养猪事业的日久生"敬"和对猪这种动物越来越深的感情,养猪育种才成为熊远著一生执着追求的事业。早期的猪舍都是草棚子,而熊远著就在猪舍旁边搭个草棚子作为休息的地方。现在看来,当时的猪场环境很恶劣,尤其一到酷暑难耐的夏天,蚊子苍蝇漫天飞,猪粪臭气熏天,闲杂人纷纷避而远之。但熊远著并不在乎这些,虽然臭,虽然脏,虽然累,但是他却用信念支起一片天,潜心搞研究。白天到猪棚里观察、测量,与饲养人员交流;晚上回到草棚,立刻坐在昏暗的煤油灯下看书、做记录、写总结。熊远著现在回想起那段岁月,觉得日子虽艰苦,但仍满怀感激,他感激岁月让他做自己喜爱的猪育种研究并随之一同成长。他笑言:"只要走进猪棚,自己的心情就特别好。"猪棚里小猪的哼哼声,在他听来就是美妙的音乐。他常在猪棚里,抱起一些小猪崽爱不释手。见此情景,同事们常常忍俊不禁。他还将饲养小猪的猪舍戏称为"幼儿园"。猪俨然成了他心中的宝贝。

他的家一直不在学校里，直到1984年底他爱人调到学校工作，家才搬到学校。为了事业和科研工作，他长期住在猪场，即使是节假日，也坚持在现场。他的妻子身体很差，经常住院，但熊远著很少去照料，总是内疚地解释说"太忙"，妻子恨他太"憨"。有时，他在家里正干着家务，忽然想要去学校，于是坐两个多小时的公共汽车赶到学校，到实验室摸摸，到猪舍看看，才放下心来。跑通勤时，他常常是早上四点钟起床赶第一班车第一个来到猪场。下午，人们早已下班了，他还站在路旁或在车站与人交谈。特别是中午，由于猪场没有食堂，有时甚至连开水也没有，长期以来，他就把两个馒头当中餐，喝杯开水继续干。有时甚至是饿着肚子一整天[①]。熊远著对事业的热忱之心深深感染了学生：

> 我觉得熊老师对于我最大的影响就是对专业的热爱，和对这个事业的敬业……我们熊老师一生对这个养猪业都非常热爱，现在他八十多岁了，还经常去看一看猪场，到猪舍里去看一看，因为他年轻的时候在这个猪舍里就待了几十年，他取得的这些成绩也都是一步一步踏踏实实地做出来的，而且对这个猪也非常非常的热爱，时间长了不去看看猪，不去听猪的叫声的话，心里还是有点不踏实，经常还是去看一看，想一想，去接触一下。他非常的敬业，我们也是深受感染，做事情也会踏踏实实地去做，然后百分之百地投入进去，热爱自己的事业[②]。

熊远著与猪相处了一辈子，也相伴了一辈子。他说他只要走进猪棚，看到自己亲手培育的这些"猪亲戚"，他就感到亲切，脑海中也能立马浮现出这窝猪的外貌特征，联想到生活习性以及血亲来源。他常对学生说：

> 搞猪育种，就是要到养猪生产第一线进行学习，如果你不去了

[①] 王景刚：笃志决且坚，心血育成果——记华中农业大学猪育种专家熊远著教授。《科技进步与对策》，1988年第6期。

[②] 徐德全访谈，2015年5月28日，武汉。资料存于采集工程数据库。

解,不与猪培养感情,你就不知道猪的生长特性,那研究对象的基本情况都搞不清楚,要怎么做研究呢?[①]

对养猪育种事业,熊远著始终怀着敬畏之心,孜孜不倦。每一项研究成果的获得,每一次养猪学的行业推动,都蕴含着熊远著及其整个团队长期的汗水与心血。他饱含着对这份事业的热情与执着,前后与猪棚相伴长达十六年,非常人所能坚守,也正是这种坚守铸成了他今天的成就。

对于养猪和畜牧事业的感情已融入熊远著的生命,他在对大学新生讲话时真诚希望大家:能干一行爱一行。既然大家选择了这个专业,就要无限的热爱,全身心的投入。务必要专一、坚持不懈,要明确树立投身畜牧业建设的奋斗目标[②]。

从对"发明家"的"崇敬"到对科学创新的"虔敬"

熊远著自小敬仰科学发现,他在读中学时期就已立志——将来要当"发明家",把在科学上有所发现当成自己的人生最高理想。五十多年来的锐意创新和不懈追求,应该说,熊远著实现了自己的人生理想。也正是这种强烈的创新意识,使他在看似平凡的养猪育种领域能够始终保持高昂的探索热情。

具有超前的眼光并经得起世俗的冷眼,才能在科研上稳立潮头。

熊远著在科学研究上始终保持一种积极和热忱。他认为符合行业发展趋势、并有较强的可行性的项目,他便会尽力组织攻关。早在1978年,熊远著就抓准了养猪育种的发展趋势,提出了选育瘦肉猪的想法。那时全国粮食紧缺,猪肉更是珍贵稀缺的食品,虽然国外一些发达国家已经开始了瘦肉猪的育种研究,但基于国内经济水平和消费需求,进行瘦肉猪的选育研究却是很多科学家不敢想、不敢干的事情。虽然周围充斥着冷嘲热讽,认为他的研究不合时宜,甚至在试验失败后面临同行的压力,但熊远著认准了瘦肉猪选育研究对于养猪学和未来改善民生方面的潜在意义,他要求

---

① 熊远著访谈,2016年1月26日,武汉。资料存于采集工程数据库。
② 熊远著院士激励新生把握机遇早日成才。南湖新闻网,2007-09-11.

自己一定要坚守。经过艰苦的日日夜夜，瘦肉型"湖北白猪"终于选育成功。之后，为满足港澳市场需求，他又培育出杂交商品瘦肉猪——"杜湖猪"，这更是成为全国首类商品瘦肉猪，以其较高的瘦肉率和良好的肉质获得了港澳地区消费者的喜爱。

养猪学是一门深植于社会实践土壤的应用科学，但熊远著深知，要想创新还得谙熟相关的经典理论，获得清晰有效的理论引导，再反观或应用于实践。

20世纪70年代，动物数量遗传学传入我国并得到初步的传播。从1975年开始，熊远著就积极参加数量遗传学培训班，其中包括两次长达三个月的专题学习。通过数次系统的学习和透彻消化，熊远著不仅对数量遗传理论建立起清晰、系统的概念，而且对如何将这一经典理论应用于养猪学实践建立起一种深刻的理论自觉。可以说，正是数量遗传理论的引导，使他的养猪育种试验和讨论置于前沿的理论背景，使他的实践摸索置于深邃的学术土壤。那时，我国学者对数量遗传学理论还普遍停留在接受、学习的阶段，鲜少将其运用到实践生产中。熊远著认为，如果将数量遗传学运用到养猪实践中，那将是养猪行业的一次巨大变革。改善养猪业大环境和创新养猪育种方法的想法受到权威专家欣赏，熊远著成为"育种协作组"的核心成员并作为华中农业大学团队的学科领头人。在这个专题组中，熊远著率先把有关数量遗传学的原理和方法从各个方面应用在猪育种试验中，因此取得了杂交育种的巨大成功。在随后"湖北白猪""杜湖猪"及其品系的选育过程中，熊远著也以动物数量遗传学为理论指导，创新选育方法，在理论与实践结合特别是试验成果方面取得了不菲的成绩。

创新需要应对新事物的开放心态。面对现代分子生物技术和"基因"理论的兴起，熊远著一方面强调传统数量遗传理论的意义不应被忽视，同时也以积极的心态热情学习这些前沿理论，并在遗传性状比对和肉质改良等方面的研究中大胆应用新理论，对"基因"理论和转基因猪的研究也报以热情而审慎的态度。

科学家的全球视野无疑在创新探索中具有极为重要的意义，这不仅需要在理论上吸纳世界前沿理论营养，还要实地广泛见识研究样本的丰富多样性。20世纪80年代，熊远著关于"引进优良父本猪种开展猪种改良和进行瘦肉猪培育"的方案，受到国家有关部门的重视和采纳。于是，他为了引进优秀猪种多次带团出国考察，历经辛苦从海外引进了大量优质猪种，在后来的杂交试验和瘦肉型湖北白猪、杜湖猪及瘦肉猪品系培育中发挥了至关重要的作用，而且发达国家的猪饲养管理、相关仪器设施及使用，特别是专门针对种猪测定的专业技术规程和数量指标，为他的养猪与猪种培育研究给予很大启发。正是因为海外种猪测定和肉质控制的见识，催生了后来他和团队有关种猪测定和肉质检测方面的研究，让他率先在国内倡议设立起专门的种猪测定中心，填补了我国种猪测定的空白。后来，以武汉种猪测定中心的技术支持为依托，熊远著又创办了华中地区最大的种猪拍卖会，便利了优秀猪种的展销。种猪测定中心、肉质检测中心和种猪拍卖会，这些平台的建设，推进了我国的种猪贸易和养猪事业的专业化。

从事养猪育种事业五十多年来，熊远著一直敢想敢干，敏锐的科研眼光使得他善于捕捉科研契机，敢为人先的科研精神使得他勇于创新科研思路。他经常想别人不敢想，干别人不敢干，这种不断趋新、敢于创新的学术劲头，大大影响了团队成员和年轻学者。多年朝夕相处的团队骨干邓昌彦教授，作为与熊远著一起共同奋斗的同行专家，他对熊远著在治学方面的踏实严谨深为敬服，尤其对他善于发现和引进新的技术理念这一点感到十分难得。青年同行学者徐德全深受其影响：

> 熊院士最大的优点，是对新技术、新理念兼收并蓄，对新兴事物的出现保持一种包容的心态。无论是传统的，还是现代的，他并不是盲目绝对化地排斥，而是用一种谦和友好的态度去学习、接纳。他提倡将传统和现代相结合。

虽然最近几年，熊院士的身体状况不是很好，但他仍然活跃在学术领域，熊院士还于2012年，参加"国家转基因重大专项'优质转基因猪新品种培育'2012年度工作会议"。我想也正是因为借鉴分子生物科学中的转基因技术、克隆技术、基因修饰技术等技术，可以缩短养猪育种的年限。比方说，按照传统的养猪技术，一个猪种的育成就要花10—15年的时间。而现在借助新技术培育猪种就不需要那么长的时间。我认为熊院士在后期所做的努力，包括主持国家转基因项目等，对我们整个团队的建设贡献是非常大的，而且他的这些做法也符合未来很长一段时间内，我们学科所关注的重点研究方向。[①]

创新必须基于良好的知识储备，要养成不断学习的习惯，跨学科修养对于科学灵感极为重要。

熊远著在回忆他的求学时光和治学道路时，总是强调科学家的知识不能太单一。回想大学时光，年轻的熊远著在学习上有用不完的劲，他时时以"学海无涯""学无止境"来鞭策自己。除了完成正常的学习任务以外，在老师的指导下，他还自学了拉马克的《进化论》、达尔文的《物种起源》、孟德尔的《遗传学》以及J.汉蒙的《农畜繁育生长和遗传》、J.F.拉斯里的《家畜改良遗传学》、W.B.马瑟尔的《数量遗传学原理》，这些经典名著，丰富了他的学识，也培养了他缜密的思维方式，为他以后在学术上的飞跃打下了良好的基础[②]。他常常用"学然后知不足"来警示自己。因生病休学和全国专业调整的缘故，他先后系统地修过两个专业的相关课程，一个系统是兽医专业的，一个系统是畜牧专业的。恰是这两个系统的知识储备，使他在研究中具有更宽厚的知识背景和更敏锐的眼光。由于有畜牧专业背景知识的同时，也有兽医方面的知识，他不仅着眼育种，还能兼顾猪的营养、疾病以及饲养管理方面，在科研中具有难得的跨界交叉效应，而这恰是同行中少有的：

> 我认为搞育种需要兽医的保障，两者是不能分开的。如果分开了，育种育得再好，发病了就前功尽弃。而且它这个病是传染性的，它的病不是治一治就能解决了。这个传染期很长时间，是很讨厌的。[③]

---

① 徐德全访谈，2015年5月28日，武汉。资料存于采集工程数据库。
② 博观而约取，厚积而薄发。《世界农业》，2009年第3期，封面人物。
③ 熊远著访谈，2015年夏，武汉。资料存于采集工程数据库。

熊远著认为大的攻关创新不是一个人单打独斗能完成的，而是需要一个齐心协力的团队。熊远著在组建团队的时候，注重广泛吸收不同行业、经历和专业背景的研究者，既注重猪场场长、管理人员、饲养人员等实践经验类人才引进，也注重来自畜牧、兽医、疾病、育种等不同知识背景人才引进，总体上形成了一个理论与实践相结合，分工明确合理，对应养猪实践和学科研究内容需要的阶梯式立体结构型团队。为了引进一个关键人才，他在科研工作环境和生活条件方面用心解决大家的问题，真正为成员解决后顾之忧，激发他们的创造活力。

要想事业留人，保持科研团队的持续创新活力，就得用心为人才发展打造平台[①]。弟子任竹青教授说得很客观：

> 我们学校的养猪业，包括猪品种的培育、猪的基础研究、分子生物学基础研究，还有猪的疾病以及饲料营养研究，（已经形成了）整个养猪产业链，无论是从技术还是理论方面，在全国来看都是走在前面的。而我们之所以能取得现在这些成就，都是借助在以熊院士为代表的一批研究者所付出的心血之上，我们好比在"大树底下好乘凉"，享受着前辈们给我们留下的珍贵科研资源。比如说我们好几个年轻的教授，在三十四岁就顺利当上教授，这与熊远著在五十九岁时才评上教授相比，我们真的很幸运。我们幸运能被熊院士带到这个平台上来，享受最新最快的资讯，研究最符合生产实际的工作，可以这样说，如果没有以熊远著院士为带头人建立起的武汉种猪测定中心和国家级重点学科平台，我们所研究的养猪育种事业也不会发展得如此朝气蓬勃，因而，熊院士一生的贡献对我们整个团队的推动、前行起到

---

① 目前华中农业大学的动物科技学院下设六个系，分别是：动物科技系、动物遗传育种系、动物营养与饲料科学系、基础兽医系、预防兽医系、临床兽医系。其中有许多平台的搭建与熊远著的努力分不开，如国家级重点学科——动物遗传育种与繁殖学的建成，中国（武汉）种猪测定中心及农业部猪质量监督检验测试中心的建成等。同时他也培养出一批科研实力强的研究人员。目前，熊老师的弟子团队们主要分为两部分专业人员：一部分研究者还在继续坚持传统的性能测定及相关研究；而另一部分学者，如左波、徐德全、任竹青等主攻分子生物学方面的工作。

了至关重要的作用。[1]

他在近年寄语大学新生时强调团队合作的重要性。他用比尔·盖茨的"团队合作是企业成功的保证，不重视团队合作的企业永远无法取得成功"来说明企业管理和学术团队管理是相通的，建设一支有凝聚力的团队是获得科学成功的前提和关键。[2]

如果说从小以"发明家"为人生信仰是熊远著从事科研敢于创新的美好初衷，那么执着坚忍是他终能战胜挫折并在科学上获得成功的重要心理品质。

下猪场、住猪棚，恶劣的环境没有让他放弃；闹文革、批教授，动荡的局面没有让他放弃；遇瓶颈、遭白眼，研究过程中的挫折依然没有让他放弃。猪育种的事业，对熊远著来说并不是一帆风顺的，70年代中期，熊远著提出要搞瘦肉型猪的想法，当时受到了很多人的质疑。时值我国经济发展的低谷期——计划经济时期，老百姓买肉凭票，国家的粮食也供不应求，很多人还在饿肚子，连最基本的能量维持都还没有满足，因此，很多人认为他提出培育瘦肉型猪的想法远离实际，似乎有点离谱。但当时的熊远著认为，随着社会经济的逐步提高，瘦肉型猪必定会被大众接受。且在同一时期的国外，欧美国家就已经在大力地开展瘦肉型猪的育种，因此他预计中国同样会有这一天。此外，他通过系统对香港市场进行考察后也了解到，由于供港猪肉的瘦肉率偏低，供港猪肉在香港市场的消费者越来越少，甚至面临着失去市场的危机。因此，熊远著顶住压力的同时也胸有成竹，他积极从国外引进优良品种，如美国的杜洛克、英国的大约克、丹麦的长白猪，为培育中国的瘦肉型猪育种打下了一个基础。

对于事业的坚持也许会让身边的人感到"不解风情"或者压力，但他一辈子的奉献精神却是令人敬仰的。

---

[1] 任竹青访谈，2015年5月28日，武汉。资料存于采集工程数据库。
[2] 熊远著院士激励新生把握机遇早日成才。南湖新闻网，2007-09-11。

我觉得他一生遇到了很多困难，但是他是一个非常乐观、非常积极的人。他跟我们谈话的时候，很少去谈他遇到多大的阻力。……虽然遇到了很多困难，但是这些困难他都一个一个克服过来了。他非常乐观、非常积极。在困难面前，从来没有沮丧过，他总是想办法去解决①。

科研事业的可持续发展依赖于人才的补进。熊远著十分注重人才培养，先后培养了博士、硕士和博士后百余人，这些人中，大多已成长为我国科研院所的养猪学主要学术骨干，部分已成为国内外著名养猪学专家②。行业内专家对其培养人才的专业水准和综合素质都给予了高度认可：

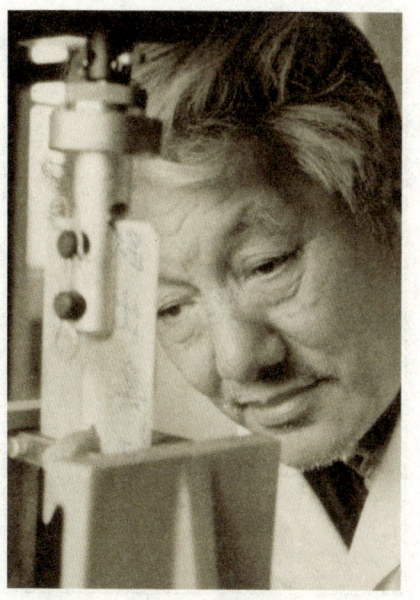

结语–1　熊远著在实验室进行肌肉嫩度测定

　　他培养了很多学生，在我了解里边，就我们这个行业，他培养的学生最多，有好多别的人是培养育种方面的，那就是猪、马、牛、羊都可以育，但熊老师他就是搞猪的，他只搞猪的育种……他的学生还是不错的，每一个都有实践能力。③

敬重科研过程的实践和现场

在学术理念上对科学实践的"敬"，是熊远著迈向成功的关键。

---

①　任竹青访谈，2015年5月28日，武汉。资料存于采集工程数据库。
②　韩晓玲、唐小涛、胡今天：我国第一位养猪学院士熊远著勇攀新的科研高峰。荆楚网，2012-08-03。
③　赵书广访谈，2016年4月26日，北京。资料存于采集工程数据库。

结语-2　熊远著亲笔"实践出真知"

2013年（癸巳年），年过八旬早已满头银发的熊远著以毛笔郑重写下了"实践出真知"几个字，以寄语他的同行和青年学者们。这是他以一生的科研学术经历写下的肺腑之言和成功秘籍。

"实践出真知"，看似浅显而平常，但却并没有多少人真正体会到它的含义。在熊远著的心目中，"实践"就像一艘船，只有勇敢扬帆启航，才能漂洋过海，最终抵达"真知"的彼岸。他常引朱熹的话教导弟子：

知之愈明，则行之愈笃；行之愈笃，则知之益明。

他认为朱熹的这句话，对于科研工作者正确理解学术实践与科学发现之间的关系非常有用。只有经过脚踏实地的实践工作，才能将所持理念、数据转换为有用的知识信息，才能去验证自己的假设、判断并获得新的突破。

熊远著对于实践的重视是有口皆碑的，他的成就也归功于长期坚持的实践路向。回首在科研上的实践经历，熊远著强调，真正重视实践，必能坚持实践。实践不是走马观花，实践不是蜻蜓点水，实践是全身心地投入、沉入和享受其中。他先后主持和参加两次大规模的猪种资源调查和志书编纂，十六年与猪棚相伴相守，各种实验平台的用心搭建，为他的后续研究和团队攻关奠定了坚实的基础，没有这些实践的积累就不可能有后来的厚积薄发。

刚留校时，即下放到校办畜牧场锻炼。这种从学生转为教师角色的最初经历，使他很快直接而深入地走近了所学的专业，教材上的理论知识与实践中的真相有了强烈的交流和矛盾印象，也因此对养猪育种事业产生了浓厚的探索兴趣。在此次下放锻炼结束时，熊远著心里对猪场和那里的工人恋恋不舍，曾经陌生的猪舍现在已经变得亲近熟悉。如果一天不到猪舍巡视两遍，心里就总不踏实，再也不是刚下场时那种匆匆忙忙走马观花就想了事的态度了[①]。

其间，熊远著还到湖南望岳参加"万头猪场"现场会，在猪场观摩中获得一些实际的育种经验，这不仅使他实地感受到育种在猪场发展中具有多么重要的意义，体会科学育种事业任重道远，也初步了解到育种试验的基本方法，这激起了他在育种方面加紧尝试并有所贡献的强烈冲动，坚定了他投身猪育种事业的决心。

校办畜牧场的下放锻炼经历，使熊远著在思想上和专业上均取得了很大的进步。他将课堂上学到的一段段文字转化成一条条具体的技术和经验，不仅对养猪事业产生了前所未有的亲近感和使命感，专业思想也愈发牢固坚定了，对制约养猪事业发展的瓶颈，也有了更加切身的认识。努力探求育种方法，成了他非常清晰的专业目标。他的出色表现和作出的突出贡献，获得了院系老师们的交口称赞，他还因此被评为"全院社会主义建设积极分子"。在1959年7月的《下放劳动锻炼鉴定表》中，熊远著这样评价这段经历带给他的意义：

> 通过实际工作有较深的体会，特别是在养猪场内通过一段时间锻炼，对如何抓养猪组织经营管理，饲养供应人员调配，如何整顿猪群，抓养猪的饲料、防护、配种、仔猪培育等方面，学习到了在课堂上学习不到的东西，对于做工人思想工作的特点也有些领会。此外在业务上，熟悉了各类母猪的饲养管理，特别是通过一年三胎的科学研究，对于提高母猪生产力，促进小猪生长方面的探讨有很大体会。此外，虽然过去学了两年半专业兽医，但对猪的主要疾病及防治方法，（怎么实践）一无所知。这次通过生产中实际需要已能掌握如何防预

[①] 干部人事档案3-4，下放劳动锻炼鉴定表，1959年7月18日。存于华中农业大学人事处档案室。

控制猪场传染疾病。对几种主要猪病能较有把握地作出诊断治疗[①]。

两次猪种调查实践更是被他称为"重新上了一次大学。"[②]

从 1963—1965 年，熊远著主持承担了湖北地方猪种资源调查的重任，足迹踏遍湖北及毗邻省份的 66 个县市，对湖北省地方猪种的类型、特征、源流、分布以及性状形成的条件、过程、民间养殖经验等进行了详细追踪调查，并及时完成了信息登录和资料收集整理工作。这次湖北地方猪种调查，使他深入到现实养猪的第一线，所用的方法虽然传统，但其中所经历的感性经验却弥足珍贵，也磨炼了他的意志品质和团队领导能力。

1979 年，为完成《中国猪品种志》的编写，熊远著再次深入猪种资源调查的田野实践中。1979—1984 年，他先后赴浙江、湖南、广东、广西、安徽、苏州、海南，以及东北、西北等地，对猪品种的形成历史、生态环境、数量、分布、生物学特性、生活性能和利用现状进行了认真详细的调查，足迹遍及全国。日夜兼程的走村串户，不但搜集整理出猪种资源，在摸清我国猪种资源家底之后，还与其他学者们一起，共同完成了我国迄今为止最为完整也是唯一的一部《中国猪品种志》。其间所发现的本地良种，为后来的杂交试验、种猪测定等积累了早期的朴素经验，其中见识，也使他深感改良猪种的紧迫性，"育种"再一次凸现在他的脑海，并在内心深处汇成一股强烈的创新探索冲动。

回忆当年的山乡行走，熊远著感慨万端。他知道，正是这油灯相伴的日子使他变得踏实坚定，落地生根；正是因为这些机缘，才有幸结识了张仲葛、李炳坦、陈效华、张照、赵书广等养猪界名家而得"从游之乐"和耳濡目染。无疑，这两次系统而长时间的调研实践活动，为他后来开展种猪选育与改良奠定了丰厚的理论与实践基础。

张沅教授认为，熊远著之所以能培育成湖北白猪，取得如此大的成就，其关键就在于他十分重视"现场"：

---

① 干部人事档案 3-4，下放劳动锻炼鉴定表，1959 年 7 月 18 日。存于华中农业大学人事处档案室。
② 博观而约取，厚积而薄发。《世界农业》，2009 年第 3 期，封面人物。

  他的科学研究不只是局限于做实验、写文章，而是深入养猪生产的第一线去做调研、考察、统计。而且，熊老师对弟子们的要求也是本着实事求是的态度，深入现场做研究。①

  重视理论与实践的结合，尤其重视实践的观察和分析，是熊远著科研获得突破的制胜法宝。其弟子李凤娥在采访中认为，熊远著之所以能成功地育成湖北白猪Ⅲ、Ⅳ系，这与他博大的胸怀——作为团队领导者，敏锐的洞察力以及科学的研究方法——注重理论与实践、先进技术与传统理念的结合是分不开的：

  熊老师在湖北白猪选育过程中，采用的群体继代选育法是对早期猪育种的一个突破。例如很早在东北地区培育的猪，都是由苏联大白猪混杂，杂了之后再在这些群体中挑选。这种方法的猪种连猪爸猪妈是谁都不知道。而我们做的群体继代选育法，有基础群，有选育方案，这是成功的实践，我觉得这个是理论突破加上实践的成功。

  熊远著重视理论与实践的结合，始终信守"求真"的学术信念，不急不躁。他56岁评上教授，并迅速获评国家级专家。

对科研记录文档的"敬"

  恭在外而敬在内。熊远著对科学事业的"敬"，对科学发现规范的"敬"，对探索实践的"敬"，还体现在他对记录和科研文档的高度重视，这是一种持续而严谨的科学态度，是一种科学理性，既是对科研知识的自我管理，也是对科研过程的知识监视。

  熊远著对文档的重视与他早期的实践经历不无关系。在刚留校下放猪场锻炼和后来的两次猪种调查实践中，他已深刻地体会到，只有积累资料才能分析资料，只有管好资料，才能用好资料，并保证科学试验过程的

---

① 张沅访谈，2016年4月27日，北京。资料存于采集工程数据库。

"可回溯性"。

在科研档案的整理与保管上，熊远著有独到而科学的理解，能够如他一般自觉而系统地积累档案管理的实属少见。

走进熊远著的办公室，墙边一排柜子里整整齐齐地排列着密密麻麻的档案盒，其档案资料分类之清晰、数量之庞大着实令人赞叹。他认为科研档案不仅是科学研究的真实记录，更是总结科学规律、获取创新灵感的巨大资料库。在科研过程中，从课题最初的申报立项到最终获得科研成果结项，细微的有如猪仔日常的体测数据，宏观的有如科研成果汇报书，一应俱存。熊远著保存科研档案的意识和习惯，使得他和团队重要的科研活动过程记录，譬如有关"湖北白猪"和"杜湖猪"的科研文档，都得到了系统完善的保管[1]。一页页图表、一项项数据，都是原汁原味，记录了熊远著及其同事从事科学研究的过程，既是历史的证明，又是创新前行的基础。

作为导师和科研团队的领头人，熊远著不仅自己坚持着这一良好习惯，而且还将这一做法总结为高效可行的科研方法，推荐传授给自己的学生和科研团队成员，让记录和文档保存成为规矩。每当提到熊远著这一习惯时，身边人总是赞叹不已，他曾经的弟子、如今的同事任竹青、左波、徐德全三位教授都对此深有感触：

> 去熊老师的办公室就可以看到……对档案这些分门别类的编号，哪一年的东西，这个东西是干什么用的，盒子上都写得非常清楚，而且是用那个大的记号笔写的。你去看一下熊老师的档案，就在测定中心那边，对我们做科研影响是非常大的[2]。

> 他对档案的管理非常的到位，尤其是第一手资料，包括在湖北白猪培育时，当时也（保存了）很多手稿、当时不像现在有电脑（记录），都是手写的……他的很多资料都用一个个的档案盒放在办公室，从80年代的资料到现在的一些资料都保存比较完整，包括很原始的一些资料……其中包括我们每次开会的通知、科研的第一手资

---

[1] 其中的大多数目前被保存在华中农业大学档案馆中。
[2] 任竹青访谈，2015年5月28日，武汉。资料存于采集工程数据库。

料,他都要整理存档。他那里就像一个图书馆,有时候我们找不到资料时,都会到他那里去查查标注好的资料,基本上都可以找到我们所需要的东西。因此,我们应该要发扬这种精神。他的档案意识非常强,可能是与他所处的年代有关,他知道档案的重要性,也养成了一种很好的习惯。但是要我们去整理,会觉得很麻烦,而这对他来说就是一种习惯,他必须要把这个事情做好。这对他之后的研究也是很有帮助的。

包括他所编写的《种猪测定原理与方法》是最后整理而出的,这是由以前很多的资料整理而成的……[1]。

他的档案,非常齐全,他的办公室里面,家里面,甚至我们学校里面找不到的档案,他那里都有,他都存了的,而且他都是编排得很好,整理得很好,需要时可以很及时地找到。这样的话,对我们的要求的话,对研究的话,特别是对研究生对老师,做实验必须要做好这些记录,实验记录,包括实验记录本的一个标准,像我们整个实验室都制定了一个实验记录本的一个标准,一个规范,要按照这个规范进行记录,或者要及时地进行记录[2]。

熊远著甚至将如何记录和保管好科研文档写进教科书。在他主编的《种猪测定原理及方法》一书中,就有对科研文档系统而具体的处理方法。书中第十章,专门一节讲述"猪种档案记录与管理",其中规定了猪种档案记录的具体类目、猪种档案记录整个过程及方法以及猪种档案的管理。其中特别值得一提的是,熊远著结合猪种研究的特点,创立了"三级资料整理法"。具体来说,根据资料的来源和形成方式,熊远著将科研工作中可能产生的各类资料分为三类:现场的原始记录称为一级资料;经归纳、整理的二级表格称为二级资料;成文的研究报告称为三级资料。针对不同级别的档案资料,熊远著还规定了不同管理方式与归档方法。科研文档管理的意义在于方便利用,如何确保档案管理的安全性,也是他格外重视之

---

[1] 左波访谈,2015 年 5 月 28 日,武汉。资料存于采集工程数据库。
[2] 徐德全访谈,2015 年 5 月 28 日,武汉。资料存于采集工程数据库。

处，因此在"三级资料整理法"中，他特别制定了阅读利用和分级管理的要求，强调科研档案借阅必须登记，一级资料或二级资料不能拿出档案室等操作层面的规则。

熊远著是一个兼具宏观眼光与细节把握的大家，他从宏观把控的角度出发，认识到了科研档案的重要价值，并把对科研档案的重视落实到了实处，身体力行，制定出了可操作性强的科研档案整理与保管方法，这是一个科学家在科研活动中严谨与专业的表现。在其人事档案中，一些涉及课题验收的原始记载中，几次出现了关于项目档案完善管理的特别肯定和推崇的专家组评语。

体现市场"敬"意的产学研结合

在科技攻关的同时，熊远著非常注重成果的转化工作。在他看来，理论与实践宛如一双生死相依的孪生兄弟，又像一对相互追逐的旋转木马。知识的大树上，实践才是那盛开的花朵和沉甸甸的果实，而市场是对科研成果转化的严格检验。因此，熊远著与同事们非常重视养猪成果的转化，十分关注养猪市场的反映，注意听取相关企业家的意见，经常深入第一线，开展科技咨询与技术服务。

在对待畜牧学科建设、养猪育种科研、养猪实践生产和市场三者关系上，熊远著有着独到的见解，他认为，"产""学""研"三者既相互独立又密不可分，构成了一个完整的有机循环链，互为基础、互为动力，它们之间的关系可以简单总结为"学"促"研"，"研"推"产"，"产"助"学"，而其中有力的检验就是市场对成果转化的态度。

以"学"促"研"体现为畜牧学科建设促进了养猪育种科研的快速发展。作为一名畜牧学老师、华中农业大学畜牧学科的学科带头人，熊远著十分注重学科建设。早在20世纪70年代，熊远著就自己编写养猪学课堂教材和实习教程，有的成为很多届华农畜牧人的养猪学课程入门书。熊远著在学科建设上一直秉持开放包容的心态，从不故步自封，或许是受年轻时在兽医学和畜牧学两个专业学习的经历影响，他认为，一门学科要想长久并健康地发展下去，除了保证专业核心课程的质量外，还应该重视学科拓展和与相关学科的融合，因此他在华农畜牧学的课程设计上很是下了一番工夫。此外，熊远著还非常重视国内外的学术交流，他非常乐于参加国内畜牧学界尤其养猪学界的学术交流会，经常在会上做主题发言并与同行专家就专业问题进行沟通。只要谈起当前国内各个高校畜牧学专业间的学科交流十分活跃，熊远著就显得特别开心。他在学术上大胆将动物遗传理论应用于养猪实践，勇于接受新思想新观念，在实践上大胆走出国门向外国专家请教，注重实地观摩和现场学习，在团队里倡导一种相互学习、不断进取的良好氛围。

完善的学科体系和成功的学科建设有利于高水平科研平台的搭建，同时也有助于优秀科研人员的培养。华中农业大学动物科技学院、动物医学院在这一方面做得尤为突出。熊远著自己先后培养了近百名博士、硕士生，这些学生毕业后大多已成长为我国科研院所的主要学术骨干，部分已成为国内外著名养猪学专家。猪育种研究自然不是他一个人的事业，他心系整个行业和整个国家的猪育种事业，这使他成为一个胸怀远大、志向豪迈的猪育种研究者，能够在猪育种事业的产、学、研有机结合上花大力气推动。自1985年熊远著着手在武汉建成了我国第一个种猪测定机构之后，我国的种猪测定工作便很快地普及推广开来。"中心"自成立以来，长期面对全国开展集中测定和现场测定技术服务以及各类样品的委托性检验，积累了丰富的技术基础，如1997年对全国40余大型种猪场进行了行业质量统检，1999年和2001年承担完成了中国国际农业博览会名牌产品认定检测工作，2007—2009年承担并顺利完成了国家下达的良种补贴监督抽查项目。

以"研"推"产"体现为熊远著团队的养猪育种科学研究推动了养猪生产和市场。科研成果最终要落地生根，为人所用。一直以来，熊远著坚持做"有用"的科研，他认为，能否转化为实际生产力是检验科研成果是否成功的一项重要因素。"湖北白猪"和"杜湖猪"的成功选育使得我国养猪育种事业向前迈进了一大步，同时更填补了国内商品瘦肉猪的空白，"杜湖猪"一下成为热销货，成功打开了港澳市场。

以种猪测定中心为技术支持的种猪拍卖会是科研成果与市场接轨的又

一重要形式。种猪测定中心根据特定的测定方式对来自全国各地的种猪进行测定，为种猪参加种猪拍卖会提供测定支持，沟通了养猪贸易，推动了养猪生产和相关市场的技术规范。

授人以鱼不如授人以渔，除了把科研成果直接转化为生产力外，熊远著还乐于把实践中得出的科研经验和科研结论编成书籍、变成讲座和现场指导。在实习指导读物方面，初期有《实用养猪技术》《种猪测定原理及方法》等，后期有《基因免疫的原理与方法》《猪生化及分子遗传实验导论》等，这些书无一不体现实用价值，对养猪实践生产有着切实有效的指导作用。此外，他还十分重视科普资料的汇编发行。20世纪初，为了进一步推动规模化、工厂化养猪的实现和发展，他带领团队编写了《规模化养猪场系统规划与建设工艺技术参数规程》《规模化养猪新工艺四种典型模式的研究》《规模化养猪生产技术操作管理规程》《规模化养猪企业管理规程》等资料，这些基于科研理论与方法的指导性成果，对于养猪实践生产尤其是规模化养猪具有重要的实际指导作用，产生很好的社会效益和经济效益。在每年的种猪拍卖会和各种直接面对养殖产业人士的讲座和培训中，熊远著也是充满热情地介绍养猪事业的前沿动态和最新实用技术，让众多的养殖户既能建立起开阔的事业格局，又能因此学到新技术得到实实在在的创收效益。

在熊远著心里，以"产"助"学"首先是一种社会关怀。这个"产"还融入了深刻的民生情怀。猪粮安天下。20世纪，熊远著曾参加过湖北省和全国共两次猪种资源调研，使熊远著深入了解到我国养猪生产的实际状况。在调研结束后，熊远著与调研组专家共同完成了我国猪种权威书籍——《中国猪品种志》，为养猪学科的发展奠定了坚实的基础。以"产"助"学"还体现为熊远著对养猪产业和市场的重视、对猪肉品格的重视和对成果转化的重视。实践出真知，畜牧学科的理论往往是来自于生产实践的总结。熊远著年轻时编著的养猪学实用教材《畜牧生产学》和《养猪学》就是他在参与实际养猪和观摩先进猪场生产情况之后，将养猪学理论知识和生产实践相结合写成的。

一个科学家的担当最能体现在对于社会诉求的回应。自1950年熊远著被保送湖北农学院以来，他曾因病多次休学。终于在1955年，病愈转入畜牧学专业以后，他得以专注于养猪场和实验室。他将自己生病后组织对他的悉心关怀，化为无限的工作热情。1958年毕业后，他留校任教"家畜饲养"和"家畜卫生"两门课程，随即下放到校办畜牧场锻炼实习，后来又参加两次种猪资源调查，多次出国引种并培育出瘦肉型"湖北白猪"和"杜湖猪"，每一次锻炼机会他都倍加珍惜，每一次研究他都坚持不懈。他坚信养猪育种是一门大学问，也坚信我们只有把猪肉的"菜篮子"掌握在自己手里，百姓才能过上好日子，国家才能自立自强。这种朴素的报效社会的家国情怀，无形中更加坚定了他对猪育种事业的信念。

猪应激敏感综合征与肉质变劣，一直是养猪育种事业所面临的巨大挑战，众多同行研究者为其忧心忡忡。熊远著及其课题组从1986年就开始从事相关的研究，并随时跟进世界猪育种前沿性的研究。首先开展了氟烷测验和PHI、PO2、PGD等生化遗传标记的研究及其单倍型推断鉴别猪应激敏感基因，进而开发了PCR-RFLP等快速准确检测氟烷基因型分子生物学技术，并将其与常规育种研究相结合，提出RYR1基因（增加瘦肉产量、产生应激、肉质变劣）多重效应的利用原理与方法，并将其与高瘦肉率应激父本皮特兰杂交生产商品猪，结果表明该杂交品种无应激反应，比一般商品猪瘦肉率提高3%—5%，头均产瘦肉量增加2—4公斤，且肉质优良，开辟了猪品质育种新领域[①]。

熊远著紧紧抓住"学"促"研"，"研"推"产"，"产"助"学"这条循环链，将"产""学""研"三者有机结合，不仅推动了养猪学的学科发展，还促进了我国养猪事业的进步。

"大熊"是坚韧不屈的"文艺理工男"

由于高大英俊的外形，年轻时期的熊远著被同事们亲切地称为"大熊"。那时，熊远著总是身着一身干净整洁的青布衣，眼神专注而热烈。

---

① 倪德斌：执着敢为的猪育种院士——记我国唯一的养猪院士熊远著教授。见：中国畜牧兽医学会养猪学分会、中国农机学会机械化养猪协会编，《养猪三十年记——纪念中国改革开放养猪30年文集（1978-2007）》。北京：中国农业大学出版社，2010年。

长久以来,他对待专业充满了热情,整日待在实验室或是猪场,以一种近乎"痴狂"的执着坚守着养猪育种工作,是大家眼中典型的理工男。生活中,熊远著性情豪爽,对人和善,尽管有时个性十足,但从不端大科学家的架子,基于他在养猪学界的成就与地位,契合他爱开玩笑的性格,身边亲近的同事干脆称他为"猪头"。

熊远著在事业上的坚韧不屈也反映在生活中,他是个有毅力的"倔老头"。年逾古稀之际,有一次外出开会不小心摔伤了腿,在医院躺了将近一年的时间,当时家人和弟子们都认为熊老可能以后都得躺在床上了,但是他就是不信邪,在医生的指导下,他重新开始学习走路,像小孩子一样,从刚开始只能站几秒钟到慢慢可以站十几秒钟、几分钟,从只能挪动一步、两步到后期又可以正常行走甚至出去开会参加活动,执着的精神和强大的毅力令医生、家人和弟子们都赞叹不已。对此他的弟子们深为赞佩:

> 我们院士摔伤以后,当时他年纪比较大了,躺在医院将近一年的时间,他意志很坚强,就像小孩学走路一样,从开始站个几秒钟到走一步,走几步。当时腿受伤还打了钉子。我们认为院士可能后半辈子都躺在床上了,从他的毅力来讲,医生说你要慢慢站几秒钟,十几秒钟,几分钟,然后走一步,两步,三步。所以这样他慢慢地后期又可以走了,又可以出去开会参加活动了……他还是有对事业执着的一种精神。而且他做事情很有规律,很讲究一步一步的,他不急功近利一下子把事情做完。我觉得他一生搞科研也是这样的。一步一步地走扎实了,然后又重新站起来了。等于说打不倒,他不仅对科研是这样的,对他的人生也是这样的。这种科学理念不管是做事做人,他都是融合在一起的。作风很顽强,八十几岁仍天天坚持上班,基本上大部分的时间都在实验室。这对于一般人来讲,我觉得是很难做到的[①]。

---

① 左波访谈,2015 年 5 月 28 日,武汉。资料存于采集工程数据库。

弟子任竹青教授谈起熊远著老师乐观的生活态度时十分激动：

> 我觉得他一生遇到了很多困难，但是他是一个非常乐观、非常积极的人。他跟我们谈的时候，很少去谈他遇到多大的阻力……遇到了这么多困难，他都一个一个的克服过来了，非常乐观、非常积极。他遇到这些困难的时候，从来没有沮丧过，也从来不唉声叹气，他总是想办法去解决①。

熊远著的时间观念和对工作的雷厉风行让弟子们敬畏：

> 有一次，上边下了一个任务。当时是2010年左右，他已经八十岁左右了，这个年纪到晚上其实就不适合加班了，他打电话给我们说"这个事情应该马上解决，你们都过来"，把我们这个团队的几个人，晚上吃过晚饭就喊过去了，在那里跟我们一起整理资料、讨论。他对这个工作的敬业精神，这种意识就是一生培养出来的。太厉害了！他就能够把握这样一个时机。很快我们就把那个问题解决了。他做事情就是当机立断、速战速决。如果一个事情让他一天做完，他绝对不会留到第二天……①

熊远著与同行科学家有着良好的沟通和交往。养猪学专家赵书广先生认为能做到这样与他不重名利有着重要的关系：

> 他不争名不争利。我们在一起时间很长啊，四个五年计划涉及很多课题，而且经常有报奖这个事儿，弄到一起，完了以后，一报奖就谁排前头谁排后头，这个经常会碰到，特别是主持人。你说谁排前头谁排后头？我从来没听说，没听他说要争排名②。

事实上，除了工作中的执着坚韧，生活中的熊远著还有着鲜为人知的

---

① 任竹青访谈，2015年5月28日，武汉。资料存于采集工程数据库。
② 赵书广访谈，2016年4月26日，北京。资料存于采集工程数据库。

浪漫情怀和文艺气质。工作之余，熊远著爱好广泛，尤其热爱文学与体育，是个英俊的"文艺理工男"。一台显微镜，一件白大褂是他科学探索中的专注深情；一本书，一壶茶是他享受闲暇时光的静谧心境；一举手，一投足是他挥洒汗水的生活激情。

熊远著一生都十分热爱文学。儿时，受热爱诗词、行为浪漫的父亲的影响，小熊远著对中国古代文学兴趣十足，曾读过很多国学经典，打下了很好的文学基础；中学时期，熊远著日日埋首书中，两耳不闻窗外事，还因此被同学们戏称为"朱先生"；上大学后，熊远著更是广泛阅读，从中医巨著《金匮要略》到治世济民的《资治通鉴》，从中国四大古典文学名著到俄罗斯诗人普希金、德国诗人海涅的作品，都是他爱不释手的课外读物。不仅如此，由于文笔出众，熊远著还曾担任《长江日报》的特邀记者。工作以后，虽然闲暇时间少了，他也会抽空看书，住在猪场的十多年中，他的床头总放有一本书，或是散文，或是诗赋，在结束一天的工作后，他习惯以读书的方式静心安神。他曾说，读点"闲书"可以陶冶一个人的情操，活跃一个人的思想。在给大学新生讲话时，他强调全面发展和兴趣培养，大学是一个施展才华的大舞台，要敢于展现自己，挑战自己，除了畜牧兽医专业知识，音乐、文学等都要有所涉猎，争取全面发展成才。他还强调要加强语言学习，至少得掌握一门外语，只有这样才能更好掌握专业领域的研究动态。总之，他希望大家注重全面发展，努力成为全才和大才[1]。

因为小时候多病，熊远著特别注重体育锻炼，从小就对体育具有浓厚的兴趣和过人的天赋，学生时代是校园里的运动健将。大学时期，熊远著曾是湖北省大学生篮球代表队的主力队员，由于身材高大，他常常在后卫的位置上，趁人不备带球上篮得分。此外，熊远著还十分热爱游泳，学生时代在学校组织的1 000米、400米和200米的游泳比赛中，常常都能拿到名次，参加工作后还曾与单位同事尝试横渡长江。

作为科学家的好学、严谨、求实也在教学中得以传承。或许是受自己

---

[1] 熊远著院士激励新生把握机遇早日成才. 南湖新闻网，2007-09-11.

学生时代读书习惯的影响，熊远著对待学生总是一个严师的形象。他强调思考的重要性，常用"敏而好学""行成于思"与学生共勉。他要求同学们在学习中勤思考，不要死啃书本。熊远著认为，一方面，正确的研究思想来自于扎实的理论功底，一个人如果没有出色的研究思想和理论基础，就不可能制定出完备的研究方案；另一方面，有了正确的研究方案，如果没有娴熟的操作技巧，再好的研究方案也只能是空中楼阁。所以，在培养学生基础理论和思考能力之余，熊远著还非常重视对学生动手能力和研究习惯的培养，重视对学生进行基础理论和实际操作能力的训练，使学生的科研工作能力可以得到全面的提升。

熊远著在指导学生研究论文方面总是尽心竭力。从20世纪90年代开始，先后指导硕士生罗扬、杨金增、蔡更元等，博士生吴桢方、蒋思文等，完成或在《华中农业大学学报》《中国农业科学》《畜牧兽医学报》、*Ani.Biot.Bulletin* 等中外专业杂志上发表《瘦肉型猪血液6PGD、PHI的生化多态性、氟烷敏感性与肉质关系研究》《猪血清酶和氟烷敏感性与肌肉品质关系的研究》《猪育种中遗传标记》《猪RYR1基因的鉴别及其与胴体品质和肌肉品质的关系》《猪背膘中NADPH生成酶活性与瘦肉率关系》、*Chromosomal Assignment of the CRC Gene in Pigs*、*Silver-Staining SSCP Analysis of Porcine HSL Gene Polymorphisms*、*Study on lipoprotein lipase Gene As a Candidate Gene for Fatness in Pigs*。

熊远著十分注重强化弟子们重实践讲团队的意识。科研团队的同事中有不少都曾是他的学生，在对待这些已经走上工作岗位，并且从事科研工作的弟子们时，熊远著显得格外严格。他总是先把他们安排到生产、科研第一线去，让他们了解、熟悉研究对象，积累实践经验，培养分析问题、解决问题的能力。在日常工作中，他不容许工作中的马虎、随意和懒散现象。他常说，搞科研，不仅要不怕吃苦，更要有奉献精神和团队作战思想，他认为现代的科学研究，特别是动物遗传育种的科学研究，只有团队作战，吃苦奉献，才有可能取得突破性的科研成果。

严师的另一面是慈父。熊远著在学习和工作上对学生要求严格，但在生活中面对学生时却平易近人，亲切和善，是个十足的慈父。随着年纪的增长，他跟学生们的年龄差距越来越大了，如今的学生们已很少叫他"熊老师"，而是亲切的称呼他为"熊爷爷"[①]。学生中也不乏女学生，这位满头银发的"熊爷爷"在对待女学生时也显得格外绅士：

> 我给你讲一个让我自己特别感动的事情吧……平常不是坐电梯上下嘛……当时是复试那天嘛，就好多老师包括熊老师也在里面，就一块进来了，我就赶快往边上站嘛，熊老师说没关系没关系。然后出电梯的时候让我特别感动的。因为好多老师就是先出去了嘛，我就让熊老师先出去，熊老师说女士优先，我觉得我作为一个学生觉得肯定是不好意思嘛。然后熊老师最后就先出去，但是他回过头又帮我用手挡电梯的门……让我特别感动[②]。

在弟子们眼中，熊远著生活上是位极其朴素的长者，十分勤俭节约，但是一到工作中，对待科研，他出手都十分"阔绰"大方，只要团队需要设备、技术以及经费等方面的支持，他基本上都是百分百地尽可能支持。

熊远著依然保持着对科学事业的崇敬之心。正如张沅教授所说，动物本身就如同一个小宇宙。人们对宇宙的了解就如同对动物的了解一般只是凤毛麟角。动物的生理生化，生长发育，到目前为止都是微观世界给我们留下来的难题。就如最简单的细胞核克隆，研究者们一直都希望将其研究透彻，但其中的奥秘可能需要很长的一段时间才能探索清楚[③]。熊远著的一生都在致力于动物遗传育种的研究，但他对科学仍保持着特有的新鲜感。他认为自己对其了解还很不够，在动物遗传育种领域，还有太多的未知和可能，所以他总是谦逊地说：

> 我研究一辈子猪，但是我认为我对猪的了解还不足百分之一。

[①] 周颖访谈，2015年5月28日，武汉。资料存于采集工程数据库。
[②] 张蕊蕊访谈，2015年5月28日，武汉。资料存于采集工程数据库。
[③] 张沅访谈，2016年4月27日，北京。资料存于采集工程数据库。

附录一 熊远著年表

1930 年

7月8日,出生于湖北省竹山县城关镇三街一个衰落的书香世家。太祖父由挑贩而开榨坊,由开榨坊而买土地。祖父曾参加清朝科举考试,但考完返家不久而殁。父亲熊小石饱读诗书,曾任联保主任和小学教员,1952年因肝病去世。母亲黄桂芬为家庭妇女,1975年因肺病在武昌去世。叔父熊觉民,曾任国民政府均县法院书记官。舅父黄华民,曾任国民政府地方参议员和商会会长。

家中排行第二。姐姐熊琨瑜,大妹熊秀瑜,二妹熊继瑜。

1937 年

进入竹山县城关镇私塾学堂就读。

1942 年

7月,在竹山县中心小学毕业。
9月,进入竹山县初级中学就读。

1945 年

8月,在竹山县初级中学毕业。

9月，考取设在郧县的湖北省第八高级中学（时全省大部沦陷，仅存少数几所高中正常开展教学活动）。

1946年

上半年，随全班同学集体加入"三青团"。

1947年

值高三上学期末寒假时，因母亲病重回到竹山，经家庭包办与杨光华结婚（后因两人感情不和，1950年离婚）。

1948年

7月，在湖北省第八高中毕业（时学校迁至襄阳）。之后因患伤寒病在家休养两个月。后经前中学老师解保元介绍到竹山县初级简易师范学校代理教员三个月至年底。

1949年

拟从四川万县转道汉口，但因战时水路不通，遂在当地投考辅成学院（私立学院）至9月肄业。

暑期，闻姐姐熊琨瑜送学费入川，且被人婚骗致音信杳无，遂赶往重庆解救成功。

9—12月，先由重庆到成都寄居桂花街，后到重庆重华学院补习。

1950年

3月，从成都返回竹山并在家乡业余民校担任教员。

春夏之际，经竹山城关区区委及县文教农林科保送入湖北省农学院。经试读，选择兽医专业。

1952年

7月14日，经张远钰、吴文彩介绍加入共青团。

是年，在"三反""五反"运动中受到表扬，并被选派参加市学代会和团代会。

早在襄阳读高中时期已埋下隐患的"五更痢"复发。

1953 年

10 月，因病开始休养治疗。

1954 年

因肺结核及肠病由学校送入协和医院，后转送入南湖革命军人休养院休养。

1955 年

因病医治不见疗效，学校派专人护送回竹山老家悉心调养。

1956 年

年底，参与老师整理资料，并写成《湖北省地方猪种类型与地方良种》初稿。

1957 年

3 月，病愈返回华中农学院复学。因全国校院合并兽医专业已划入外校，转读畜牧业专业。

被评为学院搬迁工作积极分子。

1958 年

8 月，受学院委派到政法学院参与举办教育展览会。

10 月，经高等教育厅借调至北京，担任"全国教育方针展览会"湖北地方教改馆秘书、编辑及团小组工作。

11 月至次年 7 月，参加下放校办牧场劳动锻炼。其间曾负责养猪队生产管理和整风工作，还被派往湖南望岳参加"万头猪场"现场研讨会。

1959 年

7月，在华中农学院畜牧专业毕业并留校任教。讲授"家畜饲养"和"家畜卫生"两门课程。

是年，在下放结束时获评全院"社会主义建设积极分子"。

开始担任湖北省畜牧兽医学会理事。

1962 年

参加中国畜牧兽医学会湖北省分会，并任养猪学小组组长。

开始在校内为本科生主讲"养猪学"课程，并担任湖北省"数量遗传"和"猪的育种"训练班相关教学工作。

1963 年

为了摸清省内地方猪种资源情况，组织湖北省农业厅、华中农科所的同行们着手对湖北省地方猪种资源进行走访调查。

1964 年

继续主持全省地方猪种调查与区划工作。

1965 年

完成为时三年的全省猪种资源调查，足迹遍及湖北及毗邻省份的66个县市，对湖北省地方猪种的类型、特征、源流、分布以及性状形成的条件、过程、民间养殖经验等进行了详细的追踪调查并及时完成了信息登录和资料收集整理工作。

在《湖北农业科学》上与刘净合作发表《湖北省地方猪种类型与地方良种》。另有《湖北省猪种区划》《地方良种——监利猪的选育》在农业局内部印行。

1966 年

在华中农学院附近南湖边养猪场边工作边学习。

1970 年

10月25日，获"五好战士"称号，"在猪房时能与工人打成一片，不怕脏不怕累，积极参加劳动"的表现受到组织认可。

1971 年

12月16日，在湖北均县大里坪畜牧兽培训班授课。

是年，加入全国猪育种科研协作组，参与完成"六五"攻关课题。

1972 年

9月8—21日，"全国猪育种科研协作组"成立大会在北京裕民果园召开。开始担任全国猪育种科研协作组猪育种和肉质部主持人，并与其他专家共同主持承担"湖北白猪选育研究"课题。

1973 年

自编《畜牧生产学》教材供三年制专科生使用，其中他本人编写约十万字。

主编《养猪学》教材供本科生使用，其中他本人编写约十六万字（该教材一直使用至1979年）。

开始把主要精力放在"湖北白猪"的选育工作。

1974 年

主编《养猪学实习指导书》供三年制专科生使用。

1975 年

3—7月，在东北农学院参加"动物数量遗传研讨班"（20世纪70年代是"数量遗传学"向我国猪育种领域传播、渗透最重要的时期）。

1976 年

完成历时三年的二元、三元杂交组合试验并提出试验报告，筛选出

"大白猪 ×（长白猪 × 本地猪）"（简称"大长本"）理想组合。

1977 年

主持修订湖北白猪育种方案，同时在国内再次引种，以扩大三元杂种猪。

1978 年

10月，湖北白猪育种方案初稿形成。

是年，晋升为讲师。

参加农业部举办的全国"数量遗传"学习班三个月。

参与全国高等院校统编教材《养猪学》的审定。

开始主持湖北省科委下达的"瘦肉型湖北白猪及其新品系选育"重点科研课题。强调基础群质量对于一个品系的育成具有决定性的作用。主持以湖北通城猪为母体的杂交组合筛选试验，并结合进行消化试验与饲养试验。

参加全国猪育种科研协作组第三次会议和全国猪育种方法学术讨论会，会上宣读《猪的杂交组合试验报告》。

开始担任中国畜牧兽医学会理事、湖北省畜牧兽医学会副理事长和猪育种部主任。

1979 年

在华中农业大学参加数量遗传学培训班学习。

开始参与全国农业部干部培训班教材编写，负责"养猪学"部分，其中介绍我国养猪事业现状、猪的品种和类型及猪的饲养技术计两万余字。

应邀在湖北黄石召开的供港活猪质量研讨会上作专题报告。认为供港活猪市场产生危机的主要原因，是优良种猪数量不足。提出的"引进国外猪种，建立改良体系，提高市场竞争力"的技改方案，被外贸部粮油食品进出口总公司所采纳。

农牧渔业部将家畜家禽品种资源调查和编写《中国家畜家禽品种志》

列为重点科研项目，其下组成《中国猪品种志》编写组，由张仲葛担任组长，李炳坦、陈效华担任副组长，张照、赵书广、熊远著等十三人为组员。自此开始参与为期五年（1979—1984）的全国猪种资源调查。调查组先后赴浙江、湖南、广东、广西、安徽、苏州、海南、东北及西北等地，对猪品种的形成历史、生态环境、数量、分布、生物学特性、生活性能和利用现状进行了认真详细的调查。

1980 年

3—5 月，应外贸部和农业部畜牧总局邀请参加中国种猪考察贸易小组远赴丹麦、英国考察交流。在此期间，在丹麦参观若干个猪场，并对其猪场的优选群、管理方式、种猪类型和主要性状等进行考察和分析。

7—8 月，在南京农业大学参加"动物营养"高研班。其间赴丹麦皇家兽医农业大学、国家动物研究所考察种猪测定方法，第一次成功引进300 头世界著名的瘦肉型优良品种纯种猪——丹麦长白猪，指导建立三个核心群。

是年，将引进的活体测膘仪应用于湖北白猪的选育，加速了猪瘦肉率遗传改良的效率。

开始担任华农动物遗传育种教研室副主任并兼任中南六省养猪协会会长。

与刘净、陈文章、肖成魁合作发表《湖北省地方猪种类型》(《湖北畜牧兽医》1980 年第 1 期)。

1981 年

1—4 月，赴英国伦敦大学、剑桥大学等处考察学习。

5 月，正式着手《中国猪品种志》编写工作。

是年，提出在我国建立种猪测定中心的设想，得到外贸部门的支持。此前十余次赴欧美考察并从原产地引进世界名优猪种，在国内规划建立起一批引进种猪核心群。

参加关于湖北省内鄂东鄂西的黑猪、广东海南猪以及"华中两头乌"

猪的考察活动。

完成《中国畜禽品种志》初稿审编。

以第一署名与邓昌彦合作发表《猪阴囊疝的遗传分析与识别隐性缺陷基因携带者测交方法的探讨》（《华中农学院学报》1981年第3期）。

1982年

10月，经评审组七位专家投票，全票通过副教授评审。

10—11月，在北京农业大学参加"中美动物遗传育种"研讨班。

是年，与黄元涛、廖明寿一起为《湖北畜牧品种志》合作编写了"通城猪"等五个猪种志初稿，刊于《湖北省畜禽品种资源调查汇编（一）》（《湖北畜牧品种志》1983年出版）。

在国家科学技术委员会和农渔业部畜牧总局、中国农科院畜牧所召开的生产瘦肉型商品猪攻关试验论证会上中标并参与项目承担。

与彭中镇、吴梅芳、陈顺友合作发表《猪的毛色遗传与毛色测交的初步研究》（《华中农学院学报》1982年第3期）。以第一署名和彭中镇、邓昌彦、范春国、陈顺友发表《超声波综合测定仪用于猪活体测膘的测试效果》（《华中农学院学报》，1982年第4期）。

1983年

4月，经国家科委聘请担任"商品瘦肉猪生产配套技术和繁育体系研究"课题组专家工作组副组长（中国农科院畜牧所为主持单位，李炳坦为主持人兼专家组组长）。

8—10月，应邀赴美国应地安那等三州考察访问并参加全美畜牧博览会。

是年，开始担任"六五"国家攻关科技项目主持人。

主持攻关成功的"杜湖猪"批量试销港、澳地区，首次成为内地畅销港、澳地区的名优瘦肉猪（当时在港澳市场有"东风车、杜湖猪"美誉）。

以第一署名与张省三、陈顺友、邓昌彦、李宪成合作发表《以湖北白猪Ⅲ系作母本与丹麦长白杂交模拟生产瘦肉型商品猪的研究》（《华中农学院学报》1983年第2期）；参与范春国、曹胜炎、彭中镇等合作发表《湖北白猪Ⅳ系猪活体背膘厚度校正方法探讨》(《华中农学院学报》1983年第4期）；参与彭中镇、邓昌彦等合作发表《数量遗传在湖北白猪Ⅲ、Ⅳ系选种中的应用初报》(《华中农学院学报》1983年第4期）。

1984 年

9月12日，李炳坦、赵含章等14个单位的全国知名专家30余人对"杜湖猪"的中间试验进行了生产现场评定和技术鉴定。

12月，"商品瘦肉猪生产配套技术和繁育体系的研究"通过湖北省科委鉴定。专家认为：试验选题正确，设计严谨，具有一定的完整性、系统性和科学性。"杜湖"商品瘦肉猪的日增重、料肉比、产仔数均达到国内先进水平，其瘦肉率和肉质已分别接近或达到国际先进水平。

是年，赴丹麦考察学习，从原产地引进丹麦长白猪种，正式开启了我国瘦肉型种猪培育的系统工程。

被国家科委正式聘任为国家重点课题"瘦肉型商品猪攻关"专家组成员。

以第一署名与彭中镇、曹胜炎、范春国、陈顺友合作发表《不同方法测量活猪背膘厚的准确性》(《华中农业大学学报》1984年第2期）。

1985 年

5月，在北京举行的首届技术成果交易会上，主持开发的瘦肉型猪"湖北白猪"受到客户青睐，共有87家厂商要求转让该项成果或预购种猪。

6月，主持策划建立的中国第一个种猪测定中心——中国武汉种猪测定中心获准成立，担任测定中心主任，开展了首次种猪集中测定。出版《种猪测定通讯》。提出以"现场测定为主，集中测定为辅"的测定制度。中国武汉种猪测定中心的建立填补了我国种猪测定的空白。

9月，参与完成的《中国猪品种志》获农牧渔业部颁发的部级科学技术进步奖一等奖。

是年，提出中国瘦肉型猪饲养标准，编制出《猪鸡饲料营养价值成分》和《中国饲料数据库》;"杜湖"商品瘦肉猪获得香港猪栏栅商会银质奖。

参与邓葛祥主编的《湖北省畜禽品种志》编写;发表论文《生产瘦肉型商品猪杂交组合试验》(《华中农业大学学报》1985年第3期);《湖北白猪及其杂种猪肉研究初报》《肌肉品质评定方法的初步研究》《生产瘦肉型商品猪杂交组合试验报告》(载《商品瘦肉猪生产配套技术和繁育体系研究》1985年8月);《不同营养水平对湖北白猪Ⅲ系猪肥育效果的试验报告》《湖北白猪及其杂种猪肉质研究初报》《湖北白猪肉质研究二报》《以湖北白猪Ⅲ系为母本的杂交组合试验报告》《以湖北白猪Ⅳ系为母本的杂交组合试验报告》《湖北白猪Ⅲ、Ⅳ系与杜洛克、汉普夏、丹麦长白猪产肉性能的比较试验》《湖北白猪Ⅲ系泌乳力测定》(载《湖北白猪选育研究(1978—1986)》1985年9月)等。

1986年

5月30日—6月3日,出席在武汉召开的"猪选种方法与遗传理论研究"协作组第五次学术讨论会。

6月22日,经华中农业大学学科评议组7位专家全票通过,获评教授职称。

10月14—17日,主持完成的"六五"重点科研课题"湖北白猪选育"通过国家鉴定。

12月25日,因主持培育出中国第一个高瘦肉率的猪母本新品种——湖北白猪及其品系,获国家科委批准、农牧渔业部颁发的"国家级有突出贡献的中青年专家"证书,并担任"七五"国家攻关科技项目主持人。

是年,开始参与李炳坦主持的国家科技攻关项目"中国瘦肉猪新品系的选育",在分工中,华中农业大学负责承担母本选育中的选育DⅣ系。

参与编写的《中国猪品种志》由上海科学技术出版社出版。

与同行专家合作发表《商品瘦肉猪杂交组合试验综合报告》(《中国农业科学》1986年第4期)。

1987 年

1 月，获农牧渔业部畜牧局颁发的"六五"畜牧业国家科技攻关先进科技工作者证书。

2 月 20 日，当选为武汉市科协第三届委员会委员。

是年，以第一署名与彭中镇、张省三、邓昌彦等合作发表《湖北白猪选育研究报告（华农部分）》(《东北养猪》1987 年第 2 期）；与范春国合作发表《猪若干经济性状的杂种优势与遗传方式探讨》(《上海畜牧兽医通讯》1987 年第 6 期）等。

1988 年

经湖北省科委组织鉴定，"湖北白猪及其品系"获湖北省科技进步奖特等奖。

"杜湖"商品瘦肉猪生产配套技术和繁育体系研究获湖北省科技进步奖一等奖、国家科技进步奖二等奖，并被列入国家"八五""九五"重大科技成果推广项目。

以第一署名与范春国等合作完成的《瘦肉猪活体分级》（国家标准出版社，MY/T 64—1987）；以第一署名与邓昌彦合作完成的《湖北白猪》（国家标准出版社，GB/T 8476—1987）出版。

1990 年

2—3 月，应邀率团赴巴西考察牛、猪育种并任团长。

4 月，经"中国瘦肉猪新品系的选育"课题组授权和赵书广一起负责瘦肉猪母本新品系选育及配套研究，并在五个子专题组中亲自主持母系编号为 D Ⅳ 的研究，旨在选择高产个体以建立选育核心群。

7 月，与我国养猪界一代宗师、著名动物营养学家、养猪学家许振英教授等国内养猪界著名专家共同发起，向中国畜牧兽医学会申报成立"中国畜牧兽医学会养猪研究会"，并于 10 月 20 日获得批准。

12 月，获聘动物遗传育种方向博士生导师。获国家教委和国家科委授予的"全国高等院校先进科技工作者"称号。

是年，与范春国等合作的《瘦肉型猪综合标准》获国家技术监督局科技进步奖二等奖。

开始担任李炳坦先生主编的《猪的育种》一书编委；以第一署名与邓昌彦等合作发表《猪的氟烷测验（附猪氟烷测验规程）》(《华中农业大学学报》1990年第3期)；与方苏虹合作发表《NADPH生成酶活性与猪肉质关系的初步研究》(《华中农业大学学报》1990第3期)；与蒋思文合作完成《应激敏感猪遗传标记的初步研究》。指导硕士生罗扬完成《瘦肉型猪血液6PGD、PHI的生化多态性、氟烷敏感性与肉质关系研究》撰写；指导硕士生杨金增发表《猪血清酶和氟烷敏感性与肌肉品质关系的研究》(《中国农业科学》1990年第5期)。

当选为中华人民共和国第七届（1987—1992）全国人民代表大会代表。

1991年

1月7日，致电祝贺"中国畜牧兽医学会养猪研究会"成立。

6月，在华中农业大学主持亚太地区"猪屠宰加工销售技术"培训班及"猪胴体分级"国际研讨会。

7—9月，应邀赴法国、英国和丹麦考察。

10月1日，获国务院颁发的享受政府特殊津贴证书。

11月，杜洛克猪新品系通过鉴定。

是年，与赵书广等合作的《瘦肉型猪综合标准》获国家科技进步奖三等奖；《湖北白猪选育研究》获湖北省自然科学优秀成果奖一等奖。

1992年

8月，在哈尔滨出席"中国猪种国际研讨会"并作大会发言，以第一署名与邓昌彦合作发表 *The breeding and crossing for commercial utilization of a new lean-type Breed-Hubei White pig*。

是年，与邓昌彦等合作的"瘦肉型湖北白猪Ⅲ、Ⅳ系推广利用"，获国家教委科技进步奖一等奖。

杜洛克猪新品系选育成果获湖北省科学技术进步奖二等奖。

在中国养猪学会年会上作《世界猪育种现状与发展趋势》的会议发言。

1993 年

1月11日，在湖北省第七届人民代表大会第六次会议上当选为第八届（1993—1997）全国人大代表。

是年，与邓昌彦等合作的杜洛克新品系选育获湖北省科技进步奖二等奖。

指导博士生吴桢方在 *Ani.Biot.Bulletin* 上发表《猪育种中遗传标记》。

与蒋思文等合作发表《猪背膘中 NADPH 生成酶的活性与瘦肉率关系的初步研究》(《畜牧兽医学报》1993 年第 4 期)。

1994 年

2月23日，所主持的 D Ⅳ 项目通过杂优猪生产成绩验收，选育完成了配套研究，并获得良好的窝产瘦肉量。

9—11月，应邀赴美国布拉斯加州动物研究中心考察。

10月30日—11月2日，出席在上海淞江召开的养猪学分会第二次会员代表大会暨学术讨论会，会上当选为副理事长。

11月，在广西南宁召开的全国养猪学术研讨会上，倡导成立中南六省（区）养猪技术协作组，以加强中南大区的养猪学术和技术交流。

是年，在种猪测定中心的基础上主持申请建成农业部种猪质量监督检验测试中心（武汉）。

在美国种猪博览会上发表《猪的综合测定制度及武汉种猪测定中心测定制度》；以第一署名与邓昌彦等合作发表《杜洛克猪新品系选育研究》(《养猪》1994 年第 1 期)；与蒋思文、邓昌彦等合作发表《猪应激敏感性生化遗传标记的研究》(《浙江农业学报》1994 年［S1］)。参与范春国、邓昌彦、彭健等合作发表《湖北白猪Ⅳ系毛色纯合方法的研究》(《中国畜牧杂志》1994 年第 3 期)、《瘦肉猪专门化品系选育研究》(《广东农业科学》1994 年第 4 期)、《瘦肉猪新品系 D Ⅳ 系及其杂优猪适宜营养水平与饲料配方研究》(《饲料研究》1994 年第 12 期)等。

1995 年

6 月 28 日,主持的 D Ⅳ 项目通过主要经济指标验收。

9—11 月,应邀赴丹麦、瑞典、英国剑桥家畜生物技术中心考察。

是年,主编的《实用养猪技术》由中国农业出版社出版;以第一署名在《华中农业大学学报》1995 年增刊上发表系列论文,其中包括:《中国瘦肉猪新品系 D Ⅳ 系产仔数的选择方法及效果》《中国瘦肉猪新品系 D Ⅳ 系选育与配套研究》《中国瘦肉猪新品系 D Ⅳ 系选育与配套研究的工作报告》《中国瘦肉猪新品系 D Ⅳ 系母猪窝产瘦肉量研究》。

1996 年

1 月 4 日,受聘为国家家畜禽遗传资源管理委员会猪品种审定专业委员会成员(该委员会为农业部批准成立,负责协助行政管理部门总体负责家畜禽遗传资源管理工作)。

9 月,因在"星火计划"实施十年中作出的贡献,获国家科学技术委员会"全国星火先进工作者"称号。

12 月,应邀赴台湾省参加首届海峡两岸养猪学术研讨会。

是年,以第一署名发表《猪应激敏感性生化遗传标记的研究》(《畜牧兽医学报》1996 年第 2 期);指导博士生蒋思文完成并在 *Ani.Biot. Bulletin* 上发表《猪 RYR1 基因的鉴别及其与胴体品质和肌肉品质的关系》;指导硕士生蔡更元完成并在 *Ani.Biot. Bulletin* 上发表 *Chromosomal assignment of the CRC gene in pigs*。

1997 年

12 月,开始担任《中国养猪大成》第三篇"猪的育种"主编。

是年,与邓昌彦等合作完成的"中国瘦肉猪新品系 DIV 系选育及配套技术研究""杜洛克猪新品系选育与推广应用"分获湖北省科技进步奖一等奖、国家教委科技进步奖二等奖。

主持将"中国瘦肉猪新品系 DIV 系选育及配套技术研究"的成果资料集中整理，以华中农业大学学报增刊的形式发表；指导博士生吴桢方完成 *Silver-Staining SSCP Analysis of Porcine HSL Gene Polymorphisms* 撰写。

获湖北省总工会授予的湖北"五一"劳动奖章。

1998 年

7 月，在北京出席国际养猪研讨会并作题为《中国养猪业》的主题报告。

是年，出席在厦门召开的"全国养猪与育种研讨会"。

在国际会议上以第一署名与邓昌彦合作发表 *Swine production in China* 和 *Study on breeding of the new line（DIV）in Chinese lean-type pig*；指导博士生吴桢方完成 *Study on lipoprotein lipase Gene As a candidate gene for fatness in pigs*。

当选湖北省第八届政协委员。

1999 年

6 月，主持申报的农业部项目"国家种猪测定中心建设"（1999—2002）并获准立项。

11 月 20 日，当选为中国工程院院士（时为我国唯一的养猪学院士）。

是年，"中国瘦肉猪新品系选育与配套技术"获国家科技进步奖二等奖；"中国瘦肉猪新品系 DIV 系优良种猪及综合配套技术示范推广"获国家科技进步奖三等奖。

湖北省高校工委和湖北省教育厅颁奖，表彰"在科技创新和成果转化推广中作出了显著成绩"。

主编的《种猪测定原理及方法》《猪生化及分子遗传实验导论》由中国农业出版社出版。

与吴珍芳等合作发表《猪 LPL 基因多态性及其部分 DNA 片段的测序》（《华中农业大学学报》1999 年第 5 期）；与倪德斌等合作发表《猪胴体瘦肉率活体估测的研究》（《华中农业大学学报》1999 年第 5 期）；与雷

明刚等合作发表《抗应激系配合利用结果报告》(《四川畜牧兽医》1999第12期)等。

2000年

8月,主持申报的"国家家畜工程技术研究中心"获科技部和专家组检查评估通过。

10月,主持的"九五"重中之重项目"湖北瘦肉猪规模化养殖及产业化技术研究与开发"子项目通过专家组验收,并认可了"抗应激品系选育"等10余项成果。

11月,"国家家畜工程技术研究中心"获科技部正式验收通过并正式命名。

是年,主持"国家种猪测定中心"项目,完成ACEMA系统(法国进口十六套)的安装、调试工作;科技部"973"项目"农业动物杂种优势的分子遗传机理研究"(2000—2005)获准立项;科技部项目"国家家畜工程技术研究中心建设"(2000—2002)和湖北省科委项目"国家家畜工程技术研究中心建设"(2000—2002)获准立项。

以第一署名发表《瘦肉猪育种的发展及展望》(《中国工程科学》2000年第9期)《中国瘦肉猪新品系DⅣ系持续选育研究报告》和《中国瘦肉猪新品系DⅣ系多元配套杂交研究报告》(《华中农业大学学报》2000年第10期)等。

2001年

2月,被科技部、财政部、国家计划委员会和国家经济贸易委员会授予"'九五'国家重点科技攻关计划突出贡献者"称号。

3月,《中国养猪大全》由中国农业出版社出版(任该书第三篇主编)。

4月1日,出席中国畜牧兽医学会养猪学分会第三次会员代表大会暨学术研讨会,作题为《瘦肉猪育种的发展及展望》的大会主题报告,从猪种资源调查、优良猪种引进与新品种选育,专门化品系选育与配套利用以及种猪测定等方面,对世界猪育种过程特别是中国的瘦肉猪育种进行回顾总结，介绍分子生物技术在猪遗传育种中的应用及取得成果，就新品种培育、猪种资源保存、完善种猪测定体系和加速分子生物技术在猪育种中的应用方面提出建议。

是月，在北京顺义召开的中国畜牧兽医学会养猪学分会第三届代表大会期间，被中南六省（区）代表推举为协作组总顾问，指导开展大区养猪技术活动事宜。

6月，给湖北省种猪测定培训班讲课。

11月，"瘦肉猪型猪系列新品系选育及规模化养殖与产业化研究示范"项目通过专家验收；"世界优良种猪资源及相应饲养技术的引进"项目获农业部专家组鉴定通过；出席国家家畜品种审定委员会会议。

是年，"中国瘦肉猪新品系 D Ⅳ 系持续选育与配套利用"成果，被纳入农业部主编的《"九五"国家重点科技攻关计划成果选编》一书。

2002 年

4月，出席鄂州市三元猪工程理论与实践研讨会，作题为《养殖业如何发展和应对WTO》的专题报告。

9月25—26日，在江西南昌出席"江西省生物技术重点开放实验室学术委员会暨学术研讨会"，作题为《瘦肉猪育种的发展及展望》的学术报告。

9月27—28日，在湖北鄂州出席武昌鱼集团发展战略高级研讨会，作题为《如何发展优质瘦肉猪生产》的报告。

10月，出席湖南唐人神集团畜牧科技咨询和科技推广活动。

11月3—5日，在海南省海口出席中南六省（区）猪育种科研协作组会议暨"发展优质瘦肉猪生产"学术研讨会，作题为《新世纪的优质瘦肉猪生产》的学术报告。

11月6—8日，在广州清远，出席温氏集团种猪育种公司顾问委员会成立暨育种方案研讨会，作题为《温氏种猪育种方向、目标、品种结构、配套系商品猪生产的若干意见》的讲座。

11月22—25日，在湖北宜昌出席湖北省畜牧兽医学会理事会暨优秀学术论文报告会，作题为《贯彻党的十六大精神，为振兴我省畜牧业而奋斗》的主题报告。

是年,"863"项目"猪肉质及其他性状分子标记辅助选择"获得立项（2002—2005）。

2003 年

5月,在武汉出席第五届全国规模化猪场疫病防治学术研讨会,作题为《养殖业如何发展和应对WTO》的专题报告。

9月9—12日,在北京出席中国畜牧兽医学会2003年年会暨北京国际养猪研讨会,作题为《我国瘦肉猪育种的发展及展望》的主题报告。

9月19—22日,在湖北京山出席全国"杜洛克"种猪选育技术协作组年会暨十周年庆典,并作题为《优质瘦肉猪的生产》的专题报告。

9月23—25日,出席河南农业大学校庆院士报告周学术活动,作题为《我国瘦肉猪育种的发展及展望》的主题报告。

10月16日,"神舟五号"发射成功。在武汉东湖出席湖北省文联、湖北省科学技术厅、湖北省作协共同举办的"高科技时代与文学艺术创新高层论坛",参与讨论"科学家眼中的高科技时代文艺创作""文艺如何培养全民族的科学精神""现代文艺家的科学修养"等话题。

11月10—11日,出席中国工程院组织的奶牛重大专项执行咨询评估会议并负责南方片区咨询评估活动。

11月21—22日,在武汉黄陂木兰湖宾馆出席全国长白猪育种协作成立十周年暨2003年学术研讨会,作题为《长白种育种的现状及展望》的学术报告。

是年,主要负责完成的"瘦肉猪型猪系列新品系选育及规模化养殖与产业化研究示范"获湖北省科技进步奖二等奖。

发表《展望新世纪我国养猪业的发展方向与趋势》（《动物科学与动物医学》2003年第8期）等。

2004 年

5月9日,为《今日养猪业》题写刊首语:"开拓创新,办出特色,为现代养猪业提供科学技术与信息交流的平台。祝《今日养猪业》愈办愈好。"

是月，出席第七届全国规模化猪场疫病防治学术研讨会，作题为《长白、杜洛克猪育种的发展与展望》的专题报告；同月，主持的科研成果转化基金项目"中国瘦肉猪品系 DIV 系、SII 系的开发与利用"项目获得验收通过。

6月，在武汉出席全国种猪遗传评估技术研讨会，作题为《猪联合育种面临的问题与对策》的学术报告。

7月，在海口出席无规定疫病区发展论坛，作题为《无规定疫病区内猪的育种与生产》的学术报告。

8月，在湖北宜昌出席中国奶业协会第十九次繁殖技术研讨会，作题为《农业动物育种新技术》的学术报告。

11月22—24日，因病没有出席在广西桂林召开的中南六省（区）"持续、健康发展养猪业"学术研讨会暨中南六省（区）养猪技术协作组成立十周年庆典，但仍在住院期间从专业角度指导会议进行，并带头为会议撰写论文并提供了题为《农业动物育种新技术》的书面学术报告。

是年，主要负责的教育部基础条件平台建设项目"动物种质资源条件平台建设"（2004—2005）、农业部"种猪测定中心改扩建工程"项目（2004—2005）、"863"项目"猪肌肉生长、品质与脂肪沉积相关基因的克隆、功能及应用研究"（2004—2005）分别获得立项。

2005 年

11月18—19日，在武汉出席中南六省区养猪协作组"瘦肉型猪优质、高效、健康养殖"学术研讨会，作题为《种猪测定与遗传评估》的大会发言。

12月，在武汉出席华中农业大学动物科技学院"十一五"学科发展战略研讨会，作题为《畜牧学学科发展》的大会发言。

是年，主持完成的"973"项目、"863"项目、湖北省和国家"十五"科技攻关项目、博士点基金项目，包括"猪肌肉生长、品质与脂肪沉积相关基因的克隆、功能及应用研究""优良肉质瘦肉猪新品系选育""猪肉质及其他相关性状分子标记辅助选择""不同品种猪 HSL 基因和 LPL 基因的克隆测序研究"等，均在年内通过验收；主持申请的"研究型大学动物科学专业创新型人才培养模式的研究与实践"被列入湖北省高等学校教学研究项目。

发表《长白猪选育现状与展望》(《养殖与饲料》2005 年第 4 期)；《养猪业技术发展回顾与展望》《种猪测定与遗传评估》《无规定疫病区内猪的育种与生产》(《养殖与饲料》2005 年第 10 期)等。

2006 年

6 月 2 日，长期关注和研究的"华中两头乌"（通城猪）出现在农业部根据《畜牧法》第十二条规定公布的 138 个国家级畜禽遗传资源保护品种中。

8 月，在海南出席"无规定疫病区发展论坛"并作大会特邀报告。

10 月，在湖南张家界出席中南六省（区）养猪协作组学术研讨会。

11 月 5—7 日，出席在湖南省张家界召开的"持续、健康发展养猪业"学术研讨会暨年会，并作题为《中国养猪业发展道路的思考与展望》的学术报告。

是月，在北京小汤山出席中国畜牧兽医学会学术年会。

是年，主持的"973"项目子课题"品质性状形成的分子机理"和"948"项目子课题"动物生物技术引进与应用（分子标记与基因芯片）"正式启动。

主持完成的"瘦肉型猪新品（系）及配套技术的创新研究与开发"，获国家科技进步奖二等奖和武汉市科技进步奖一等奖。

发表《关于畜禽遗传育种研究方面的建议》(《今日畜牧兽医》2006 年第 3 期)；《我国畜禽遗传育种学科领域主要热点研究问题与方向》(《中国畜禽种业》2006 年第 8 期)；《中国养猪业发展道路》(《中国猪业》2006 年第 4 期)等。

2007 年

5 月 15 日，受聘在农业部批准成立的新一届"国家畜禽遗传资源管理委员会"中担任委员。

8月20—21日，出席在哈尔滨东北农业大学召开的纪念我国著名农业教育家、畜牧学家、动物营养学家、东北农业大学一级教授许振英百年诞辰大会暨动物科技国际研讨会并作大会发言。在同期举办的"第四届全国畜牧学科高峰论坛暨第五届全国猪营养学术研讨会"上就动物科技、猪营养与饲料科学研究的最新进展与参会者进行交流。

9月11日，在华中农业大学动物科技学院新生开学典礼上寄语新生：干一行爱一行，全面发展成才，注重团队合作。

10月，在武汉出席第十四次全国动物遗传育种学术研讨会并担任大会执行委员会主席；在武汉出席第七届种猪拍卖会并作特邀报告。

11月，在湖南湘潭出席中国改革开放养猪三十周年纪念大会暨创新发展论坛，作大会特邀报告并获"终身成就奖"。

是年，主持的国家农业公益性行业科研专项"猪场疫病综合控制技术研究与示范"子课题正式启动实施。

在《今日畜牧兽医》高层论坛上发表《中国养猪业的发展道路》一文，系统回顾我国养猪业的发展历程，介绍当时面临的情况，在分析世界养猪业发展方向与趋势的基础上，提出适应21世纪中国养猪业的发展道路、养猪科研和成果应用等方面的建议。

2008年

年初，在猪肉价格异常波动的形势下，作为专家组组长审定通过了我国第一个商品猪产业标准——《生猪交割质量标准》和《生猪交割质量检测技术规程》，生猪标准的推出有利于进一步促进我国生猪产业规模化养殖水平的提高，增强我国生猪产业的国际竞争能力。

是年，出席第八届湖北省种猪拍卖展销暨学术交流会，并作大会特邀报告；出席湖北省畜牧兽医学会年会并作大会特邀报告；出席第九届全国规模化猪场疫病监控与净化研讨会并作大会特邀报告。

主持的"研究型大学动物科学专业创新型人才培养模式的研究与实践"项目获华中农业大学校级教学成果奖一等奖；主持申请的国家转基因

重大科技专项"优质转基因猪新品种培育"获准立项。

发表《无规定疫病区内猪的育种与生产》(《中国畜牧兽医文摘》2008年第4期)等。

2009 年

4月，在武汉出席第十届猪病会并作大会特邀报告。

10月，在武汉出席第九届湖北种猪拍卖会并作大会特邀报告。

是年，发表《新世纪优质瘦肉猪的生产》(《中国猪业》2009年第10期);《长白猪选育现状与展望》(《湖北养猪》2009年第1期)等。

2010 年

1月5日，出席湖北省政府农业专家座谈会，就推进农业科技创新、产学研结合、整合科研力量和延伸产业链等问题发表意见。

9月8日，在湖北省人民医院楚康楼九楼病房，接受华中农业大学动科动医学院刘鹏等五位大学生代表的教师节祝福，并寄语同学们："学习要专一，不能朝三暮四"，从事畜牧兽医行业"要吃得苦，耐得劳，不怕脏，不怕累"。

是年，主持召开了第十届湖北种猪拍卖展销暨学术交流会。主持的"973"项目子课题"品质性状形成的分子机理"、"863"项目"猪分子细胞工程育种技术创新与优势性状新品系培育"以及国家农业公益项目"猪场疫病综合控制技术研究与示范"子课题均获得验收通过。

发表《实现优质瘦肉猪生产》(《中国农村科技》2010年4期);以第一署名与倪德斌合作发表《湖北白猪选育简史》[载《养猪三十年记——纪念中国改革开放养猪30年文集(1978—2007)》2010年10月]等。

2011 年

4月，在武汉出席全国规模化猪场主要疫病监控与净化研讨班。

10月31日，致信母校郧阳中学，祝贺母校校庆110周年。

11月13日，接受媒体采访，高度评价华中农业大学1957届校友、湖北省枝江市农业局退休高级农艺师、湖北省科技服务标兵、荆楚农技推广先锋、全国先进工作者李文英事迹，赞其为"棉花奶奶"，认为她潜心十年选育良种，不辞辛苦服务"三农"，热爱专业，坚持不懈的精神值得农业工作者和科技工作者学习。

12月9日，在北京出席国家转基因重大专项验收会议和农业部动物遗传育种与繁殖综合实验室启动暨学术委员会会议，并担任综合实验室首届学术委员会主任。

是年，主持召开第十一届湖北种猪拍卖展销暨学术交流会，并在大会上作题为《转基因猪生产及应用》的学术报告。

主持的"十一五"国家转基因重大科技专项课题"优质转基因培育"通过科技部组织的验收；国家工程中心再建设项目和联合申报的"863"重点项目获得立项；主持申报的农业部猪遗传育种重点实验室被评为农业部区域性专业实验室；主要负责的国家家畜工程技术研究中心通过科技部组织的运行评估。

2012年

9月22日，在武汉同济医院接受郧阳中学刘洪波等访谈。

是年，主持举办了第十二届湖北种猪集中测定暨学术交流会，来自丹麦、美国、加拿大、英国等国内外专家和代表达3 000余人。

主持完成《瘦肉型猪活体质量评定》国家标准一项；主持完成三期农业部高级技术培训班，主持完成农业部种畜禽质量安全监督检验工作，即国家转基因重大专项"优质转基因猪新品种培育"年度工作会议。

2013年

7月22日，为我国著名水稻育种专家周开达院士送上花圈。

9月28日，出席襄阳"隆中对·创业与人才"活动暨2013诸葛亮文化旅游节开幕式，与湖北金爵士种畜有限公司联合共建院士工作站。

12月10日，出席武汉天种畜牧股份有限公司院士专家工作站揭牌仪式并讲话。

是年，主持完成农业部种畜禽质量安全监督检验工作。

2014 年

5—10月，参与的"猪连环蛋白 α 样 1 基因 CTNNAL1 作为猪产仔数性状的遗传标记""猪肌肉特异性 ITGB1BP2 启动子及其应用""猪甘丙肽样肽基因 GALP 作为猪产仔数性状的遗传标记""猪 PPARδ 基因 5'调控区作为脂肪沉积性状的遗传标记"等获得专利授权。

2015 年

8月，与刘林清等合作在《养猪》2015年第4期发表《猪 ALAS1 基因的克隆、序列分析及表达模式的研究》。

2016 年

1月26日，病中接受中国科协"老科学家学术成长资料采集工程"小组访谈。

是月，与刘林清等合作在《西北农林科技大学学报》（自然科学版）2016年第1期发表《猪 NR4A1 基因的克隆、序列分析及表达模式研究》。

2017 年

1月30日，在武汉病逝。

附录二　熊远著主要论著目录

论文

[1] 刘净，熊远著，陈文章，肖成魁. 湖北省地方猪种类型[J]. 湖北畜牧兽医，1980,(1).

[2] 畜牧兽医系《湖北白猪》选育研究组. 猪阴囊疝的遗传分析与识别猪隐性有害基因携带者测交法的探讨[J]. 华中农业大学学报，1981,(3).

[3] 彭中镇，邓昌炎，熊远著，吴梅芳，陈顺友. 猪的毛色遗传与毛色测交的初步研究[J]. 华中农学院学报，1982,(3).

[4] 熊远著，彭中镇，邓昌彦，范春国，陈顺友. 超声波综合测定仪用于猪活体测膘的测试效果[J]. 华中农学院学报，1982,(4).

[5] 熊远著，张省三，陈顺友，邓昌彦，李宪成. 以湖北白猪Ⅲ系作母本与丹麦长白杂交模拟生产瘦肉型商品猪的研究[J]. 华中农学院学报，1983,(2).

[6] 彭中镇，熊远著，邓昌彦，张省三，吴梅芳. 数量遗传在湖北白猪Ⅲ、Ⅳ系选种中的应用初报[J]. 华中农学院学报，1983,(4).

[7] 熊远著，彭中镇，曹胜炎，范春国，陈顺友. 不同方法测量活猪背膘厚的准确性[J]. 华中农学院学报，1984,(2).

[8] 熊远著,彭中镇,陈顺友,喻传洲,吴梅芳. 生产瘦肉型商品猪杂交组合试验[J]. 华中农学院学报,1985,(3).

[9] 范春国,熊远著,彭中镇,曹胜炎,张省三. 瘦肉型商品猪若干饲养管理技术的探讨[J]. 华中农学院学报,1985,(4).

[10] 熊远著,彭中镇,张省三,倪德斌,邓昌彦. 湖北白猪及其杂种猪肉研究初报[C]. // 商品瘦肉猪生产配套技术和繁育体系研究,1985,(8).

[11] 熊远著,彭中镇,倪德斌,钱辉跃. 肌肉品质评定方法的初步研究[C]. // 商品瘦肉猪生产配套技术和繁育体系研究,1985,(8).

[12] 熊远著,彭中镇,邓昌彦,张省三,陈顺友. 生产瘦肉型商品猪杂交组合试验报告[C]. // 商品瘦肉猪生产配套技术和繁育体系研究,1985,(8).

[13] 熊远著,彭中镇,曹胜炎,范春国,陈顺友. 不同营养水平对湖北白猪Ⅲ系猪肥育效果的试验报告[C]. // 湖北白猪选育研究(1978—1986),1985,(9).

[14] 熊远著,彭中镇,张省三,倪德斌,邓昌彦. 湖北白猪及其杂种猪肉质研究初报[C]. // 湖北白猪选育研究(1978—1986),1985,(9).

[15] 熊远著,彭中镇,倪德斌,邓昌彦,吴梅芳. 湖北白猪肉质研究二报[C]. // 湖北白猪选育研究(1978—1986),1985,(9).

[16] 范春国,熊远著,彭中镇,曹胜炎,吴梅芳. 瘦肉型商品猪若干饲养管理技术的探讨[C]. // 湖北白猪选育研究(1978—1986),1985,(9).

[17] 熊远著,彭中镇,陈顺友,邓昌彦,张省三. 以湖北白猪Ⅲ系为母本的杂交组合试验报告[C]. // 湖北白猪选育研究(1978—1986),1985,(9).

[18] 熊远著,彭中镇,范春国,吴梅芳,钱辉跃. 以湖北白猪Ⅳ系为母本的杂交组合试验报告[C]. // 湖北白猪选育研究(1978—1986),1985,(9).

[19] 彭中镇,邓昌彦,熊远著,吴梅芳,陈顺友. 猪的毛色遗传与毛色测

交的初步研究[C]. // 湖北白猪选育研究（1978—1986），1985,（9）.

[20] 彭中镇，熊远著，喻传洲，吴梅芳，李宪成. 猪的性状相关与估测瘦肉率"最优"回归方程的初步研究[C]. // 湖北白猪选育研究（1978—1986），1985,（9）.

[21] 熊远著，彭中镇，邓昌彦，范春国，陈顺友. 湖北白猪Ⅲ、Ⅳ系与杜洛克、汉普夏、丹麦长白猪产肉性能的比较试验[C]. // 湖北白猪选育研究（1978—1986），1985,（9）.

[22] 张省三，熊远著，彭中镇，徐章义，刘志富. 湖北白猪Ⅲ系的杂交利用[C]. // 湖北白猪选育研究（1978—1986），1985,（9）.

[23] 熊远著，邓昌彦，陈顺友. 湖北白猪Ⅲ系泌乳力测定[C]. // 湖北白猪选育研究（1978—1986），1985,（9）.

[24] 彭中镇，熊远著，张省三，邓昌彦，吴梅芳. 湖北种猪及其品系选育中若干问题的讨论[C]. // 湖北白猪选育研究（1978—1986），1985,（9）.

[25] 范春国，熊远著. 猪若干经济性状的杂种优势与遗传方式探讨[J]. 上海畜牧兽医通信，1987,（6）.

[26] 熊远著，彭中镇，张省三，邓昌彦，吴梅芳. 湖北白猪选育研究报告（华农部分）[J]. 东北养猪，1987,（2）.

[27] 杨金增，熊远著，王辉. 猪血清酶和氟烷敏感性与肌肉品质关系的研究[J]. 中国农业科学，1990,（5）.

[28] 熊远著，邓昌彦，杨金增，范春国，陈顺友. 猪氟烷测验的研究[J]. 华中农业大学学报，1990,（3）.

[29] 方苏虹，熊远著，向壔，王辉. NADPH生成酶活性与猪肉质关系的初步研究[J]. 华中农业大学学报，1990,（3）.

[30] 蒋思文，熊远著，王辉. 猪背膘中NADPH生成酶的活性与瘦肉率关系的初步研究[J]. 畜牧兽医学报，1993,（4）.

[31] 范春国，熊远著，彭中镇，吴梅芳，汪绍南. 湖北白猪Ⅳ系毛色纯合方法的研究[J]. 中国畜牧杂志，1994,（3）.

[32] 范春国，熊远著，邓昌彦. 瘦肉猪专门化品系选育研究[J]. 广东农

业科学, 1994, (4).

[33] 彭建, 熊远著, 邓昌彦, 范春国. 瘦肉猪新品系 D Ⅳ 系及其杂优猪适宜营养水平与饲料配方研究 [J]. 饲料研究, 1994, (12).

[34] 熊远著, 邓昌彦, 吴梅芳, 范春国, 彭健. 杜洛克猪新品系选育研究 [J]. 养猪, 1994, (1).

[35] 熊远著, 蒋思文, 邓昌彦, 段绍军, 李季枝. 猪应激敏感性生化遗传标记的研究 [J]. 浙江农业学报, 1994, (S1).

[36] 彭健, 熊远著. 饲粮氨基酸平衡对猪生长肥育性能及胴体品质的影响 [J]. 浙江农业学报, 1994, (S1).

[37] 蒋思文, 邓昌彦, 熊远著, 汪绍南. 猪氟烷基因与猪生产性状关系的初步研究 [J]. 华中农业大学学报, 1995, (4).

[38] 蒋思文, 吴桢方, 熊远著. 用聚合酶链反应技术鉴别猪的氟烷基因型 [J]. 华中农业大学学报, 1995, (5).

[39] 彭健, 吴梅芳, 熊远著, 周法耡, 刘澄清. "双低"菜籽饼等氮替代豆粕饲喂生长肥育猪试验 [J]. 中国饲料, 1995, (24).

[40] 蒋思文, 邓昌彦, 熊远著, 汪绍南. 氟烷敏感性与繁殖性能关系的研究 [J]. 中国畜牧杂志, 1995, (5).

[41] 熊远著, 吴梅芳, 邓昌彦, 范春国. 中国瘦肉猪新品系 D Ⅳ 系产仔数的选择方法及效果 [J]. 华中农业大学学报, 1995 增刊.

[42] 熊远著, 范春国, 邓昌彦, 吴梅芳, 彭健. 中国瘦肉猪新品系 D Ⅳ 系母猪窝产瘦肉量研究 [J]. 华中农业大学学报, 1995 增刊.

[43] 范春国, 熊远著, 邓昌彦, 吴梅芳, 颜元喜. 中国瘦肉猪新品系 D Ⅳ 系配套杂交试验 [J]. 华中农业大学学报, 1995 增刊.

[44] 陈友顺, 熊远著, 邓昌彦, 范春国, 吴梅芳. 中国瘦肉猪新品系 D Ⅳ 系生产示范与利 [J]. 华中农业大学学报, 1995 增刊.

[45] 熊远著, 邓昌彦, 范春国, 吴梅芳, 陈友顺. 中国瘦肉猪新品系 D Ⅳ 系选育与配套研究 [J]. 华中农业大学学报, 1995 增刊.

[46] 熊远著, 邓昌彦, 范春国, 吴梅芳, 陈友顺. 中国瘦肉猪新品系 D Ⅳ 系选育与配套研究的工作报告 [J]. 华中农业大学学报, 1995

增刊.

[47] 熊远著，蒋思文，邓昌彦，段绍军，李季枝. 猪应激敏感性生化遗传标记的研究 [J]. 畜牧兽医学报, 1996,(2).

[48] 夏宣炎，范春国，熊远著. 国家级重点种猪场情况调查报告 [J]. 中国畜牧杂志, 1996,(3).

[49] 李季枝，熊远著，王辉. 种猪氟烷位点基因型早期预测的研究 [J]. 河南农业大学学报, 1996,(4).

[50] 彭健，范春国，熊远著，邓昌彦. 生长肥育猪 HN8001—8002 系列预混合饲料的中试 [J]. 饲料研究, 1996,(8).

[51] 蒋思文，熊远著，邓昌彦，范春国，倪德斌. 瘦肉型猪抗应激品系基础群的组建 [J]. 养猪, 1996,(4).

[52] 倪德斌，熊远著，邓昌彦，蒋思文. 宰前处理对猪肌肉品质影响的探讨 [J]. 华中农业大学学报, 1997,(5).

[53] 梁永红，邓昌彦，熊远著. 用探针 33.15 分析通城猪和湖北白猪Ⅲ系的遗传结构 [J]. 华中农业大学学报, 1997,(6).

[54] 范春国，熊远著，邓昌彦，吴梅芳，王振骅. 抓杜洛克猪新品系推广促科技成果转化 [J]. 科技进步与对策, 1997,(1).

[55] 怀济森，陈焕春，熊远著. 基因免疫诱导小鼠对狂犬病病毒糖蛋白的免疫反应 [J]. 武汉大学学报, 1997,(4).

[56] 蒋思文，熊远著，邓昌彦，吴桢方，汪绍南. 猪 RYR_1 基因的 PCR-RFLP 分析和氟烷基因利用的研究 [J]. 中国畜牧杂志, 1997,(2).

[57] 李季枝，熊远著，王辉. 猪的氟烷基因和连锁标记基因单倍型推断 [J]. 中国兽医学报, 1997,(5).

[58] 蒋思文，熊远著，邓昌彦，范春国，汪绍南. 猪氟烷基因利用的初步研究 [J]. 华中农业大学学报, 1997,(2).

[59] 龙良启，熊远著. Leptin 及其受体研究进展 [J]. 华中农业大学学报, 1997,(2).

[60] 蔡更元，熊远著，邓昌彦，蒋思文，吴桢方. 用非放射性原位杂交技术定位家猪 PGD 和 HSL 基因 [J]. 华中农业大学学报, 1998,(4).

[61] 倪德斌,熊远著,邓昌彦,范春国,蒋思文. 影响猪肉质因素的探讨 [J]. 华中农业大学学报,1998,(5).

[62] 梁永红,刘平华,熊远著,邓昌彦. 应用 DNA 指纹技术研究湖北白猪的杂种优势 [J]. 中国畜牧杂志,1998,(6).

[63] 刘建忠,李宁,熊远著,陈永福. 绿荧光蛋白及其在转基因动物研究中的应用 [J]. 生物工程进展,1998,(6).

[64] 吴珍芳,熊远著,邓昌彦,蒋思文,I. HARBITZ. 猪 LPL 基因多态性及其部分 DNA 片段的测序 [J]. 华中农业大学学报,1999,(5).

[65] 倪德斌,熊远著,雷明刚,邓昌彦,刘望宏. 猪胴体瘦肉率活体估测的研究 [J]. 华中农业大学学报,1999,(5).

[66] 彭健,蒋思文,熊远著. 猪回肠内源氨基酸损失的测定技术及影响因素 [J]. 华中农业大学学报,1999,(6).

[67] 彭健,吴梅芳,熊远著,周发耜,周祖文. "双低"菜粕配合日粮满足生长肥育猪可消化赖氨酸研究 [J]. 华中农业大学学报,1999,(6).

[68] 彭健,熊远著. 肠道氨基酸营养在控制仔猪断奶应激中的作用(综述)[J]. 国外畜牧学——猪与禽,1999,(2).

[69] 雷明刚,熊远著,邓昌彦,倪德斌,蒋思文. 抗应激系配合利用结果报告 [J]. 四川畜牧兽医,1999,(12).

[70] 刘建忠,李宁,熊远著,朱庆鸿. 动物体细胞核移植技术的研究现状 [J]. 生物技术通报,1999,(1).

[71] 邓昌彦,熊远著,范春国. 21 世纪中国养猪生产与人民生活 [C]. // 畜牧兽医事业的发展和人类健康——21 世纪畜牧兽医生产和科学技术论坛会文集,1999.

[72] 刘伟敏,熊远著,蒋思文,邓昌彦,郑嵘. 猪数量性状位点定位研究进展 [J]. 湖北农业科学,2000,(2).

[73] 朱能武,邓昌彦,熊远著. 我国工厂化养猪环境工程技术研究应用现状及发展前景 [J]. 湖北农业科学,2000,(6).

[74] 李凤娥,熊远著,邓昌彦,郑嵘,屈彦纯. 猪品种间 ESR 基因 PCR-RELP 的初步研究 [J]. 华中农业大学学报,2000,(1).

[75] 夏宣炎, 熊远著. 应用动物模型 BLUP 方法估计猪个体育种值研究[J]. 华中农业大学学报, 2000,(2).

[76] 吴珍芳, 熊远著, 邓昌彦, 蔡更元, Harbitz. 猪 HSL 基因 PCR-RFLP 多态性研究（英文）[J]. 华中农业大学学报, 2000,(3).

[77] 刘伟敏, 熊远著, 蒋思文. 9个猪微卫星标记在资源家系群体中的多态性检测[J]. 华中农业大学学报, 2000,(5).

[78] 陈顺友, 熊远著, 邓昌彦. 规模化养猪生产波动的成因及其抗风险能力初探[J]. 农业技术经济, 2000,(6).

[79] 梁永红, 邓昌彦, 熊远著. DNA 指纹技术用于湖北白猪群体遗传结构的研究[J]. 畜牧兽医学报, 2000,(2).

[80] 吴珍芳, 熊远著, I Harbitz, 邓昌彦, 蒋思文. 猪 HSL 基因多态性研究及其部分 DNA 片段的测序[J]. 遗传学报, 2000(8).

[81] 苏玉虹, 熊远著, 邓昌彦. 猪的肉质性状基因定位研究进展[J]. 遗传, 2000,(5).

[82] 熊远著. 瘦肉猪育种的发展及展望[J]. 中国工程科学, 2000,(9).

[83] 雷明刚, 熊远著. 猪生产性能性状的遗传（绪一）[J]. 国外畜牧学——猪与禽, 2000,(2).

[84] 雷明刚, 熊远著. 猪生产性能性状的遗传（绪二）[J]. 国外畜牧学——猪与禽, 2000,(3).

[85] 雷明刚, 熊远著. 猪生产性能性状的遗传（续完）[J]. 国外畜牧学——猪与禽, 2000,(4).

[86] 雷明刚, 熊远著, 邓昌彦. 猪瘦肉率的影响因素及改良方法[J]. 国外畜牧学——猪与禽, 2000,(5).

[87] 刘建忠, 李宁, 熊远著, 安晓荣, 王莉莉. 人肥胖基因（Obese）转基因小鼠动物模型的建立[J]. 农业生物技术学报, 2000,(1).

[88] 刘建忠, 李宁, 熊远著, 邓昌彦. 人和小鼠肥胖基因及其表达产物瘦蛋白的研究进展[J]. 农业生物技术学报, 2000,(4).

[89] 刘建忠, 熊远著, 蒋思文, 李宁. 转基因动物研究新进展[J]. 生物技术通报, 2000,(4).

[90] 范春国, 熊远著, 邓昌彦, 吴梅芳, 帅起义. HN-95 瘦肉猪新品系杂交组合试验报告 [J]. 华中农业大学学报, 2000, (10).

[91] 张敞, 彭健, 熊远著, 蒋思文, 邓昌彦. 不同铬源和蛋白水平对生长肥育猪生长性能和活体测定胴体品质的影响 [J]. 华中农业大学学报, 2000, (10).

[92] 彭健, 蒋思文, 熊远著, 耿艳红, 王兆山. 豆油及乳化剂对断奶仔猪生产性能的影响 [J]. 华中农业大学学报, 2000, (10).

[93] 陈友顺, 熊远著, 邓昌彦, 沈雷, 帅起义. 规模化养猪场系统规划与建设工艺技术参数规程 [J]. 华中农业大学学报, 2000, (10).

[94] 陈友顺, 邓昌彦, 熊远著, 蔡映红, 曹永耀. 规模化养猪典型生产工艺与管理模式运行效果的初步探讨 [J]. 华中农业大学学报, 2000, (10).

[95] 陈友顺, 熊远著, 邓昌彦, 范春国, 帅起义. 规模化养猪企业管理规程 [J]. 华中农业大学学报, 2000, (10).

[96] 陈友顺, 熊远著, 邓昌彦, 帅起义, 沈雷. 规模化养猪新工艺四种典型模式的研究 [J]. 华中农业大学学报, 2000, (10).

[97] 吴梅芳, 熊远著, 邓昌彦, 董红敏, 马承伟. 规模猪场夏季不同降温方法的效果研究 [J]. 华中农业大学学报, 2000, (10).

[98] 蒋思文, 彭健, 熊远著, 王光银, 胡轶鹏. 能量和可消化赖氨酸水平对断奶仔猪生产性能影响 [J]. 华中农业大学学报, 2000, (10).

[99] 邓昌彦, 熊远著, 李国豪, 范春国, 徐子清. 瘦肉猪新品系持续选育与配套研究工作总结 [J]. 华中农业大学学报, 2000, (10).

[100] 邓昌彦, 熊远著, 李国豪, 范春国, 蒋思文. 瘦肉猪新品系持续选育与杂交配套研究报告 [J]. 华中农业大学学报, 2000, (10).

[101] 彭健, 熊远著, 蒋思文, 刘振利, 邓昌彦. 双低菜粕营养价值评价及专用添加剂、预混料和浓缩料研究 [J]. 华中农业大学学报, 2000, (10).

[102] 苏玉虹, 熊远著, 蒋思文, 郑嵘, 邓昌彦. 微卫星标记在猪资源家系中的多态性研究 [J]. 华中农业大学学报, 2000, (10).

[103] 熊远著,邓昌彦,范春国,吴梅芳,陈顺友.中国瘦肉猪新品系 DⅣ系持续选育研究报告[J].华中农业大学学报,2000,(10).

[104] 熊远著,邓昌彦,范春国,吴梅芳,彦元喜.中国瘦肉猪新品系 DⅣ系多元配套杂交研究报告[J].华中农业大学学报,2000,(10).

[105] 彭健,熊远著,李绍章,刘金银,刘振利.猪营养系列化配方与资源开发研究的综合报告[J].华中农业大学学报,2000,(10).

[106] 苏玉虹,熊远著.猪的基因图谱及数量性状位点定位[J].动物学志,2001,(1).

[107] 张淑君,熊远著,邓昌彦,夏瑜,郑嵘.大白母猪的 ESR 和 PRLR 两个基因位点多态性及其与产仔数相关性初探[J].华中农业大学学报,2001,(1).

[108] 刘建忠,熊远著,李宁.转人瘦蛋白基因小鼠遗传性的初步研究[J].华中农业大学学报,2001,(3).

[109] 杨泽明,熊远著,喻传洲.影响猪遗传评估效果的主要因素研究[J].华中农业大学学报,2001,(6).

[110] 刘建忠,熊远著,李宁.转基因小鼠乳腺表达人瘦蛋白的研究[J].生物工程学报,2001,(1).

[111] 杨在清,熊远著,郑用链,夏涛,甘莉.猪脂肪沉积相关的生化特征研究[J].畜牧兽医学报,2001,(5).

[112] 李绍华,熊远著,邓昌彦.雄激素受体基因的研究进展[J].国外畜牧科技,2001,(3).

[113] 李凤娥,熊远著.绵羊 FecB 基因分离克隆的研究进展[J].国外畜牧科技,2001,(6).

[114] 李凤娥,熊远著.卵泡刺激素基因研究概况[J].国外畜牧学——猪与禽,2001,(1).

[115] 雷明刚,吴珍芳,熊远著.分子生物学技术在种猪选育中的应用[J].国外畜牧学——猪与禽,2001,(4).

[116] 张淑君,熊远著,曾凡同,邱祥聘,邓昌彦.猪八号染色体产仔数微卫星标记的探讨[J].养猪,2001,(2).

[117] 熊远著. 瘦肉猪育种的发展及展望 [C]. //21 世纪养猪业与人类健康, 2001.

[118] 朱能武, 邓昌彦, 熊远著. 在现代猪场规划设计中运用 CAD 技术的探讨 [C]. //21 世纪养猪业与人类健康, 2001.

[119] 朱能武, 邓昌彦, 熊远著. 模糊综合评判法在规模化养猪生产工艺优化中的应用 [C]. //农业工程学报 2001 增刊, 2001.

[120] 杨泽明, 熊远著, 雷明刚, 夏宣炎, 苏玉虹. 计算机在猪育种分析中的应用与实现方法研究 [C]. //农业工程学报 2001 增刊, 2001.

[121] 刘伟敏, 熊远著, 蒋思文. 9 个猪微卫星标记在资源家系群体中的多态性检测 [C]. //21 世纪养猪业与人类健康, 2001.

[122] 李凤娥, 熊远著, 邓昌彦, 郑嵘, 屈彦纯. 猪品种间 ESR 基因 PCR-RFLP 的初步研究 [C]. //21 世纪养猪业与人类健康, 2001.

[123] 苏玉虹, 熊远著, 张勤, 夏宣炎, 蒋思文. 猪 1、3 号染色体微卫星位点多态性及遗传连锁图谱的构建 [J]. 遗传学报, 2002, (1).

[124] 李绍华, 熊远著, 郑嵘, 李爱云, 邓昌彦. 猪 MSTN 基因多态性及其 SNPs 的研究 [J]. 遗传学报, 2002, (4).

[125] 刘桂兰, 蒋思文, 熊远著, 郑嵘, 屈彦纯. 猪资源家系 MC4R 基因扫描及其与脂肪性状的相关分析 [J]. 遗传学报, 2002, (6).

[126] 苏玉虹, 熊远著, 张勤, 蒋思文, 余霁. 大白×梅山猪资源家系生长性状 QTL 的检测 [J]. 遗传学报, 2002, (7).

[127] 苏玉虹, 熊远著, 张勤, 蒋思文, 雷明刚. 猪胴体脂肪沉积性状的 QTL 定位 [J]. 遗传学报, 2002, (8).

[128] 屈彦纯, 邓昌彦, 熊远著, 郑嵘, 余霁. 猪 2 号染色体遗传连锁图谱的构建与 QTL 定位分析 [J]. 遗传学报, 2002, (11).

[129] 姜勋平, 熊远著, 邓昌彦, 屈彦纯, 刘桂琼. 猪肌肉蛋白质含量的 QTL 分析（英文）[J]. 遗传学报, 2002, (12).

[130] 张淑君, 熊远著, 邓昌彦, 曾凡同, 邱祥聘. 母猪生殖器官大小和产仔数的分子遗传基础 [J]. 遗传学报, 2002, (12).

[131] 刘桂兰, 蒋思文, 熊远著, 屈彦纯. 胰岛素样生长因子 2 的遗传学

特征与生物学作用［J］．遗传，2002，（2）．

［132］蒋思文，彭健，熊远著．黑素皮质素受体对动物采食量和能量稳态的调控［J］．遗传，2002，（2）．

［133］屈彦纯，邓昌彦，熊远著，苏玉虹，郑嵘．猪1号染色体微卫星多态性研究及遗传连锁图谱的构建［J］．遗传，2002，（5）．

［134］左波，熊远著，邓昌彦．杂种优势遗传学基础的研究进展［J］．中国畜牧兽医，2002，（4）．

［135］王长清，熊远著，邓昌彦，梅书棋．发挥工程中心优势促进科技成果转化［J］．华中农业大学学报，2002，（4）．

［136］苏玉虹，熊远著．家畜数量性状位点定位有关原理和方法［J］．锦州医学院学报，2002，（4）．

［137］蒋曹德，邓昌彦，熊远著．随机扩增多态DNA规范化反应体系的探讨［J］．生物技术通报，2002，（3）．

［138］屈彦纯，邓昌彦，熊远著，苏玉虹，郑嵘．猪6号染色体部分遗传连锁图谱的构建与QTL定位［J］．华中农业大学学报，2002，（5）．

［139］张淑君，熊远著，邓昌彦，郑嵘，蒋思文．卵泡刺激素受体基因作为产仔数候选基因的研究［J］．华中农业大学学报，2002，（6）．

［140］苏玉虹，熊远著．猪重要生长性状分子遗传基础的研究［C］．//解剖学杂志——中国解剖学会2002年年会文摘汇编，2002．

［141］苏玉虹，熊远著．猪6条染色体遗传连锁图谱的构建［C］．//解剖学杂志——中国解剖学会2002年年会文摘汇编，2002．

［142］熊远著．瘦肉猪育种的发展及展望［C］．//猪育种与生产新科技研讨会论文集，2002．

［143］李升康，熊远著，邓昌彦．家猪AFLP分析体系的建立［J］．华中农业大学学报，2003，（2）．

［144］刘桂琼，姜勋平，熊远著，邓昌彦，屈彦纯．猪个体基因杂合度对肉质的影响［J］．南京农业大学学报，2003，（1）．

［145］姜勋平，毛永江，熊远著，刘桂琼．耗牛乳蛋白基因杂合度与泌乳性能的关系［J］．南京农业大学学报，2003，（3）．

[146] 朱能武,邓昌彦,熊远著,唐万勇. 基于温度-时间的好氧堆肥通风控制系统的设计与运行效果[J]. 农业工程学报,2003,(4).

[147] 左波,熊远著,苏玉虹,邓昌彦,郑嵘. 利用24个微卫星进行猪数量性状座位定位及其遗传效应分析[J]. 畜牧兽医学报,2003,(2).

[148] 姜勋平,熊远著,邓昌彦,屈彦纯,刘桂琼. 猪微卫星座位杂合度与肌肉肌苷酸含量的关系[J]. 畜牧兽医学报,2003,(4).

[149] 张淑君,熊远著,曾凡同,邱祥聘,邓昌彦. 猪产仔数分子标记效应的比较分析和基因互作的研究[J]. 畜牧兽医学报,2003,(6).

[150] 姜勋平,熊远著,刘桂琼,邓昌彦,屈彦纯. 猪个体基因杂合度对生长性状的影响[J]. 遗传学报,2003,(5).

[151] 徐德全,张义兵,熊远著,桂建芳,蒋思文. 梅山猪与长白猪肌肉组织间正反向消减cDNA文库的构建[J]. 遗传学报,2003,(7).

[152] 刘桂兰,蒋思文,熊远著,郑嵘,屈彦纯. IGF2基因PCR-RFLP多态性与脂肪沉积相关性状的关联分析[J]. 遗传学报,2003,(12).

[153] 苏玉虹,熊远著,蒋思文,余雳,雷明刚. 大白×梅山猪资源家系重要经济性状的分析[J]. 中国畜牧杂志,2003,(2).

[154] 蒋曹德,邓昌彦,熊远著. 6个中外猪品种的RAPD分析[J]. 遗传,2003,(2).

[155] 李凤娥,熊远著,邓昌彦. 猪繁殖力主基因和QTL的研究进展[J]. 国外畜牧学——猪与禽,2003,(4).

[156] 李凤娥,熊远著,邓昌彦. 猪繁殖性状的遗传改良[J]. 国外畜牧学——猪与禽,2003,(5).

[157] 苏玉虹,刘艳华,熊远著,张晓华. 猪资源家系中肉质性状基因定位和遗传效应分析[J]. 锦州医学院学报,2003,(2).

[158] 苏玉虹,冯德琴,熊远著. 猪6条染色体48个微卫星位点的多态性[J]. 锦州医学院学报,2003,(3).

[159] 左波,熊远著,苏玉虹,邓昌彦,余雳,郑嵘. 猪4号和7号染色体部分微卫星位点的遗传图谱构建[J]. 农业生物技术学报,2003,(1).

[160] 左波,熊远著,苏玉虹,邓昌彦,郑嵘. 猪3号染色体9个微卫星位

点的遗传多态性研究和遗传图谱构建［J］．生物技术通报，2003，（1）．

［161］张淑君，熊远著，邓昌彦，曾凡同，邱祥聘．猪产仔数分子标记及其效应分析［J］．生物技术通报，2003，（2）．

［162］熊远著．展望新世纪我国养猪业的发展方向与趋势［J］．动物科学与动物医学，2003，（8）．

［163］苏玉虹，熊远著，张勤，夏宣炎，蒋思文．猪1、3号染色体微卫星位点多态性及遗传连锁图谱的构建［C］．//中国畜牧兽医学会2003年学术年会论文集，2003．

［164］蒋思文，熊远著．中国地方猪种与瑞典猪种单倍型和种系发生关系的分析［C］．//中国畜牧兽医学会2003年学术年会论文集，2003．

［165］李凤娥，熊远著，邓昌彦，蒋思文，郑嵘．猪ESR位点多效性效应研究［C］．//中国动物遗传育种研究进展，2003．

［166］苏玉虹，熊远著，蒋思文，张勤，雷明刚．大白×梅山杂交组合肉质性状的数量性状位点定位分析（英文）［J］．遗传学报，2004，（2）．

［167］刘桂琼，姜勋平，熊远著，邓昌彦，屈彦纯．猪个体基因杂合度对胴体性状的影响［J］．南京农业大学学报，2004，（1）．

［168］徐德全，熊远著．差异表达基因克隆技术的研究进展［J］．中国畜牧兽医，2004，（3）．

［169］苏玉虹，马宝钰，熊远著．猪重要胴体性状的遗传定位［J］．遗传，2004，（2）．

［170］蒋思文，彭健，熊远著．胰岛素样生长因子2研究进展［J］．遗传，2004，26（2）．

［171］涂荣剑，邓昌彦，熊远著．猪UCP3基因部分编码区序列分析及其单核苷酸多态与胴体、肉质性状的遗传效应［J］．遗传学报，2004，（8）．

［172］毛永江，姜勋平，熊远著，刘桂琼，孙雪萍．猪微卫星多态与肌肉蛋白质含量关系的研究［J］．西北农林科技大学学报，2004，（11）．

［173］李凤娥，熊远著，雷明刚，邓昌彦，郑嵘．猪ESR mRNA在不同组织表达的定量研究［J］．华中农业大学学报，2004，（5）．

[174] 李凤娥，熊远著，雷明刚，邓昌彦，郑嵘. ESR 基因型与青年母猪外周血液激素浓度的关系 [J]. 华中农业大学学报，2004，(6).

[175] 熊远著. 长白猪选育现状与展望 [J]. 养殖与饲料，2004，(5).

[176] 帅起义，熊远著，邓昌彦，王云鸽，汪凌霄. 中国瘦肉猪新品系（D Ⅳ _2 系）的推广与利用 [J]. 养殖与饲料，2004，(9).

[177] 熊远著. 刊首语 [J]. 农业新技术（今日养猪业），2004，(2).

[178] 涂荣剑，邓昌彦，熊远著. 猪解耦联蛋白基因 3（UCP3）3' 侧翼区突变位点多态性及其对胴体、肉质性状的影响 [J]. 畜牧兽医学报，2004，35（6）.

[179] 左波，熊远著，苏玉虹，邓昌彦，郑嵘. 利用 24 个微卫星进行猪数量性状座位定位及其遗传效应分析 [C]. // 中国畜牧兽医学会 2004 学术年会暨第五届全国畜牧兽医青年科技工作者学术研讨会论文集（上册），2004.

[180] 徐德全，张义兵，熊远著，桂建芳，蒋思文. 梅山猪与长白猪肌肉组织间正反向消减 cDNA 文库的构建 [C]. // 中国畜牧兽医学会 2004 学术年会暨第五届全国畜牧兽医青年科技工作者学术研讨会论文集（上册），2004.

[181] Zhu Nengwu, Deng Changyan, Xiong Yuanzhu, QianHuiyue1. Performance characteristics of three aeration systems in the swine manure composting [J]. Bioresource Technology. 2004（3）.

[182] 熊远著. 长白猪选育现状与展望 [J]. 养殖与饲料，2005，(4).

[183] 姜勋平，刘永刚，熊远著，邓昌彦. 猪 FUT1 基因对肉质和胴体性状的影响 [J]. 遗传，2005，(4).

[184] 刘永刚，雷明刚，熊远著，邓昌彦. 一个在梅山猪 × 大白猪杂交组合的背最长肌中差异表达的新基因的分离、cDNA 序列分析及组织表达谱 [J]. 自然科学进展，2005，(9).

[185] 刘永刚，熊远著，邓昌炎，雷明刚，左波. 用 DNA 差异显示技术分离、测序和鉴定猪的两个新分子标记及其与性状的关联分析（英文）[J]. 农业生物技术学报，2005，(5).

[186] 任竹青，熊远著，邓昌彦，雷明刚，左波. 杂种和纯种猪之间脂肪组织差异表达基因的分离、克隆和序列分析（英文）[J]. 农业生物技术学报，2005，(5).

[187] 熊远著. 养猪业技术发展回顾与展望 [J]. 养殖与饲料，2005，(10).

[188] 熊远著. 种猪测定与遗传评估 [J]. 养殖与饲料，2005，(10).

[189] 熊远著. 无规定疫病区内猪的育种与生产 [J]. 养殖与饲料，2005，(10).

[190] 蒋曹德，邓昌彦，熊远著. DNA甲基化差异对猪生长性状的影响 [J]. 畜牧兽医学报，2005，(2).

[191] 蒋曹德，邓昌彦，熊远著. 大梅组合中亲子代甲基化差异及其与生产性状的关系（英文）[J]. 农业生物技术学报，2005，(1).

[192] 帅起义，熊远著，邓昌彦. 抗应激品系杂交效果的观察 [J]. 养猪，2005，(1).

[193] 李凤娥，熊远著，邓昌彦，蒋思文，郑嵘. 猪FSH-β位点对猪繁殖性状的影响 [J]. 中国兽医学报，2005，(1).

[194] 蒋曹德，邓昌彦，熊远著. 猪个体DNA甲基化百分差异与胴体性状的关系 [J]. 农业生物技术学报，2005，(2).

[195] 毕延震，熊远著，徐德全，谢红涛. 猪杂种一代与亲本肌肉组织间正反向消减cDNA文库的构建 [J]. 畜牧兽医学报，2005，(5).

[196] 涂荣剑，邓昌彦，熊远著. 猪解耦联蛋白基因3（UCP3）3′侧翼区突变位点多态性及其对胴体、肉质性状的影响 [C]. // 第一届中国养猪生产和疾病控制技术大会——2005中国畜牧兽医学会学术年会论文集，2005.

[197] Liu Yonggang, Lei Minggang, Xiong Yuanzhu, Deng Changyan. Isolation, cDNA sequence analysis and tissue expression profile of a novel swine gene differentially expressed in the Longissimus dorsi muscle tissues from Large White x Meishan cross combination [J]. Progress in Natural Science. 2005（12）.

[198] 帅起义，熊远著，邓昌彦. 优良肉质瘦肉猪新品系杂交效果的观察

［J］．中国畜牧杂志，2006，（1）．

［199］帅起义，熊远著，邓昌彦．优良肉质瘦肉猪新品系（DⅣ_2系）的选育与配套研究［J］．中国畜牧兽医，2006，（3）．

［200］熊远著．关于畜禽遗传育种研究方面的建议［J］．今日畜牧兽医，2006，（3）．

［201］刘永刚，熊远著，左波，蒋思文，邓昌彦．梅山猪、大白猪和梅大杂交猪背最长肌中差异表达的14个表达序列标签的分离、鉴定及组织表达分析（英文）［J］．农业生物技术学报，2006，（3）．

［202］何波，郑嵘，熊远著，胡春艳．新生猪骨骼肌卫星细胞的培养鉴定及生物学特性［J］．畜牧兽医学报，2006，（6）．

［203］黄涛，熊远著，徐德全，邓昌彦，雷明刚．大梅与梅山猪背最长肌正反消减文库的构建及序列分析［J］．农业生物技术学报，2006，（4）．

［204］张敬虎，熊远著，邓昌彦，蒋思文，雷明刚．微卫星标记对杂种优势研究杂交猪群的遗传评价［J］．农业生物技术学报，2006，（4）．

［205］熊远著．熊远著：我国畜禽遗传育种学科领域主要热点研究问题与方向［J］．中国畜禽种业，2006，（8）．

［206］熊远著．中国养猪业发展道路［J］．中国猪业，2006，（4）．

［207］张敬虎，熊远著，左波，雷明刚，蒋思文．猪部分内脏器官性状和乳头数的QTL检测［C］．//华东地区2006年动物学学术研讨会论文集，2006．

［208］潘刚，刘永刚，熊远著，邓昌彦，雷明刚．猪跨膜整合蛋白2B（ITM2B）基因内含子3中两个SNP位点与猪胴体和肉质形状的相关性分析（英文）［C］．//第十次全国畜禽遗传标记研讨会论文集，2006．

［209］戴丽荷，焦青贞，熊远著．猪脂联素基因内含子2的A/G突变检测及关联分析［C］．//第十次全国畜禽遗传标记研讨会论文集，2006．

［210］Weimin Liu, Yuanzhu Xiong, Manfred Gossen. Stability and homogeneity of transgene expression in isogenic cells［J］. Journal of Molecular Medicine.

2006（1）.

[211] 张敬虎，熊远著，左波，雷明刚，蒋思文. 微卫星标记对资源猪群的遗传分析和连锁图谱构建 [J]. 遗传学报，2007,（1）.

[212] 赵京杨，邓昌彦，熊远著. 超营养剂量酵母硒对荷瘤小鼠抗氧化和免疫机能的影响 [J]. 营养学报，2007,（1）.

[213] 张敬虎，熊远著，左波，雷明刚，蒋思文. 猪部分内脏器官性状和乳头数的 QTL 检测 [J]. 遗传学报，2007,（4）.

[214] 陈俊峰，蒋思文，熊远著. 猪 MC5R 基因在 7 个群体中的基因型分布研究 [J]. 河南农业科学，2007,（8）.

[215] 张敬虎，熊远著，左波，雷明刚，蒋思文. 猪 4、8 和 13 染色体上肉质性状的 QTL 定位 [J]. 畜牧兽医学报，2007,（10）.

[216] 熊远著. 中国养猪业的发展道路 [J]. 今日畜牧兽医，2007,（11）.

[217] 王军，邓昌彦，熊远著，左波，李凤娥. 猪 HK2 基因的克隆及序列分析 [J]. 中国农学通报，2007,（12）.

[218] 倪德斌，熊远著，邓昌彦，刘望宏，胡军勇. 猪肌肉品质测定技术规范 [C]. // 山东畜牧兽医学会养猪专业委员会第一届学术研讨会论文集，2007.

[219] Xie HongTao, Lei MingGang, Xiong YuanZhu, Deng ChangYan, Jiang SiWen. Cloning and identification of porcine HSPC117 gene differentially expressed in F1 crossbreds and their parents. [J]. Agricultural sciences in China. 2007（5）.

[220] 王丽霞，熊远著，左波. AQP7 基因第 4 内含子多态性与猪脂肪沉积性状相关性研究 [J]. 畜牧兽医学报，2008,（3）.

[221] 黄涛，熊远著，徐德全，雷明刚. 大梅与大白猪背最长肌正反消减文库的构建 [J]. 黑龙江畜牧兽医，2008,（5）.

[222] 倪德斌，熊远著，刘望宏，胡军勇. 畜牧业标准化生产的探讨 [J]. 中国畜禽种业，2008,（13）.

[223] 熊远著. 无规定疫病区内猪的育种与生产 [J]. 中国畜牧兽医文摘，2008,（4）.

[224] 王军，邓昌彦，熊远著，左波，李凤娥. 猪 HUMMLC2B 基因第一内含子单核苷酸多态与胴体、肉质性状的相关分析［J］. 农业生物技术学报，2008，(5).

[225] 王军，邓昌彦，熊远著，左波，李凤娥. 猪 HK2 基因第 17 外显子多态与胴体和肉质性状的相关性研究［J］. 畜牧兽医学报，2008，(5).

[226] 熊远著. 培育优良种猪对我国养猪业的健康发展意义重大［J］. 饲料与畜牧规模养猪，2008，(1).

[227] 陈俊峰，蒋思文，熊远著. 猪 MC5R 基因在 7 个群体中的基因型分布研究［C］. // 河南省畜牧兽医学会第七届理事会第二次会议暨 2008 年学术研讨会论文集，2008.

[228] 黄京书，熊远著，邓昌彦. 猪 ACTA2 基因的克隆、表达分析及其与生产性状的关联［C］. // 第十一次全国畜禽遗传标记研讨会论文集，2008.

[229] 王艳，熊远著，吕国峰，任竹青，邓昌彦. 猪 POLDIP2 基因 SNP 检测及其与经济性状的关联分析［C］. // 第十一次全国畜禽遗传标记研讨会论文集，2008.

[230] 李升康，熊远著，邓昌彦. 应用分子标记 AFLP 建立不同猪种间遗传关系［J］. 中国畜牧兽医，2009，(4).

[231] 黄京书，熊远著. 猪 ACTA2 基因的克隆、表达分析及其与生产性状的关联［J］. 遗传，2009，(5).

[232] 符亚原，熊远著，潘刚，程蕾，李凤娥. 猪 CDIPT 基因对肉质和胴体性状的影响［J］. 畜牧兽医学报，2009，(6).

[233] 熊远著. 新世纪优质瘦肉猪的生产［J］. 中国猪业，2009，(10).

[234] 熊远著. 长白猪选育现状与展望［J］. 湖北养猪，2009，(1).

[235] 倪德斌，熊远著，雷明刚，邓昌彦. 猪胴体瘦肉率活体估测的研究［J］. 湖北养猪，2009，(1).

[236] 王林杰，熊远著，左波，徐德全，任竹青. 猪 AMPD1 基因的转录调控研究及其启动子区域的 SNP 的发掘［C］. // 中国动物遗传育种研究进展——第十五次全国动物遗传育种学术讨论会论文集，

2009.

[237] 徐永杰,熊远著,金美林. 猪肌肉组织双向电泳分离条件的建立及优化[C]. // 中国动物遗传育种研究进展——第十五次全国动物遗传育种学术讨论会论文集,2009.

[238] 王林杰,熊远著,左波,徐德全,任竹青. 猪 AMPD1 基因的分离克隆、骨骼肌表达模式及其与生产性状的关联分析[C]. // 第四届中国畜牧科技论坛论文集,2009.

[239] 吴望军,熊远著. 猪 Six1 基因的克隆、序列特征及组织表达分析[C]. // 第四届中国畜牧科技论坛论文集,2009.

[240] 谢红涛,熊远著,雷明刚,姚德标,巩德球. 猪肌肉糖原磷酸化酶基因的多态性及其与胴体和肉质性状的相关分析[J]. 中国畜牧兽医,2010,(3).

[241] 熊远著. 实现优质瘦肉猪生产[J]. 中国农村科技,2010,(4).

[242] 吴望军,熊远著,雷明刚,左波,徐德全. 猪 Six1 基因启动子多态性与胴体和肉质性状间的关联分析[C]. // 第十二次全国畜禽遗传标记研讨会论文集,2010.

[243] 熊远著,倪德斌. 湖北白猪选育简史[C]. // 养猪三十年记——纪念中国改革开放养猪 30 年文集(1978—2007),2010.

[244] 刘望宏,熊远著,倪德斌,胡军勇. 浅谈种猪测定与遗传评估研究进展[C]. // 东北养猪研究会 2010 学术年会论文专集,2010.

[245] 吴望军,熊远著,雷明刚. 猪 Six1 基因启动子的分离克隆及启动子活性的鉴定[C]. // 第五次全国动物生物技术学术研讨会论文集,2010.

[246] Xiaoting Feng, Yuanzhu Xiong, Hui Qian, Minggang Lei, Dequan Xu. Selection of reference genes for gene expression studies in porcine skeletal muscle using SYBR greenqPCR.[J]. Journal of Biotechnology. 2010(3).

[247] 帅起义,熊远著,邓昌彦. 优良肉质瘦肉猪新品系(DⅣ_2系)的选育[J]. 浙江农业学报,2011,(4).

[248] 陈超,吴望军,熊远著. 猪 ATF4 基因真核超表达载体的构建及鉴

定［J］. 中国农学通报，2011，（23）.

［249］陈超，吴望军，熊远著. 猪ATF4基因多态性与生产性状的关联及基因表达分析［J］. 遗传，2011，（12）.

［250］Yongjie Xu, Wenmin Yu, Yuanzhu Xiong, Hongtao Xie, Zhuqing Ren. Molecular characterization and expression patterns of serine/arginine-rich specific kinase 3（SPRK3）in porcine skeletal muscle［J］. Molecular Biology Reports. 2011（5）.

［251］孙小瑞，刘敏，熊远著，徐德全. 猪肌肉特异表达基因CKM启动子、增强子的克隆与转录调控分析［C］. //第十六次全国动物遗传育种学术讨论会暨纪念吴仲贤先生诞辰100周年大会论文集，2011.

［252］Wang Linjie, Lei Minggang, Xiong Yuanzhu. Molecular characterization and different expression patterns of the muscle ankyrin repeat protein（marp）family during porcine skeletal muscle development in vitriol and in vivo［J］. Animal Biotechnology. 2011（1-4）.

［253］徐永杰，熊远著. 猪肌肉组织双向电泳分离条件的建立及常见问题分析［J］. 农业生物技术学报，2012，（1）.

［254］帅起义，熊远著，邓昌彦. 瘦肉猪抗应激品系的选育与配套研究［J］. 西北农业学报，2012，（2）.

［255］于江宇，邵淑敏，熊远著. 猪UGP2基因的组织表达量分析［C］.// 第十三次全国畜禽遗传标记研讨会论文集，2012.

［256］Linjie Wang, Yuanzhu Xiong, Bo Zuo, Minggang Lei, Zhuqing Ren. Molecular and functional characterization of glycogen synthase in the porcine satellite cells under insulintreatment［J］. Molecular and Cellular Biochemistry. 2012（1—2）.

［257］Zhuqing Ren, Yuanzhu Xiong, Changyan Deng, Siwen Jiang. Cloning, Differential Expression, and Association Analysis with Fat Traits of Porcine IDH3γ Gene［J］. Applied Biochemistry and Biotechnology. 2012（4）.

［258］Min Liu, Xianfeng Ling, Yuanzhu Xiong, Dequan Xu. Molecular characterization of differentially expressed TXNIP gene and its association with porcine carcasstraits [J]. Molecular Biology Reports. 2012（12）.

［259］Jinliang Huang, Yuanzhu Xiong, Ting Li, Lin Zhang, Zijian Zhang. Ectopicoverexpression of swine PPAR γ 2 upregulated adipocyte genes expression and triacylglycerol in skeletal muscle of mice [J].Transgenic Research. 2012.

［260］罗琰，刘敏，熊远著，徐德全．不同日龄梅山猪与杜洛克猪睾丸组织学比较研究［C］．//第十七次全国动物遗传育种学术讨论会论文集，2013.

［261］陈昆，熊远著．猪FHL1C启动子功能及调控机制研究［C］．//第十七次全国动物遗传育种学术讨论会论文集，2013.

［262］Buyue Niu, Fenge Li, Yuanzhu Xiong, Xibiao Wang. Characterization and Association Analysis with Litter Size Traits of Porcine Matrix Metalloproteinase-9 Gene（pMMP-9）[J]．Applied Biochemistry and Biotechnology. 2013（3）．

著作

［1］熊远著，陈廷济．商品瘦肉猪生产配套技术和繁育体系研究鉴定资料（1983—1985年）[M]．华中农业大学畜牧兽医系、湖北省农科院畜牧兽医研究所．1985.

［2］熊远著．实用养猪技术[M]．北京：中国农业出版社，1995.

［3］熊远著．猪生化及分子遗传实验导论[M]．北京：中国农业出版社，1999.

［4］熊远著．种猪测定原理及方法[M]．北京：中国农业出版社，1999.

［5］姜勋平，熊远著，杨利国．基因分娩的原理与方法[M]．北京：科学出版社，2004.

参考文献

档案

[1] 熊远著人事档案 1-1. 1959 年华中农学院学生登记表·本人自传. 藏于华中农业大学人事处档案室.

[2] 熊远著人事档案 3-5. 华中农学院毕业生鉴定表. 1959 年 12 月 20 日，藏于华中农业大学人事处档案室.

[3] 熊远著人事档案 3-1. 熊远著同志在家休养时期的表现的鉴定. 藏于华中农业大学人事处档案室.

[4] 人事档案 3-4. 下放劳动锻炼鉴定表. 1959 年 7 月 18 日. 藏于华中农业大学人事处档案室.

[5] 熊远著. 中国工程院院士候选人提名书. 1996 年 12 月. 藏老科学家学术成长资料馆藏基地.

[6] 熊远著人事档案 4-3. 高等学校确定与提升教师职务名称呈报表. 1978 年. 藏于华中农业大学人事处档案室.

[7] 熊远著人事档案 4-4.《高等学校确定与提升教授、副教授职务名称呈报表》. 1982 年. 藏于华中农业大学人事处档案室.

[8] 农业部重点学科（动物遗传育种与繁殖）申报表. 1999 年. 藏老科学家学术成长资料馆藏基地.

［9］熊远著. 中国工程院院士候选人材料（二）：熊远著代表性论文及其他主要论文目录. 1997年3月. 藏老科学家学术成长资料馆藏基地.

著作

［1］熊远著等. 实用养猪技术［M］. 北京：中国农业出版社，1995.

［2］熊远著. 种猪测定原理及方法［M］. 北京：中国农业出版社，1999.

［3］熊远著. 猪生化及分子遗传实验导论［M］. 北京：中国农业出版社，1999.

［4］中国畜牧兽医学会养猪学分会、中国农机学会机械化养猪协会编. 养猪三十年记——纪念中国改革开放养猪三十年文集（1978—2007）［C］. 北京：中国农业大学出版，2010.

［5］华中农业大学湖北白猪选育研究组编. 华中农业大学学报论丛［1］——湖北白猪选育研究（1978—1986）［M］. 华中农业大学学报编辑部. 1986年9月.

［6］华中农业大学湖北白猪选育研究组编. 华中农业大学学报论丛［2］——湖北白猪选育研究（1978—1986）［M］. 华中农业大学学报编辑部. 1986年9月.

［7］"九五"国家重点科技攻关计划成果选编［M］. 北京：科学技术文献出版社，2001.

论文

［1］王景刚. 笃志决且坚，心血育成果——记华中农业大学猪育种专家熊远著教授［J］. 科技进步与对策，1988年第6期.

［2］钱林. 中国猪种资源的调查及中国猪品种志的编写. 见：中国畜牧兽医学会养猪学分会、中国农机学会机械化养猪协会编. 养猪三十年记——纪念中国改革开放养猪三十年文集（1978—2007）北京：中国农业大学出版社，2010.

［3］中国畜牧兽医学会养猪学分会和中国农业机械化协会机械化养猪协会等. 1972—2007年主要纪事. 见：中国畜牧兽医学会养猪学分会、中国农机学会机械化养猪协会编. 养猪三十年记——纪念中国改革开放养猪三十年文集（1978—2007）. 北京：中国农业大学出版社，2010.

［4］熊远著，倪德斌. 湖北白猪选育简史. 见：中国畜牧兽医学会养猪学分会、

中国农机学会机械化养猪协会编. 养猪三十年记——纪念中国改革开放养猪三十年文集（1978—2007）[M]. 北京：中国农业大学出版社，2010.

[5] 赵书广. 忆全国猪育种科研协作组——优异的科研组织形式. 见：中国畜牧兽医学会养猪学分会、中国农机学会机械化养猪协会编. 养猪三十年记——纪念中国改革开放养猪三十年文集（1978—2007）[C]. 北京：中国农业大学出版社，2010.

[6] 陈斌，易本驰，程丰. 二十世纪中国养猪业发展史[J]. 信阳农业高等专科学校学报，2007年第1期.

[7] 熊远著. 瘦肉猪育种的发展及展望[J]. 中国工程科学，2000年9月，第42页.

[8] 彭中镇，熊远著，等. 湖北白猪及其品系选育中若干问题的讨论. 见：华中农业大学湖北白猪选育研究组编. 华中农业大学学报论丛[2]——湖北白猪选育研究（1978—1986）[C]. 华中农业大学学报编辑部. 1986年9月.

[9] 谢学军. 奔跑的灵魂在远征. 见：湖北省科学技术协会编著. 科学家的故事——湖北院士风采[C]. 世界图书出版公司，2013.

[10] 彭中镇，邓昌彦，熊远著，等. 猪的毛色遗传与毛色测交的初步研究. 见：华中农业大学湖北白猪选育研究组编. 华中农业大学学报论丛[1]——湖北白猪选育研究（1978—1986）[C]. 华中农业大学学报编辑部. 1986年9月.

[11]《世界农业》杂志编辑部. 熊远著：博观而约取，厚积而薄发[J]. 世界农业. 2009年第3期.

[12] 熊远著，邓昌彦，等. 中国瘦肉猪新品系D Ⅳ系选育与配套研究的工作报告[J]. 华中农业大学学报，1995年8月.

[13] 赵书广. 养猪业四个五年计划的"攻关"研究（1982—2000）. 见：中国畜牧兽医学会养猪学分会、中国农机学会机械化养猪协会编. 养猪三十年记——纪念中国改革开放养猪三十年文集（1978—2007）[C]. 北京：中国农业大学出版社. 2010.

[14] 帅起义，熊远著，邓昌彦. 优质肉质瘦肉猪新品系D Ⅳ 2的选育与配套研究[J]. 中国畜牧兽医，2006年第33卷第3期.

[15] 熊远著. 关于供港活猪品种改良工作的一些认识[J]. 种猪工作通讯，1988.

[16] 熊远著，邓昌彦，吴梅芳，等. 杜洛克猪新品系选育研究[J]. 养猪，1994年第1期.

［17］雷明刚，熊远著，等. 瘦肉率的影响因素及改良方法［J］. 猪与禽，2000年5月.

［18］倪德斌. 执著敢为的猪育种院士——记我国唯一的养猪院士熊远著教授. 载中国畜牧兽医学会养猪学分会、中国农机学会机械化养猪协会编. 养猪三十年记——纪念中国改革开放养猪三十年文集（1978—2007）［C］. 北京：中国农业大学出版. 2010.

［19］熊远著. 中国养猪业的发展道路［J］. 今日畜牧兽医. 2007年第11期.

后记

二〇一七年正月初三的晚上，我正在老家，突然接到华中农业大学的消息告知，熊远著院士走了……

我想老人一定是带着他对养猪事业的爱，带着他对弟子们的无限眷念离开的。所幸我们于病榻前直接访谈过熊院士，得以保留下先生最后的珍贵影像。他没有儿女，特别希望以传记的方式将自己的经历和思想留给同行，留给后生，留给他毕生投入的养猪事业。华中农业大学的朋友称赞，从熊院士身上，我们感到你们的采集工作实在是太有意义了。只是，我们欣慰的同时也是有遗憾的。

在我们开展熊远著院士学术成长资料的采集与编研过程中，其实老人的身体状况一直不好，因而直接口述史料的采集受到局限。但是，几次拜访或看望院士的经历，却深深地感动了我们。

2014年的一个夏天，我们手持中国科协的文件和湖北省科协出具的介绍信，经院士秘书刘真老师引领前往华中农业大学家属区，先生身着病员服和我们谈了一个多小时。他简略回顾了自己青年时代艰难求学的经历，着重介绍了又是如何在民生艰难中开始了商品瘦肉猪的培育和取得的重要成果。他对中国科协主导的"采集工程"大为赞赏，还转而系统地讲述了他对高校校史馆和学术史料收集整理的看法。当他得知采集小组的成员多有档案专业背景，老人点头自语"这样的组合有道理"，还随即讲到自己在组织科研攻关时就对管好档案记录非常重视。临别前，他还十分郑重地告诉我们，希望能在自己身体好一些的时候亲自召集团队开会，专题讨论配合采集活动，并且希望能去他学术成长的主要经历之处再走一走，看一看，熊院士对采集活动的高度重视给予我们采集小组很大的鼓舞。

只可惜，熊院士的身体状况一直没有大的好转。我们的采集工作重心也只好转向直接实物史料的采集和间接人物访谈的拓展，希望能尽力弥补直接访谈的薄弱。没想到，我们在实物资料的查阅方面获得了意想不到的收获。当我们推开熊院士办公室的大门，首先看到的是整整两排文件柜，整理得十分规范，全是他主持开展的项目档案资料，这让我们为之震惊。回想初次见面时老人对档案和史料的重视，一种踏实严谨的印象定格在我们的心里。事实上，在华中农业大学档案馆，我们能系统阅读到熊院士标志性成果的原始记录，与他工作中严格的过程管理和严谨负责的科学态度是分不开的。此外，关于熊院士早年求学经历的梳理，也得益于系统的人事档案研读，在熊院士早年的亲笔填报、思想鉴定和个人自传中，我们找到了清晰而确实的线索，有效地补足了直接访谈的不足。

我们巴望着熊院士尽快好起来，也希望在他好一些的时候能实现更为充分深入的直接访谈。直到2015年腊月，我们获准专程看望熊院士，终于获得了一次随机视频访谈的机会。严冬季节，老人行动艰难但精神状况相对较好。在卧室里，熊院士倚着沙发，为我们讲到华中农业大学的养猪学科和养猪育种事业发展，讲到他对年轻一辈重实践重外语重团队的希望，言语间透着不舍……我们不自觉地打开手机录影，记录了这真实而感人的一幕。面对镜头，熊院士不顾自己虚弱的身体，不顾自己的穿着和形象，甚至不在乎我们是否用了专业设备……熊院士没有儿女，一辈子献给了科学事业，我们每个采集小组的成员都能特别意识到这些记录的珍贵。

从2014年夏天到2016年冬天，采集小组的成员们以饱满的热情和高度的责任感投入到这项光荣的工作。每次走近老人和他的同行科学家们，对于我们都是一次重要的学习机会。通过这项采集和编研工作，大家从熊远著院士的身上学到了很多很多。他对事业的执着和大器晚成，对科学的潜心和严谨求实，对前沿的追踪和锐意创新，对实践的投入和笃知笃行，对国家的热爱和民生的担当，都无不令我们心生敬仰。

每一位采集小组成员在采集活动中都是全心而努力的。没有刘真老师的协调沟通，我们就寸步难行；周颖博士作为熊院士弟子，为我们迅速进入专业语境提供了知识支持；马继萍、谢恺璇、朱沛沛、孟月作为采集小组的核心力量，为口述访谈和编研工作四处奔走，为史料整理和文献研读废寝忘食。在前后期的实物资料采集和数字化过程中，张丽雯、张思羽、陈雪彬、覃然、付婉军、陈娟、张静婷、王晓炜等也积极参与其中。武汉城建档案馆张凯、刘元海等则为视频采集提供了专业的技术支持。

采集活动得以顺利完成也得到了方方面面的支持。感谢著名畜牧专家、北京农科院教授赵书广先生，感谢著名畜牧专家、中国农业大学张沅教授，感谢与院士有长期科研合作经历的邓昌彦教授，感谢左波、刘望宏、任竹青和徐德全等多位院士同行同事教授，感谢华中农业大学樊华处长和档案馆李国英、杨少杰、潘昕老师以及人事处郭剑霞老师的大力支持，感谢熊院士家乡十堰市科协和郧阳老家档案馆相关同志的大力支持。也特别感谢中国科协张藜教授等专家在中评时提出的中肯意见，让我们在后期采集和编研工作中有了明确的方向和重点。感谢湖北省科协马贵兵同志的激励和敦促，让我们不敢懈怠并时刻保持良好的状态全心投入到这项事业中。感谢大家！

覃兆刿
2017 年 5 月 5 日于武汉

老科学家学术成长资料采集工程丛书
已出版（100种）

《卷舒开合任天真：何泽慧传》　　《此生情怀寄树草：张宏达传》
《从红壤到黄土：朱显谟传》　　　《梦里麦田是金黄：庄巧生传》
《山水人生：陈梦熊传》　　　　　《大音希声：应崇福传》
《做一辈子研究生：林为干传》　　《寻找地层深处的光：田在艺传》
《剑指苍穹：陈士橹传》　　　　　《举重若重：徐光宪传》

《情系山河：张光斗传》　　　　　《魂牵心系原子梦：钱三强传》
《金霉素・牛棚・生物固氮：沈善炯传》《往事皆烟：朱尊权传》
《胸怀大气：陶诗言传》　　　　　《智者乐水：林秉南传》
《本然化成：谢毓元传》　　　　　《远望情怀：许学彦传》
《一个共产党员的数学人生：谷超豪传》《没有盲区的天空：王越传》

《含章可贞：秦含章传》　　　　　《行有则　知无涯：罗沛霖传》
《精业济群：彭司勋传》　　　　　《为了孩子的明天：张金哲传》
《肝胆相照：吴孟超传》　　　　　《梦想成真：张树政传》
《新青胜蓝惟所盼：陆婉珍传》　　《情系粱菽：卢良恕传》
《核动力道路上的垦荒牛：彭士禄传》《笺草释木六十年：王文采传》

《探赜索隐　止于至善：蔡启瑞传》《妙手生花：张涤生传》
《碧空丹心：李敏华传》　　　　　《硅芯筑梦：王守武传》
《仁术宏愿：盛志勇传》　　　　　《云卷云舒：黄士松传》
《踏遍青山矿业新：裴荣富传》　　《让核技术接地气：陈子元传》
《求索军事医学之路：程天民传》　《论文写在大地上：徐锦堂传》

《一心向学：陈清如传》　　　　　《铃记：张兴钤传》
《许身为国最难忘：陈能宽》　　　《寻找沃土：赵其国传》
《钢锁苍龙　霸贯九州：方秦汉传》《虚怀若谷：黄维垣传》
《一丝一世界：郁铭芳传》　　　　《乐在图书山水间：常印佛传》
《宏才大略：严东生传》　　　　　《碧水丹心：刘建康传》

敬事而信　熊远著传

《我的气象生涯：陈学溶百岁自述》
《赤子丹心 中华之光：王大珩传》
《根深方叶茂：唐有祺传》
《大爱化作田间行：余松烈传》
《格致桃李伴公卿：沈克琦传》
《躬行出真知：王守觉传》
《草原之子：李博传》

《宏才大略 科学人生：严东生传》
《航空报国 杏坛追梦：范绪箕传》
《聚变情怀终不改：李正武传》
《真善合美：蒋锡夔传》
《治水殆与禹同功：文伏波传》
《用生命谱写蓝色梦想：张炳炎传》
《远古生命的守望者：李星学传》

《善度事理的世纪师者：袁文伯传》
《"齿"生无悔：王翰章传》
《慢病毒疫苗的开拓者：沈荣显传》
《殚思求火种　深情寄木铎：黄祖洽传》
《合成之美：戴立信传》
《誓言无声铸重器：黄旭华传》
《水运人生：刘济舟传》
《在断了A弦的琴上奏出多复变
　　最强音：陆启铿传》
《弄潮儿向涛头立：张乾二传》
《一爆惊世建荣功：王方定传》
《轮轨丹心：沈志云传》
《继承与创新：五二三任务与青蒿素研发》

《我的教育人生：申泮文百岁自述》
《阡陌舞者：曾德超传》
《妙手握奇珠：张丽珠传》
《追求卓越：郭慕孙传》
《走向奥维耶多：谢学锦传》
《绚丽多彩的光谱人生：黄本立传》

《探究河口 巡研海岸：陈吉余传》
《胰岛素探秘者：张友尚传》
《一个人与一个系科：于同隐传》
《究脑穷源探细胞：陈宜张传》
《星剑光芒射斗牛：赵伊君传》
《蓝天事业的垦荒人：屠基达传》

《化作春泥：吴浩青传》
《低温王国拓荒人：洪朝生传》
《苍穹大业赤子心：梁思礼传》
《仁者医心：陈灏珠传》
《神乎其经：池志强传》
《种质资源总是情：董玉琛传》
《当油气遇见光明：翟光明传》
《微纳世界中国芯：李志坚传》
《至纯至强之光：高伯龙传》
《材料人生：涂铭旌传》
《寻梦衣被天下：梅自强传》
《海潮逐浪镜水周回：童秉纲口述
　　人生》

300